30개
도시로 읽는
독일사

30개
도시로 읽는

손선홍 지음

독일사

철학과 예술과 과학이 살아 숨 쉬는
지성의 나라 독일 이야기

다산
초당

유럽 한가운데에 있는 독일은 문학, 철학, 음악, 미술은 물론 과학도 발달한 나라다. 오늘날 독일은 유럽 제1의 경제 대국이며 유럽 연합(EU)을 이끌어 가고 있다. 2022년 2월 러시아의 우크라이나 침공으로 안보가 중요해진 상황에서 북대서양 조약 기구(NATO)에서도 중요한 역할을 하고 있다.

독일은 신성 로마 제국, 중세 해상 무역의 강자 한자 동맹, 루터의 종교 개혁 운동, 30년 전쟁과 베스트팔렌 조약, 나폴레옹을 물리친 라이프치히 전투, 비스마르크의 독일 통일과 독일 제국 수립, 제1·2차 세계대전, 히틀러 나치의 유대인 학살과 인권 유린, 나치 전범 재판, 동·서독으로 분단, 베를린 장벽 붕괴에 이은 통일 등 굵직한 역사를 써 내려 왔다. 독일의 역사지만 세계사이기도 하다.

독일 역사는 중앙 집권 국가인 영국이나 프랑스 역사만큼 이해하기 쉽지 않다. 무엇보다도 왕국, 선제후국, 제후국, 주교국, 자유시 등 350여 개의 연방 국가로 구성된 신성 로마 제국이 844년 동안 지속된 이유가 가장 크다. 이로 인해 도시마다, 또 지역마다 독특한 역사가 있다. 독일만큼 수도 베를린이 아닌 지방 도시들이 굵직굵직한 세계사에 나오는 나라도 없다. 세계사에 등장하는 인물도 많다.

나는 1982년 하이델베르크 대학교에서 수학하면서 독일과 인연을 맺었다. 1983년 2월 학교 행사로 독일 분단에 관한 오리엔테이션에 참가하느라 서베를린을 오가며 겪었던 경험은 아직도 생생하다. 동독 국경 경비대의 철저한 검문을 받으며 무척 긴장했던 일도 있었다. 한편으로는 동독 고속도로를 네다섯 시간 달리는 버스 창밖으로 눈 덮힌 동독 벌판을 바라보며 우리도 이렇게 평양과 서울을 오갈 수 있으면 얼마나 좋을까 하는 생각도 했다. 대학 버스를 타고 반나절 동안 돌아본 동베를린도 기억에 남는다.

서베를린에서 일주일을 머무르는 동안 독일의 분단과 독일 역사에 관해 더 많이 알아야겠다고 생각했다. 이후 1989년『독일 독일인』을 시작으로『도시로 떠난 독일 역사 문화 산책』까지 독일 통일, 독일 역사와 문화에 관한 책을 여러 권 냈다.

이제 독일의 고대부터 현대에 이르는 2000년의 장구한 역사를 담은『30개 도시로 읽는 독일사』를 내게 되었다. 세계사에 포함될

만한 역사를 간직한 많은 도시 중에서 30개 도시를 선정하기란 쉽지 않았지만 아래 기준으로 선정했다.

도시의 크기보다는 역사의 중요성을 가장 우선했다. 역사를 가능한 한 다양하게 다루기 위해 주마다 최소 한 개 도시를 포함했다. 또 독일 역사가 서독 지역에 편중되지 않도록 동독 지역에서도 9개 도시를 선정했다.

신성 로마 제국의 황제를 선출했던 선제후 도시(트리어, 쾰른, 마인츠, 하이델베르크, 드레스덴, 베를린과 나중에 추가된 뮌헨과 하노버)와 주요 왕국의 도시(아헨, 마그데부르크, 슈투트가르트) 등 11개 도시. 그리고 독일-프랑스 1000년 역사의 축소판 도시(자르뷔르켄), 루터와 종교 개혁 관련 도시(보름스, 아우크스부르크, 에르푸르트), 독일에서 가장 큰 주의 수도(뒤셀도르프), 베토벤의 고향이자 서독의 수도(본), 황제 선출과 대관식 도시이자 대문호 괴테의 도시(프랑크푸르트), 황제의 도시이자 전범 재판 도시(뉘른베르크), 도나우강변의 로마 군사 기지(레겐스부르크), 한자 동맹과 자유시(함부르크, 뤼베크, 브레멘, 로스토크), 수병이 반란을 일으켰던 도시(킬), 베스트팔렌 조약 체결 도시(뮌스터), 베를린 장벽을 붕괴시킨 동독 평화 혁명의 도시(라이프치히), 바이마르 헌법과 바이마르 공화국의 도시(바이마르), 포츠담 회담의 도시(포츠담), 헨델의 도시(할레) 등 19개 도시.

칼스루에, 프라이부르크 등 몇몇 도시는 포함하지 못했다. 특히 중세 독일의 많은 역사를 간직한 철학자 칸트의 고향이나 오늘날은 러시아의 칼리닌그라드가 된 동프로이센의 쾨니히스베르크를 포함할 수 없어 아쉬움이 남는다.

주요 인물도 다루었다. 정치인(카를 대제, 황제 오토 1세, 아우구스트 2세, 프리드리히 대왕, 히틀러, 아데나워 총리, 브란트 총리, 슈미트 총리, 콜 총리, 가우크 대통령), 음악가(바흐, 헨델, 베토벤, 슈만, 멘델스존, 브람스), 문인과 철학자(괴테, 실러, 카를 마르크스, 토마스 만, 귄터 그라스, 하인리히 하이네), 과학자(구텐베르크, 게르케).

이 책은 제목이 말해 주듯 역사를 시대 순서가 아니라 주요 역사적 사건이 일어난 도시 위주로 풀어 간다. 따라서 역사적 사건 서술이 시대순과 일치하지는 않지만 가능한 한 일치하도록 노력했다. 독자들의 이해를 돕기 위해 관련 있는 다른 도시도 명시했다.

역사적 사건이 일어났던 곳을 돌아보지 않고 문헌에만 의존한 역사 서술은 건조하고 울림이 없다. 이 책의 특징은 독일 역사를 국내외 여러 문헌을 참고하면서도 30개 도시 모두를 발로 뛰면서 생생하게 담아낸 점이라 할 수 있다. 30개 도시는 외교관으로 독일에 근무하면서 살기도 했고 또 돌아본 곳이지만, 2019년에 이어 2023년과 2024년 두 차례 더 답사했다. 답사하면서 역사와 관련된 생생한 사진도 담을 수 있었다. 한국에서 처음 공개하는 사진도 많다. 사진은 글보다도 더 많은 것을 말해 준다.

이 책을 내는 데 여러분의 도움이 있었다. 우선 많은 분량의 원고를 꼼꼼히 읽고 의견을 주신 김영찬 박사님께 감사드린다. 김 박사님은 마부르크 대학교에서 수학했으며 독일에서 근무도 했다. 독일 관련 저서도 여러 권 낸 분이다. 독일 박물관과 주요 유적지를 답사할 때 여러 문의에 친절하게 설명해 주신 분들께도 감사드린다. 독일 연방 언론·공보청과 자르란트주 사진실로부터 귀중한 사진을 제공받았다. 다산북스의 전두현 팀장님과 김상영 님은 이 책의 기획에서부터 많은 도움을 주었다. 또 김선식 대표님께도 감사드린다.

아내의 도움도 있었다. 지난 2년 동안 원고를 쓰는 데 큰 힘이 되어 주었고, 한 달간에 걸친 독일 답사를 두 번이나 함께해 주었다. 아내와 함께하지 않았더라면 답사를 제대로 하지 못했을 것이다.

이 책이 독일 역사는 물론 독일을 좀 더 잘 알고자 하는 이들에게 도움이 되었으면 한다. 그리고 독일을 여행하는 이들에게도 도시가 간직하고 있는 역사와 문화에 대해 안목을 넓혀 주는 친근한 동반자가 되기를 바란다.

2025년 1월에
손선홍

차 례

덴마크

북해

발트해

킬

로스토크

뤼베크

함부르크

브레멘

폴란드

베를린

하노버

포츠담

마그데부르크

네덜란드

뮌스터

할레

라이프치히

뒤셀도르프

드레스덴

쾰른

에르푸르트

바이마르

아헨

본

벨기에

체코

마인츠

프랑크푸르트

룩셈부르크

트리어

보름스

뉘른베르크

자르브뤼켄

하이델베르크

레겐스부르크

슈투트가르트

아우크스부르크

뮌헨

프랑스

오스트리아

스위스

이탈리아

슬로베니아

1부

로마 제국의
서부 도시들

1부에서는 로마 제국의 도시였던 서부 지역의 3개 도시를 돌아
본다. 라인란트–팔츠주의 트리어, 노르트라인–베스트팔렌주의
아헨, 자르란트주의 자르브뤼켄이다. 이들은 프랑스, 벨기에,
네덜란드와 가까운 국경 도시기도 하다.

01

트리어

Trier

'작은 로마'이자 독일에서
가장 오래된 도시

주   라인란트–팔츠주
인구   11만 2737명(2023년 12월 기준)

Trier

.

트리어는 기원전 17년에 세워진 독일에서 가장 오래된 도시다. 콘스탄티누스 대제Constantinus the Great 등 여러 로마 황제들이 체류했다. 포르타 니그라 등 유네스코 세계 문화유산으로 지정된 다수의 로마 시대 건축물이 있다. 예수의 성의를 간직한 대성당도 있다. 독일 내 인구 순위는 72위다.

유네스코 세계 문화유산이 풍부한 '작은 로마'

2000년이 넘는 독일 역사를 어느 도시부터 풀어 가야 좋을까? 역사를 다루기 때문에 트리어부터 시작하기로 한다. 트리어는 독일

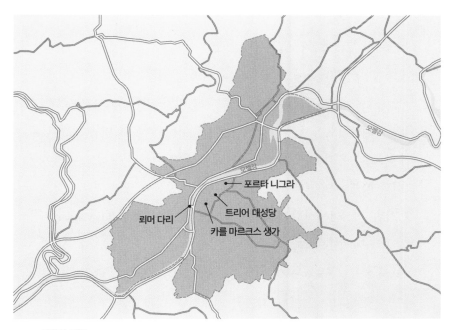

트리어 지도

중서부의 라인란트-팔츠주에 있는 중소 도시다. 룩셈부르크와 마주하고 있고 프랑스, 벨기에와 가까운 국경 도시기도 하다.

왜 트리어부터 시작하는가? 기원전 17년에 로마 제국이 세운 트리어는 독일에서 가장 오래된 도시로 로마 유적이 가장 많이 남아 있는 곳이다. 특히 트리어의 대주교는 신성 로마 제국의 황제를 선출했던 7명의 선제후選帝侯(신성 로마 제국의 황제를 선출하는 제후) 중한 명으로 의미가 있는 도시다. 19세기 공산주의와 사회주의 이론을 창시한 카를 마르크스Karl Marx가 이 도시에서 태어났다. 또 모젤 와인의 주생산지이기도 하다.

트레베레르Treverer로 불렸던 트리어는 원형 경기장, 바르바라 공용 온천장, 황제 온천장, 콘스탄틴 바실리카(교회), 포르타 니그라, 뢰머 다리 등 로마 유적이 많이 남아 있어서 '작은 로마'로도 불린다. 이 로마 유적들은 중세에 세워진 트리어 대성당과 성모 마리아 교회와 함께 1986년에 유네스코 세계 문화유산이 됐다.

기원전 58년~기원전 51년에 율리우스 카이사르Julius Caesar(기원전 100년~기원전 46년)가 갈리아 지방(프랑스와 벨기에, 스위스, 네덜란드, 독일 일부가 포함된 지방)을 정복하며 현재 트리어 일대는 로마의 지배를 받기 시작했다. 로마는 기원전 30년경 트리어 인근 페트리스베르크Petrisberg에 군사 기지를 설치했다. 트리어는 로마 제국 초대 황제 아우구스투스Augustus(재위: 기원전 27년~기원후 14년)의 지시로 원거리 교통 도로를 구축하기 위해 기원전 17년 모젤강 위에 나무다리를 놓으면서 세워졌다. 기원전 16년~기원전 13년 동안 갈리아에 머물던 초대 황제의 이름을 따 아우구스타 트레베로룸Augusta Treverorum('아우구스투스의 도시 트리어'라는 뜻이다)으로 불렸다. 서기 70년에 트리어인들이 봉기했으나 진압되면서 언어나 문화적으로 완전히 로마 제국에 동화됐다. 로마 제국의 갈리아 총독은 트리어에 거주했다.

트리어에는 286~395년, 110년 동안 콘스탄티누스 대제(재위: 306~337년) 등 여러 로마 황제들이 머물렀다. 콘스탄티누스는 브

독일에서 가장 오래된 뢰머 다리. 기원전 17년에 나무로 세워진 후 154~157년에 지금의 다리 교
각이 세워졌다. 유네스코 세계 문화유산이다

리타니아 원정에 나섰던 부친 콘스탄티우스 클로루스Constantius I
Chlorus가 요크에서 병사하자 군사들에 의해 황제로 추대됐으나 여
섯 황제 중 한 명일 뿐이었다. 그는 트리어에서 10년(306~316년) 동
안 머물며 라인강 방위선을 굳건히 지켰다(324년에 리키니우스Valerius
Licinianus Licinius와 싸워 승리하며 단독 황제가 됐다). 콘스탄틴 바실리카
는 그가 접견실로 사용했던 왕궁이었다. 뢰머 다리 입구에는 콘스
탄티누스 대제의 동상이 있다.

트리어에서 지내던 로마 총독은 프랑크족의 침입을 자주 받자

4세기 말경에 관저를 후방인 프랑스의 아를(프로방스의 도시)로 옮겼다. 프랑크족의 클로비스 1세Clovis I는 로마인을 몰아내고 481년에 프랑크 왕국을 세웠는데, 트리어는 485년 이 프랑크 왕국에 정복됐다. 이와 함께 트리어의 활기찼던 모습은 사라졌다.

800년경에 트리어 주교는 프랑크 왕국 카를 대제Karl der Große의 지시로 메스, 툴, 베르됭 교구를 관리했다. 트리어는 843년 베르됭 조약에 따라 중中프랑크 왕국의 로트링겐에 속했다가 870년에 동東프랑크 왕국(오늘날 독일)에 편입됐다. 882년에 바이킹족의 침략으로 트리어는 완전히 불에 탔으나 902년에 주교의 노력으로 시장 개설권을 얻으며 다시 일어섰다. 958년에 하인리히Heinrich 대주교가 하우프트마르크트 광장에 세운 마르크트크로이츠 십자가는 트리어의 자존심을 상징하는 건축물이 됐다.

트리어의 상징 포르타 니그라

고도古都 트리어의 상징은 '검은 문'을 뜻하는 포르타 니그라다. 170년경 로마인들이 도시 주위에 성벽을 쌓고 성벽 사이로 4개의 문을 만들었다. 이후 성벽과 3개의 문은 파괴되었고 포르타 니그라만 남았다. 사암으로 된 네모진 마름돌 7200여 개로 2개의 거대한 아치 위에 세운 문이다. 오랜 세월이 흐르면서 검게 변해 중세에 포

로마 제국의 건축물로 트리어의 상징인 포르타 니그라는 유네스코 세계 문화유산이다

르타 니그라로 불렸다.

1030년에 비잔틴 제국의 수도사 지메온Simeon은 포르타 니그라를 숙소로 사용했다. 그가 1035년에 성인이 되자 그를 위한 성당으로 쓰였다. 1802년에 점령지 트리어를 방문한 나폴레옹 보나파르트Napoléon Bonaparte의 지시로 성당을 허물고 원래 형태로 복원하여 오늘날의 모습을 하고 있다.

포르타 니그라는 알프스 이북에 남아 있는 도시의 문들 가운데

예수의 성의를 간직한 트리어 대성당

상태가 가장 좋아 유네스코 세계 문화유산이 됐다. 이곳에 트리어
시 지메온 수도원 박물관이 있다.

예수 성의를 간직한 대성당과 선제후 대주교

중세에 트리어는 '성스러운 도시'를 뜻하는 시비타스 상타Civitas
Sancta로 불릴 정도로 성당과 수도원이 많았다. 트리어를 대표하는

성당은 성 베드로 대성당이다. 독일에서 가장 오래된 주교좌성당으로 크기는 길이 112.5미터, 폭 41미터다.

대성당은 콘스탄티누스 대제의 어머니 헬레나Helena(하층민의 딸이었다)가 지원하여 세운 '이중 교회'의 터 위에 4세기 초에 세워졌다. 이중 교회란 하나의 성당에 왕 또는 귀족들과 일반인들이 분리해서 미사를 보도록 본당이 나누어진 성당이다. 대성당은 역사가 1700년이나 됐으며 유네스코 세계 문화유산이다.

대성당은 5세기에 프랑크족에 의해, 9세기에는 바이킹족에 의해 파괴됐으나 1270년에 복구되었다. 제2차 세계대전 중에도 파괴되어 1974년에 복원됐다. 대성당은 마인츠 대성당, 쾰른Köln 대성당과 함께 독일의 3대 성당으로 불린다. 이 세 성당의 대주교는 신성 로마 제국의 황제를 선출하는 선제후였다는 공통점이 있다.

트리어 대성당은 두 가지 점에서 의미가 있다. 첫째, 예수의 성의聖衣를 간직하고 있다는 것이다. 성의는 예수가 십자가를 메고 언덕을 오를 때 입었던 옷으로, 트리어의 성의는 조각을 대지 않은 하나의 천으로 혼솔 없이 짠 것이 특징이다. 신앙심이 강했던

예수의 성의. 1996년에 공개한 사진을 대성당에서 촬영했다

콘스탄티누스 대제의 어머니인 헬레나상. 트리
어시 지메온 수도원 박물관 소장

헬레나가 325년에 예루살렘에서
가져왔다.

헬레나는 왜 성의를 이곳 트리
어로 가져왔을까? 트리어에 머물
던 아들 콘스탄티누스가 황제가
된 것에 대한 감사의 표시로 이
중 교회를 세우고 성의도 가져온
것이다. 성의는 제대 뒤 성가대석
과 연결된 별도의 공간에 보관되
어 있다. 성의는 1512년 트리어
에서 제국 의회가 열렸을 때 신성
로마 제국 황제 막시밀리안 1세
Maximilian I(재위: 1486~1519년)
의 요구로 처음 공개됐다. 지금까

지 모두 18번 공개됐으며 가장 최근에는 2012년 공개되었다. 공개
될 때마다 수많은 성지 순례자들이 찾아오고 있다.

둘째, 트리어 대주교는 신성 로마 제국의 황제를 선출하는 선
제후였다는 점이다. 선제후는 모두 7명이었다. 4명은 세속 선제
후(보헤미아 왕, 팔츠 궁중백[공작과 비슷한 지위], 작센 공작, 브란덴부르크
Brandenburg 변경백[국경 지역을 지배하는 백작]), 3명은 종교 선제후(마인
츠 대주교, 쾰른 대주교, 트리어 대주교)였다.

트리어 대주교가 선제후가 된 데는 대주교 발두인Balduin von Trier(1285~1354년)의 힘이 크게 작용했다. 종교 선제후처럼 성직자가 주민에 대한 지배권도 갖고 있던 대주교나 주교를 '제후 주교'라고 한다. 제후 주교는 1356년에 3명에서 1521년에 53명으로 대폭 증가했다가 30년 전쟁(1618~1648년)이 끝난 1648년에 23명으로 줄었다.

16세기 초 종교 개혁의 혼란 속에서도 트리어는 가톨릭을 고수했다. 개신교도는 도시를 떠나야 했다. 30년 전쟁 중에는 군인들의 주둔으로 어려운 시기를 보냈다. 18세기에 파손된 성벽과 뢰머 다리를 복구하며 트리어는 차츰 회복되었다.

트리어는 프랑스에 여러 차례 점령되었다. 1684년에 이어 프랑스 혁명 후인 1794년에도 점령되었다. 1797년에서 1814년까지 프랑스의 지배를 받았다. 트리어 선제후는 1801년 나폴레옹에 의해 폐위되었다. 트리어는 나폴레옹이 몰락한 후 1815년에 프로이센 왕국에 속했다.

오늘날 라인란트-팔츠주에 속한 트리어는 2000년에 자르뷔르켄Saarbrücken시, 프랑스의 메스시, 룩셈부르크시와 함께 '4개 도시 연합체'를 구성하여 협력하고 있다.

공산주의와 사회주의 이론의 창시자 마르크스

제2차 세계대전이 끝나고 세계는 자유 민주주의와 공산주의 두 진영으로 나누어지며 냉전이 시작됐다. 공산주의 이념을 창시한 이는 트리어 태생인 카를 마르크스(1818~1883년)다. 1818년 5월 5일 유대인 변호사 아들로 태어난 마르크스는 철학자이자 경제학 자였다.

사회주의와 공산주의 창시자가 왜 가톨릭 도시인 트리어에서, 그리고 다소 부유한 중산층에서 나왔을까? 트리어는 프랑스 지배에서 벗어나자마자 프로이센 왕국에 편입됐다. 포도 재배 농가들은 프로이센의 조세 정책으로 인해 포도주 판매가 어려워지면서 힘든 시기를 보냈다. 마르크스는 베를린 대학 재학 당시 청년 헤겔학파들과 지내며 정신과학 분야에 눈을 떴다. 고향이 경제적으로 침체된 사회적 환경, 그리고 대학 생활을 통해 사회와 빈곤 문제에 관심을 갖게 됐던 것이다.

1841년 예나Jena 대학에서 박사 학위를 받은 마르크스는 교수가 되고 싶었으나 과격한 성향 때문에 어렵게 되자 쾰른에서 〈라인 신문〉의 편집자로 활동했다. 과격한 논조로 인해 신문 발행이 금지되자 1843년 파리로 이주하며 프로이센 국적도 버렸다. 이때 영국에 있다가 파리에 들른 엥겔스Friedrich Engels(1820~1895년)를 만났다. 아버지가 방적 공장을 운영하여 부유한 가정 출신에 미혼이

분단 시 동독 공산 정권이 세운 마르크스(앉은 이)와 엥겔스 동상(선 이). 베를린Berlin 소재

었던 엥겔스는 마르크스에게 많은 도움을 주었다. 두 사람의 유대
관계는 평생 이어졌다.

　　1845년 마르크스와 엥겔스는 기피 인물로 프랑스에서 추방되자
브뤼셀로 갔다. 공산주의자 동맹의 요청으로 두 사람은 1848년에
『공산당 선언』을 작성했다. '계급 없는 사회'를 추구했던 마르크스
는 "모든 사회의 역사는 계급 투쟁의 역사이며, 오로지 계급 투쟁을
통해서만 '계급 없는 사회'를 이룰 수 있고, 역사도 발전해 나간다"
라고 주장했다. 23쪽의 『공산당 선언』은 1848년 3월 혁명 전에 출
간됐으나 독일에서는 별다른 변화를 가져오지 못했다.

1848년 브뤼셀에서 추방되어 독일로 돌아온 마르크스와 엥겔스는 반란 선동 혐의 재판에서 무죄 판결을 받았다. 마르크스는 무국적자라는 이유로 추방되어 1849년 런던으로 이주했다. 마르크스는 1867년에 대표작이 된『자본론』1권을 출간했다. 런던에서 지내던 그는 1883년에 숨졌다. 주요 저서로『공산당 선언』과『프랑스에서의 계급 투쟁』등이 있다. 대표작인『자본론』2권과 3권은 마르크스가 죽은 뒤 엥겔스에 의해 완성됐다.

마르크스 경제 이론은, 자본가는 노동자가 만든 노동력의 가치, 즉 잉여 가치를 착취하고, 또 더 많은 이윤을 얻기 위해 경쟁적으로

마르크스가 태어난 집을 개조한 '카를 마르크스 하우스 박물관'. 오늘날 중국 공산당원들이 많이 찾는 박물관이다

투자하다가 결국에는 자본주의가 붕괴한다는 것이다. 마르크스의 사회주의와 공산주의 이념은 19~20세기에 소련, 독일, 동유럽 국가, 일부 아시아 국가에서 활기를 띠었다. 1989년 베를린 장벽이 붕괴된 후에는 쇠퇴하여 오늘날은 몇몇 나라에서만 명맥을 유지하고 있다.

마르크스가 태어난 집은 사민당이 1928년에 구입하여 '카를 마르크스 하우스 박물관'으로 운영하고 있다. 박물관은 전 세계 공산당원들, 특히 중국 공산당원들이 많이 찾는 순례지기도 하다.

모젤 와인의 산지

트리어 주변과 모젤강을 따라 코블렌츠Koblenz까지 이어지는 지역에는 포도밭이 많이 있다. 트리어는 모젤 와인의 중심지다. 모젤 와인은 프랑스와의 국경인 페를Verl에서 시작하여 코블렌츠까지 모젤강변에서 생산된 와인을 말한다.

모젤강 유역에서 언제부터 포도를 재배했는지에 관한 기록은 없다. 220년경에 모젤강변에 있는 포도주 상인들의 묘지에서 포도주를 운반했던 배가 발견된 것으로 보아 그 이전부터 포도를 재배한 것으로 보인다. 로마 제국은 관료들과 군인들에게 포도주를 배급했다. 포도주가 물보다 위생적이고 영양분도 풍부한 데다가 오랫

동안 보존할 수 있기 때문이다.

　모젤 와인 생산량의 91퍼센트가 화이트 와인이다. 화이트 와인 품종은 리슬링이 62.5퍼센트를 점유하고 있다. 리슬링은 독일의 대표적인 화이트 와인 품종으로 주로 라인강 유역에서 재배되고 있다. 모젤 와인의 독일 시장 점유율은 5퍼센트 정도로 크지 않은 편이나 생산량의 25퍼센트를 100여 개국에 수출하고 있을 정도로 인기가 많다.

02

아헨

Aachen

'유럽의 아버지' 카를 대제의 도시

주 노르트라인-베스트팔렌주
인구 25만 2769명(2023년 12월 기준)

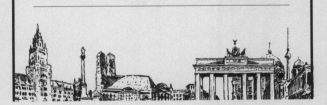

Aachen

아헨은 '유럽의 아버지'로 불리는 카를 대제의 도시로 유럽의 수도였다. 카를 대제가 잠든 아헨은 로마-독일 왕이 936년부터 1531년까지 대관식을 했던 곳이다. 아헨 대성당은 독일에서 최초로 등재된 유네스코 세계 문화유산이다. 독일 내 인구 순위는 27위다.

유럽의 수도 아헨

아헨은 트리어에서 170킬로미터 거리에 있다. 독일 16개 주 중에서 인구가 가장 많은 노르트라인-베스트팔렌주 서쪽에 있는 아헨은 벨기에, 네덜란드와 인접한 국경 도시다. 1세기까지 켈트인들

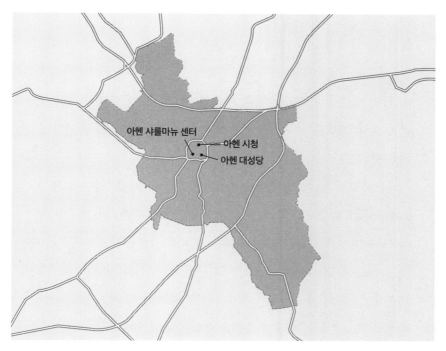

아헨 지도

이 거주하던 아헨에 로마인들이 들어왔다. 로마인들은 따뜻한 물이 나오는 아헨에서 온천을 개발하고 도로를 내며 거주했다.

아헨 지역의 로마인들은 5세기 초에 게르만족의 일파인 프랑크족에게 밀려 물러났다. 아헨은 765년에 프랑크 왕국의 왕 피핀 3세Pipin III가 궁전을 지으면서 사용한 아키 빌라Aquis villa('물의 마을'이라는 뜻이다)로 문헌에 처음 나타났다.

피핀 3세의 뒤를 이어 768년 10월에 카를Karl이 왕이 됐다. 카를은 그해 겨울을 아헨에서 처음 보낸 후 이곳을 궁으로 삼았다. 카를은 왜 아헨에 궁을 세웠을까? 가장 큰 이유는 온천 때문이었다. 이후 그는 제국 의회와 종교 회의 등 다양한 정치, 종교, 문화 활동을 하며 아헨을 프랑크 왕국의 수도로 발전시켰다. 카를은 정복 전쟁을 통해 영토를 서유럽 전역으로 크게 넓혔다. 아헨은 유럽의 수도로 발전했다.

신성 로마 제국 황제 프리드리히 1세 바르바로사Friedrich I. Barbarossa(그의 붉은 수염으로 인해 '바르바로사'라고도 불렸다)는 1165년에 카를 대제가 잠들어 있는 아헨을 제국에서 으뜸가는 '자유의 제국 시Freie Reichsstadt'로 지정하고, 시장 개설권과 동전 주조권도 주었다. '자유의 제국 시'는 제후나 영주의 지배를 받지 않는 황제 직속의 도시로 독자적인 행정권과 사법권이 있었다.

아헨은 1792~1793년에 이어 1797년에도 프랑스에 점령되어 지배를 받았다. 나폴레옹이 몰락한 후에는 프로이센 왕국에 편입되었다. 제1차 세계대전 후 11년(1918~1929년) 동안 벨기에에 점령되기도 했다. 2000년에 아헨시는 대성당 완공과 카를 대제의 황제 즉위 1200주년을 성대하게 기념했다.

유럽의 아버지 카를 대제

아헨은 카를 대제Karl der Große(라틴어로는 카롤루스 대제Carolus

Magnus, 재위: 768~814년)의 도시다. 프랑스에서도 그를 샤를마뉴Charlemagne로 부르며 칭송하고 있다. 카를 대제는 '유럽의 아버지Pater Europae'로 불린다. 카를 대제는 누구이며 왜 유럽의 아버지로 불릴까? 카를 대제를 말하려면 그의 할아버지까지 거슬러 올라가야 한다. 732년에 이슬람의 우마이야 왕조는 스페인을 정복한 후 프랑스로 진격했다. 공격해 온 우마이야 왕조의 이슬람군을 프랑크 왕국의 궁재 카를 마르텔Karl Martell이 투르와 푸아티에(파리 남쪽의 도시) 전투에서 물리쳤다. 이 전투에서 승리하였기에 이슬람의 유럽 진출을 막을 수 있었다. 마르텔의 아들 피핀 3세Pippin III(재위: 751~768년)는 751년에 킬데리쿠스 3세Childeric III를 몰아내고 왕위에 올라 카롤링거 왕조를 열었다.

768년에 피핀 3세가 죽은 후 두 아들 카를Karl과 카를만Karlman이 공동으로 즉위했다. 형제간에 갈등이 있었으나 3년 후 카를만이 사망하며 해소됐다. 카를은 772년부터 804년까지 영토 정복에 나섰다. 바이에른, 작센, 이탈리아로 원정하면서 중부와 서유럽에 걸쳐 있는 게르만족의 영토 대부분을 점령하며 지배 영역을 크게 넓혔다. 778년 카를과 그 군대는 스페인 사라고사 전투에서 이슬람군에게 패했으나 802년에 이슬람군을 격퇴했다. 헝가리의 훈족인 아바르족도 무찔렀다.

카를은 800년에 황제로 즉위했다. 로마 귀족에게 시달리던 교황 레오 3세Leo III가 799년에 카를에게 피신해 오며 도움을 요청했다.

카를 대제 동상. 아헨 샤를마뉴 센터 소재

카를은 800년 11월에 교황과 함께 이탈리아로 원정하여 귀족들을 물리쳤다. 교황은 보답으로 12월 25일 카를에게 서로마 황제의 관을 씌워 주었다. 카를은 476년에 오도아케르Odoacer에 의해 멸망한 서로마 제국을 아우르는 황제가 됐다.

카를 대제는 전쟁을 통해 오늘날의 독일과 프랑스는 물론 이탈리아, 오스트리아, 스위스, 벨기에, 네덜란드, 룩셈부르크 등으로 영토를 넓히며 서유럽을 다스렸다. 또 정복 지역을 기독교화하는 데에 힘썼다. 카를은 안으로는 행정 개혁을 추진하여 문서에 의한 칙령 발표를 제도화했다. 교육과 학문 진흥에도 힘써 고전 문화를 부흥하여 카롤링거 왕조의 르네상스를 열었다. 그가 지배한 지역은 로마 문화, 비잔틴 문화, 이슬람 문화 등 다양한 문화권이 속했다. 카를 대제가 '유럽의 아버지'로 불리는 이유다.

813년에 아들 루트비히Ludwig가 카를 대제 앞에서 공동 황제로 즉위했다. 카를 대제는 814년 1월 28일 아헨에서 숨졌고 아헨 대성당에 잠들었다. 843년에 루트비히가 죽자 세 아들은 베르됭 조약을 체결하여 프랑크 왕국을 세 왕국으로 분할했다. 서프랑크 왕국(오늘날의 프랑스), 중프랑크 왕국(북부 이탈리아와 베네룩스), 동프랑크 왕국(독일)이다. 870년에 메르센 조약으로 중프랑크 왕국의 영토 일부가 동프랑크 왕국과 서프랑크 왕국으로 편입되었다.

1165년에 황제 프리드리히 1세는 카를 대제를 성인聖人으로 선포했다. 황제 프리드리히 2세Friedrich II(재위: 1220~1250년)는 카를 대제의 유골을 새로 만든 값비싼 관에 안치했다.

독일 최초의 유네스코 세계 문화유산, 대성당

아헨의 상징은 카를 대제가 잠들어 있는 대성당Aachener Dom이다. 대성당은 1978년에 독일 문화재 중에서 최초로, 세계에서는 두번째로 유네스코 세계 문화유산이 됐다. 독일에서 아헨 대성당이 갖는 의미를 말해 주고 있다.

785년에 왕 카를은 부왕 피핀 3세가 765년에 지은 작은 궁전을 헐고 그 터에 궁중 교회Pfalzkappelle와 궁전Pfalz을 새로 지었다. 궁중 교회는 콘스탄티노플(오늘날 이스탄불)에 있는 아야 소피아 대성당을 모델로 한 8각형의 2층 건물이다. 이후 궁중 교회는 대성당이,

궁전은 시청사가 됐다.

대성당은 오른쪽에는 고딕 양식의 높은 첨탑이, 가운데에는 바로크 양식의 둥근 돔이 있다. 아치 형태의 8각형 돔을 직경 32미터의 16각형으로 된 원형 회랑이 둘러싸고 있다. 이는 전형적인 비잔틴 양식으로 그 당시 숫자 8은 종교적으로 조화와 완벽함을 뜻하였다. 이처럼 아헨 대성당에는 고딕, 비잔틴, 바로크 양식이 다 들어 있다.

아헨 대성당은 두 가지 점에서 중요하다. 유럽의 아버지 카를 대

아헨의 상징인 아헨 대성당

대성당 안에 있는 성모 마리아의 성유물관

제가 잠들어 있으며, 또 로마-독일 왕(신성 로마 제국에서 황제로 선출
되었으나 황제 대관식을 하지 않은 왕을 말한다. 대관식을 하지 않았어도 황제
로 부르기도 했다)이 대관식을 했던 곳이라는 점이다. 936년에 독일
왕 오토 1세Otto I를 시작으로 1531년 페르디난트 1세Ferdinand I까
지 600여 년 가까이 31명의 왕이 대관식을 했다. 황제 대관식은
로마에서 했다. 이후 대관식은 왕과 황제를 선출했던 프랑크푸르
트Frankfurt에서 했다(9장 프랑크푸르트 참고).

　　대성당에는 성모 마리아의 성유물 상자가 있다. 상자에는 마
리아의 옷, 예수의 배내옷, 예수가 허리에 두른 천, 세례자 요

한Johannes의 참수 옷이 보관되어 있다. 또 작은 탑 16기와 촛대 48개(기증자의 이름을 따서 '프리드리히 1세의 촛대'라고 한다)가 담긴 청동 샹들리에, 황제 하인리히 2세Heinrich II가 기증한 제단, 황제 카를 4세Karl IV가 기증한 카를 대제의 흉상 등이 있다. 1002년에 숨진 황제 오토 3세Otto III(재위: 996~1002년)의 묘도 있다.

아헨 대성당의 자랑이 있다. 설립한 지 1200년이 넘어 독일에서 가장 오래된 아헨 소년 합창단이다. 레겐스부르크 대성당, 라이프치히Leipzig의 토마스 교회 등이 소년 합창단을 운영하는 것도 독일 성당들의 특징이다.

독일에서 가장 뛰어난 궁전 아헨 시청

카를 대제가 세운 궁전은 세월이 흐르면서 파손되고 균열이 생겨 대대적인 보수가 필요했다. 아헨시는 황제의 허락을 얻어 1330년에 공사를 시작하여 1346년에 시청사로 개조했다. 시청사는 행정 업무를 보는 관청과 왕 대관식 후 연회 장소 두 가지 용도로 사용됐다. 저명한 인도주의자인 피콜로미니Enea Silvio Piccolomini(1458년에 교황 비오 2세Pius II가 됨)는 1435년에 "전 독일에서 가장 뛰어난 궁전"이라며 아헨 시청사를 극찬했다.

1656년에 지붕과 탑이 불에 탄 부분을 보수하면서 고딕 양식의

뒤에서 바라본 아헨 시청사

청사 외부와는 다르게 지붕은 바로크 양식이 됐다. 청사 뒷면에서
볼 때 오른쪽에는 가늘고 뾰족한 그라누스 탑Granusturm이, 왼쪽에
는 다소 둥글고 굵은 마르크트 탑Marktturm이 있다.

그라누스 탑은 카를 대제 때 왕궁 건물에서 오늘날까지 남아 있
는 가장 오래된 부분이다. 청사 앞면 외부 벽에는 50명의 역대 독일
군주들의 조각상이 있다. 시청 앞 광장에는 카를 대제의 분수대가
있다. 카를 대제를 기리기 위한 아헨 국제 카를 대제상이 시청사에
서 수여되고 있다.

아헨 국제 카를 대제상

카를 대제는 떠난 지 1200년이 지났으나 오늘날에도 '아헨 국제 카를 대제상'으로 살아 있다. 1949년 12월 25일 아헨 지역 출신 기업인 쿠르트 파이퍼Kurt Pfeiffer의 제의로 유럽의 아버지 카를 대제의 이념을 실현하기 위해 제정된 상이다. 12월 25일은 카를이 황제로 즉위한 날이다. 1950년부터 유럽의 통합과 정치 발전에 공헌한 인사에게 수여해 오고 있는 유럽에서 권위 있는 상이다.

범유럽 운동 창시자인 쿠덴호베-칼레르기Coudenhove-Kalergi가 첫 수상자다. 주요 수상자로는 콘라트 아데나워Konrad Adenauer 서독 초대 총리(1954년), 윈스턴 처칠Winston Churchill 총리(1955년), 프랑스와 미테랑François Mitterrand 대통령(1988년), 빌 클린턴Bill Clinton 대통령(2000년), 바오로 2세 교황Pope John Paul II(2004년), 앙겔라 메르켈Angela Merkel 총리(2008년), 우크라이나 국민과 볼로디미르 젤렌스키Volodymyr Zelensky 대통령(2023년)이 있다. 러시아의 침략에 대응하여 우크라이나의 주권과 국민의 생명은 물론 유럽이 지향하는 평화와 자유의 가치를 지켰다는 이유에서였다.

카를 대제상을 통해 아헨은 유럽의 평화와 발전을 도모하며 카를 대제의 도시 아헨을 알리고 있다.

03

자르브뤼켄

Saarbrücken

독일과 프랑스
1000년 역사의 축소판 도시

주   자르란트주
인구 18만 3509명(2023년 12월 기준

Saarbrücken

자르브뤼켄은 프랑스와 국경을 마주하고 있으며 네 차례나 프랑스에 점령되는 불운을 겪었다. 제2차 세계대전 후 프랑스에 점령되어 자치 지역인 자르란트가 되었다가 1957년에 독일에 귀속됐다. 자르란트주의 수도이며 독일 내 인구 순위는 43위다.

비쿠스 자라푸스에서 자르브뤼켄으로

자르브뤼켄은 아헨에서 260킬로미터 거리에 있다. '자르강 위의 다리들'을 뜻하는 자르브뤼켄은 독일 16개 주 중에서 가장 서쪽에 있는 자르란트주 수도다. 자르브뤼켄은 독일과 프랑스 간 1000년

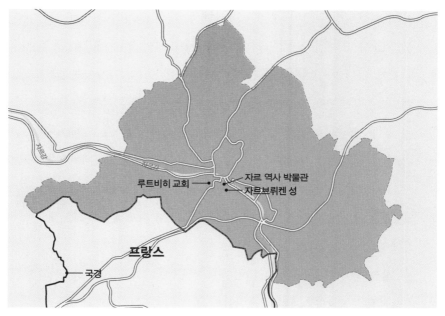

자르브뤼켄 지도

역사의 축소판이라고 할 수 있을 정도로 두 나라 관계의 중심에 있
던 도시다. 프랑스에 네 번이나 점령되었고, 두 번은 독일도 프랑스
도 아니었던 도시의 역사가 말해 주고 있다.

　자르브뤼켄에도 로마인들이 살았다. 교외 할베르크 기슭에 로
마인들이 살았던 흔적이 있다. 로마인들의 거주지는 비쿠스 자라푸
스Vicus Saravus로 불렸다. 뢰머카스텔, 뢰머브뤼케, 뢰머슈타트 등
의 지명은 로마인들이 거주했음을 말해 주고 있다. 뢰머Römer는
'로마 시민' 또는 '로마인'이라는 뜻이다.

자르브뤼켄은 로마 제국이 건설한 두 개의 원거리 도로가 교차하는 교통 요지에 있었다. 하나는 메스Metz에서 로마 제국의 군사기지가 있던 마인츠Mainz로 가는 도로였고, 또 다른 도로는 남쪽 슈트라스부르크Strasburg에서 트리어로 가는 길이었다. 트리어에서는 로마 제국의 속주가 있는 쾰른과 연결되었다. 로마 제국에게 원거리 도로는 영토 확장은 물론 통신과 보급에서 중요한 수단이었다. 2000년이 지난 오늘날에도 프랑크푸르트와 파리를 오가는 독일 고속 열차 이체에(ICE)와 프랑스 고속 열차 테제베(TGV)가 자르브뤼켄을 지나간다.

　점점 번성하던 로마인의 거주지 비쿠스 자라푸스는 275년과 350년경 두 차례에 걸쳐 게르만족의 침입으로 크게 파괴되었다. 로마 제국이 외부의 침입을 막기 위해 요새를 세웠으나 비쿠스 자라푸스는 5세기 초 게르만족의 이동 내지는 훈족이 메스로 이동하는 과정에서 황폐화되었다.

　520년경에 프랑크족과 갈리아 지역의 로마인들이 자르브뤼켄으로 이주해 왔다. 로마인들이 거주했음에도 자르브뤼켄은 999년에 '카스텔룸 자라부르카Castellum Sarrabrucca'로 문서에 처음 나타났다. 황제 오토 3세(재위: 996~1002년)가 성城을 메스의 주교 아달베로 2세Adalbero II에게 하사하며 표기한 지명이다. 자르브뤼켄 시는 이 해를 기려 1999년에 시 탄생 1000주년을 기념했다.

　999년부터 1680년까지 세 지배층이 자르브뤼켄을 지배했다. 메스 주교가 89년(999~1088년)을, 자르가우Saargau 백작 가문이 35년 (1088~1123년)을, 자르브뤼켄 백작 가문이 557년(1123~1680년)을 다스렸다. 1322년에 자르브뤼켄은 도시 권한을 얻었다.

1574년에 개신교로 전향한 자르브뤼켄은 30년 전쟁(1618~ 1648년) 중에 처참하게 황폐화되었다. 전쟁 중에 페스트(흑사병)도 창궐하여 1637년에 인구가 70여 명일 정도로 크게 줄었다.

프랑스에 네 번이나 점령된 도시

자르브뤼켄은 30년 전쟁과 병마에 시달린 이후에도 프랑스의 지배를 여러 차례 받았다. 프랑스-네덜란드 전쟁(1672~1678년) 중에 프랑스 왕 루이 14세Louis XIV 군대가 자르브뤼켄을 파괴하며 1681년에 점령했다(프랑스의 첫 번째 점령). 자르브뤼켄은 16년 후인 1697년에서야 신성 로마 제국으로 되돌아왔다.

18세기에 나사우-자르브뤼켄의 하인리히Wilhelm Heinrich 백 작(재위: 1741~1768년)은 석탄 광산을 국유화하고 제철 공장도 세웠 다. 자르브뤼켄은 처음으로 경제적 번영을 누렸다. 제후가 거주할 자 르브뤼켄 성과 루트비히 교회 등이 들어섰다. 하인리히 백작과 아 들 루트비히Ludwig 백작이 1775년에 세운 루트비히 교회는 함부르 크Hamburg의 미셸 교회, 드레스덴Dresden의 프라우엔키르케와 견

하인리히 백작이 세운 **자르브뤼켄 성**. 1980년대에 철강과 유리로 세운 가운데 건물은 현재와 과거를 연결하는 의미를 담고 있다

줄 정도로 독일 내 대표적인 바로크 양식의 건축물이다. 제2차 세계 대전 중에 파괴되었으나 복구되었다. 오늘날 자르브뤼켄의 상징이다.

자르브뤼켄은 프랑스 혁명 중인 1793년에 프랑스군에 점령된 후 1797년에 프랑스에 편입되었다(프랑스의 두 번째 점령). 나폴레옹을 몰아낸 뒤 1814년에 프로이센 왕국에 귀속됐다. 프로이센은 어떻게 멀리 떨어진 자르브뤼켄은 물론 트리어, 아헨, 쾰른과 본Bonn 등 라인강 지역을 차지할 수 있었을까? 프로이센이 나폴레옹 전쟁으로 피해가 컸으며, 1813년 라이프치히 전투(나폴레옹 해방 전쟁이라고도 한다)와 1815년 워털루 전투에서 나폴레옹군을 몰아낸 공이 인정되었기 때문이다.

18세기에 하인리히와 루트비히 백작이 세운 루트비히 교회는 자르브뤼켄의 상징이다

1870년 7월 19일 프랑스군이 프로이센에 선전 포고를 하며 자르브뤼켄에 진주했으나 8월에 프로이센군이 탈환했다. 자르브뤼켄은 제1차 세계대전 중 서부 전선의 주요 보급 기지였던 이유로 251 차례나 폭격을 받았다. 주민들은 고통 속에 어렵게 지냈다. 독일이 패배하며 1918년 11월 23일 프랑스군이 자르브뤼켄을 점령했다(프랑스의 세 번째 점령).

제1차 세계대전 후 베르사유 조약에 따라 자르브뤼켄을 포함한 자르 지역은 1920년부터 15년 동안 국제 연맹의 관리를 받았다. 이후의 지위는 주민 투표로 결정하기로 한 규정에 따라 1935년 1월

13일 실시된 주민 투표에서 투표자의 90.8퍼센트가 찬성하여 자르 지역은 독일로 돌아왔다.

자르브뤼켄은 제2차 세계대전 중 폭격으로 도시 중심지는 90퍼센트가, 주택은 43퍼센트가 파괴됐다. 제2차 세계대전 후 자르 지역은 또다시 프랑스에 점령됐다(프랑스의 네 번째 점령). 국제 연맹의 관리에서 벗어난 지 10년 만에 다시 점령된 것이다.

작은 통일을 이루다

1949년 5월 23일 기본법(헌법)이 공포되며 독일 연방 공화국(서독)이 출범했다(독일은 헌법 공포일을 국가 출범일로 보고 있다). 그러나 자르브뤼켄이 포함된 자르란트는 서독에서 제외되었다. 프랑스가 1947년에 자르란트를 연합국 점령 지역에서 제외하여 자치 지역인 '자르란트Saarland'를 출범시켰기 때문이었다. 더 나아가 1948년에 프랑스는 이 지역을 자국의 경제 체제에 편입시켰고 1952년에는 독립 국가로 인정하겠다는 의도로 대사大使도 파견했다.

프랑스의 이러한 행동으로 인해 서독은 프랑스와 관계를 개선하는 데 어려움을 겪었다. 이후 서독과 프랑스 관계가 다소 개선되면서 두 나라는 1954년 10월 23일 '자르 규약'에 합의했다. 프랑스의 의도가 반영되어 자르란트를 독일도 프랑스도 아닌 '유럽화'하려는 규약이었다. 다만 1년 후에 자르 주민의 투표를 통해 결정하기로 했다. 1955년 10월 23일 실시된 주민 투표에서 투표자의 67.7퍼센트가 자르란트를 '유럽화'하는 데 반대했다. 자르 주민들은 독일을 택한 것이다. 이로써 자르란트를 독일에서 떼어내 '유럽화'하려고 했던 프랑스의 의도는 무산됐다.

프랑스는 왜 수백 년에 걸쳐 자르란트를 점령하고, 또 독일에서 분리시켜 중립 지대로 유럽화를 하려고 했을까? 안보 때문이었다. 프랑스와 마주하고 있는 자르란트가 중립지대가 된다면 프랑스의 안보를 좀 더 튼튼히 할 수 있었기 때문이다.

자르란트는 1957년 1월 1일에 서독으로 돌아왔다. 자르브뤼켄은 서독의 열 번째 주인 자르란트주 수도가 되었다. 기념식에 콘라트 아데나워 서독 총리도 참석했다. 동독과 통일할 수 없는 상황에서 작은 통일을 이루었다며 서독에서는 큰 의미를 부여했다. 자르란트가 여전히 프랑스 경제 체제 안에 있었기 때문에 경제적으로는 1959년 7월 6일에서야 서독 경제 체제에 편입되었다. 오늘날 자르브뤼켄은 자르란트주의 수도로 정치, 경제, 문화의 중심지다.

자르브뤼켄처럼 독일과 프랑스를 오갔던 프랑스 도시가 있다. 스트라스부르Strasbourg로 라인강을 건너면 바로 독일 도시 켈Kehl일 정도로 독일과 가깝다. 스트라스부르는 프랑크 왕국을 거쳤고 신성 로마 제국의 일부였다. 1681년에 루이 14세가 자르브뤼켄과 함께 스트라스부르크Straßburg를 점령한 후 1697년에 프랑스 영토

1957년 1월 1일 자르란트의 독일 복귀 기념식에 참석하기 위해 자르브뤼켄에 도착하여 사열을 받는 아데나워 총리

로 편입했다. 1871년 프로이센 왕국이 프랑스와의 전쟁에서 승리하며 독일 영토가 됐다.

제1차 세계대전에서 승리한 프랑스는 베르사유 조약으로 스트라스부르크를 다시 차지했다. 1940년에 프랑스를 점령한 나치 독일이 이 지역을 다시 합병했다. 1944년에 프랑스는 미국과 영국의 도움으로 독일을 몰아내며 다시 스트라스부르크를 차지하여 오늘에 이르고 있다.

한때 대문호 괴테Johann Wolfgang von Goethe도 유학했던 신성로마 제국의 '스트라스부르크'는 프랑스 영토가 되어 오늘날 '스트라스부르'로 불리고 있다.

2부

로마 제국의
군사 기지였던
라인강변의 도시들

2부에서는 독일의 젖줄인 라인강변의 5개 도시를 돌아본다. 노르트라인-베스트팔렌주의 쾰른, 뒤셀도르프Düsseldorf, 본, 그리고 라인란트-팔츠주의 마인츠와 보름스Worms다. 뒤셀도르프를 제외하고 로마 제국이 라인강을 국경이자 방어선으로 삼아 군사 기지를 설치했던 도시들이다. 마인츠는 특히 일찍 기독교가 들어왔고, 유럽에서 최초로 금속 활자 인쇄술이 발명된 곳이다.

04

쾰른

Köln

로마 제국의 도시, 대성당의 도시,
카니발의 도시

주 노르트라인–베스트팔렌주
인구 108만 7353명(2023년 12월 기준)

쾰른은 로마 제국의 속주 '저지低地 게르마니아Germania inferior'의 수도였다. 쾰른 대성당은 쾰른의 상징이자 독일의 자랑이다. 쾰른 대주교는 황제를 선출하는 선제후로 지배자이기도 했다. 카니발 축제로도 잘 알려진 쾰른은 라인강변의 도시 중에서도 가장 크다. 독일 내 인구 순위는 4위다.

독일의 젖줄 라인강

국가나 도시가 발전하기 위한 가장 필요한 자연조건은 물을 공급하는 강이다. 그래서 강을 젖줄이라고도 한다. 독일에는 라인강,

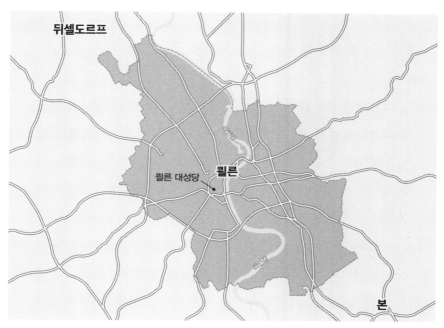

뒤셀도르프

쾰른 대성당

쾰른

본

쾰른 지도

엘베강, 도나우강, 루르강, 베저강, 마인강, 모젤강, 슈프레강, 네카어강, 이자르강 등이 흐르고 있다. 오늘날의 독일이 있게 한 강들이다.

독일인들이 마음에 두고 있는 강은 단연 라인강이다. 독일 역사가 시작되었으며, 2000년 넘게 독일인들의 영광과 애환을 함께해온 강이다. 스위스에서 발원한 라인강은 독일 땅을 흐르다가 네덜란드에서 북해로 흘러간다. 강 길이 1230킬로미터 중에서 독일 땅을 흐르는 구간은 865.5킬로미터다. 1960년대까지 남부 슈바르츠발트(검은 숲)에서 벌목한 나무를 네덜란드로 운반하던 뗏목도 다녔었다.

라인강 유역의 루르 지방은 산업의 필수 자원인 철강과 석탄이 풍부하다. 독일이 제2차 세계대전 후 폐허의 잿더미 위에서 이룬 '기적의 경제 성장'도 철과 석탄의 주생산지였던 라인강 유역의 루르 지방에서 시작됐다. 전후 독일 경제 성장을 '라인강의 기적'이라고 부르는 이유다. 컨테이너, 석탄 등 화물도 운송한다. 유람선도 다니고 있어 관광 자원이기도 한 라인강은 독일의 젖줄로서 손색이 없다. 최근에는 기후 변화의 영향으로 종종 강바닥을 드러내고 있어 우려를 불러일으키고 있다.

라인강에 관한 전설도 있다. 클레멘스 브렌타노Clemens Brentano가 발굴한 '로렐라이 전설'이다. 이 전설을 소재로 여러 사람이 글을 남겼다. 그중에서도 "내가 이리도 슬픈 것이 무슨 영문인지 모르겠네…"로 시작하는 하인리히 하이네Heinrich Heine의 시 「로렐라이」가 널리 알려져 있다. 「로렐라이」는 노래로도 불리며 독일인은 물론 전 세계인의 사랑을 받고 있다.

독일 역사의 시작
토이토부르크숲 전투

라인강은 로마 제국에게도 매우 중요한 강이었다. 기원전 51년 카이사르가 갈리아 지역을 정복한 덕분에 로마 제국은 기원전 13년~기원전 12년에 라인강과 도나우강을 연결한 선을 국경선이자 방어선으로 삼아 이 지역에 여러 군사 기지를 설치했다.

로마 제국의 초대 황제 아우구스투스는 국경선을 라인강 건너 동북쪽 엘베강까지 넓히려고 했다. 그는 왜 국경선을 엘베강까지 넓히려고 했을까? 무엇보다도 라인강 건너 게르마니아 지역(라인강 오른쪽으로, 로마 제국이 미개한 지역으로 여겼던 지역)도 지배해야 로마가 안전할 것이라는 판단에서였다. 게르마니아 지역의 총독이자 사령관인 퀸틸리우스 바루스Quinctilius Varus는 이러한 황제의 뜻을 충실히 이행하려는 장군이었다. 그러나 바루스의 부장으로 게르만족 지도자의 한 사람인 헤르만Hermann(라틴어 이름은 아르미니우스Arminius)은 이를 막고자 했다. 로마는 게르만 족장들의 아들들을 붙잡아 로마로 데려가 수년 동안 교육 후 라인강변의 군사 기지에 배치했다. 헤르만도 그들 중 한 명이었다.

서기 9년 11월 헤르만은 바루스 사령관에게 게르마니아 지역에서 소규모 반란이 일어났다며 로마군이 출동하여 위용을 보여 주어야 한다고 건의했다. 바루스 사령관은 게르마니아로 출동했다. 정예

군 3개 군단, 기병 3개 중대, 보조병 6개 대대에 5000명의 비전투원을 포함하여 총 3만 5000명이었다. 헤르만은 이 로마군을 토이토부르크숲Teutoburger Wald(오스나브뤼크Osnabrück에서 데트몰트Detmold에 걸쳐 있는 숲)으로 유인했다.

로마군은 미리 매복해 있던 게르만 전사들의 기습 공격을 받았다. 숲이 울창하고 지리에 어두웠던 로마군은 전멸하다시피 했다. 이 전투를 '토이토부르크숲 전투' 또는 '헤르만 전투'라고 한다. 헤르만의 승리로 독일은 로마의 지배를 피할 수 있었다. 로마군을 격퇴한 서기 9년을 독일 역사가 시작된 해로 본다.

로마군은 토이토부르크숲에서 대패했으나 이후 강을 건너 여러 차례 게르만 부족을 토벌하며 복수했다. 그러나 후임 황제 티베리우스Tiberius Caesar Augustus(재위: 14~37년)는 라인강을 국경선으로 삼았다. 강력한 군대가 있었음에도 티베리우스는 왜 라인강 경계를 유지했을까? 그는 게르만족의 저항이 거세 게르마니아 지역을 완전히 점령하여 지배하는 것이 어렵다고 보았기 때문이다. 말기 11년을 로마가 아닌 카프리섬에서 지냈던 티베리우스의 소극적인 성격도 한몫했다.

게르만 후손들은 '토이토부르크숲 전투'와 영웅 헤르만을 기리고 있다. 레겐스부르크Regensburg에 있는 명예의 전당인 발할라Walhalla 기념관의 박공지붕에 이 전투 장면을 새겨 넣었다. 기념관 안에는 헤르만의 흉상도 세웠다(15장 레겐스부르크 참조).

토이토부르크숲 전투의 영웅인 헤르만 동상. 오른손으로 검을 높이 쳐들고 있고 왼손으로는 방패
를 들고 있다. 노르트라인-베스트팔렌주 데트몰트시 인근에 있다

프랑스를 물리치고 수립된 독일 제국은 1875년에 데트몰트시(노르트라인-베스트팔렌주의 도시) 인근에 헤르만 동상을 세웠다. 동상 높이는 26.57미터다. 헤르만은 오른손으로는 길이 7미터에 무게 550킬로그램의 검을 높이 치켜들고 있고, 왼손으로는 1150킬로그램인 방패를 들고 있다. 검에는 '독일 통일 : 나의 강함, 나의 강함 : 독일의 힘'이, 방패에는 '충성스러움'이 새겨져 있다.

로마 제국의 도시에서
대주교와 선제후의 도시로

라인강 유역에서 가장 큰 도시 쾰른의 역사는 로마 시대로 거슬러 올라간다. 기원전 39년~기원전 38년에 로마 사령관 아그리파Agrippa는 우비어족을 쾰른과 본 지역으로 이주시켜 오피둠 우비오룸('우비어의 도시'라는 뜻이다)을 세웠다. 우비어족은 가장 친로마적인 게르만족이었다. 기원전 12년에 라인강 유역에 속주 '저지低地 게르마니아'를 설치했다. 쾰른은 이 속주의 수도로 총독의 관저도 있었다.

로마 제국은 50년에 우비어의 도시를 콜로니아 클라우디아 아라 아그리피넨시움Colonia Claudia Ara Agrippinensium(CCAA, '클라우디우스의 식민지와 아그리파 가문의 재단'이라는 뜻이다)이라 부르며 도시 권한을 부여했다. 식민지를 뜻하는 '콜로니아Colonia'에서 오늘날의 쾰른이 됐다.

로마 제국에 쾰른 출신 고위 인사도 있었다. 제4대 황제 클라우디우스Claudius(재위: 41~54년)의 황후 율리아 아그리피나Iulia Agrippina(폭군 네로Nero 황제의 어머니)는 15년에 쾰른에서 태어났다. 또 제8대 황제 비텔리우스Aulus Vitellius(재위: 69년 4월~12월)는 쾰른에서 저지 게르마니아의 사령관으로 근무했었다.

330년에 콘스탄티누스 대제가 수도를 비잔티움으로 천도하는 등 세월이 흐르며 로마 제국은 점점 약해졌다. 쾰른 지역은 455년에 프랑크족에 정복됐다. 그러나 로마인들은 떠나지 않고 오랫동안 프랑크족과 어울려 지냈다. 6~8세기에 두 민족 간의 문화가 동화되어 프랑크족은 건축 기술, 유리 제조 기술 등 로마인의 우월한 기술과 문화를 받아들였다.

10세기 중반에 쾰른에 대주교구가 설치되었다. 12세기에 인구가 4만여 명으로 증가하자 안전을 위해 장벽을 쌓았고, 중간중간에 문과 52개의 방어용 탑을 세웠다. 이 장벽은 도시 확충을 위해 1881년에 철거됐으나 장벽 일부와 문이 남아 있다.

쾰른 대주교는 황제를 선출하는 선제후로 지배자이기도 했다. 쾰른 주변 제후들은 지배 영역 문제로 쾰른 대주교와 갈등을 겪었다. 1288년 베르크Berg의 백작 아돌프 5세Adolf V는 대주교 군대와 싸운 보링겐 전투에서 승리했다. 승리한 그는 두셀강의 어촌 마을 자리에 '뒤셀도르프'를 세웠다.

　귀족들은 부를 축적하며 영향력이 커지자 시 지배에 참여했다. 쾰른은 1475년에 '자유의 제국 시'가 됐다. 황제 직속의 도시로 제후나 영주의 지배를 받지 않고 독자적으로 행정권과 사법권이 있었던 시다. 자유시가 되면서 대주교는 시 지배권을 잃고 종교적인 활동만 하게 되어 영향력이 줄어들었다.

　영향력이 줄어든 대주교는 1597년에 가까운 본으로 거주지를 옮겼다. 1618년 시작된 30년 전쟁에서 쾰른은 별다른 피해를 입지 않았다. 쾰른은 자유시 중에서 개신교를 받아들이지 않은 유일한 시였다.

　1794년 10월 쾰른은 프랑스에 점령되며 자유시의 지위를 잃었다. 프랑스는 쾰른 선제후도 폐위했다. 쾰른 주민들은 프랑스군은 물론 1804년 9월 13일에 쾰른을 방문한 나폴레옹도 환영했다. 쾰른은 1812년에 '프랑스 제국의 아름다운 도시'로 지정될 정도로 프랑스에 우호적이었다. 이로 인해 쾰른은 1871년 출범한 독일 제국에서 Cöln(K 대신 C)으로 불리는 수모를 겪기도 했다.

쾰른의 상징이자 독일의 자랑 대성당

　독일은 기독교 문화 국가다. 도시마다 웅장한 교회(가톨릭 성당도 교회라고 한다) 건물이 눈에 띈다. 쾰른에 전 세계에 자랑할 만한 건축물이 있다. 성 베드로 대성당Hohe Domkirche Sankt Petrus으로 간단히 쾰른 대성당으로 부른다. 건축 기술이 뛰어나고 동방 박사 3인의 유골이 보존되어 있어 많은 이들이 찾는 대성당이다.

1164년 7월에 동방 박사 3인의 유골이 안치되며 쾰른 대성당은 단번에 성지가 됐다. 황제 프리드리히 1세가 이탈리아 밀라노 공격 시에 찾아내어 평소 친분이 있던 쾰른 대주교 라이날트 폰 다셀Rainald von Dassel에게 주었는데 그가 가져온 것이다. 전 유럽에서 몰려드는 순례자들을 받아들이기에 성당은 협소했다. 그래서 프랑스 아미앵 대성당을 모델로 한 고딕 양식의 성당을 짓기로 했다.

쾰른 대성당 안에 있는 동방 박사 3인의 유골함

1248년에 공사를 시작했으나 재정난으로 공사 중단과 재개가 반복되다가 1560년에 완전히 중단됐다.

280여 년이 지난 1842년에 프로이센 왕 프리드리히 빌헬름 4세Friedrich Wilhelm IV(재위: 1840~1861년)의 지원으로 공사가 재개되었다. 공사를 시작한 지 632년 만인 1880년 10월 15일에 완공됐다. 통일을 이룩한 독일 제국의 위상에 맞는 성당으로 준공식에 황제 빌헬름 1세Wilhelm I(재위: 1861~1888년)가 참석했다. 두 개의 탑은 높이가 157.22미터로 남부 지방 울름 대성당에 이어 두 번째로 높다. 100미터가 넘는 높은 탑은 전형적인 고딕 양식이다.

동방 박사 3인의 유골은 1225년에 금과 보석으로 제작한 유골함에 보존되어 있다. 1794년 쾰른을 점령한 프랑스가 이 유골함을 가져갔는데 1804년에 되찾아 왔다. 이처럼 프랑스는 아헨, 쾰른, 베를린 등 점령지에서 많은 문화재를 약탈해 갔다.

대성당은 하나의 박물관이기도 하다. 성당 안 14개의 석상에는 예수, 성모 마리아, 그리고 예수의 열두 제자상이 조각되어 있다. 10세기에 대주교 게로Gero가 기증한 세계에서 가장 오래된 목제 대형 십자가도 있다. 오른쪽에는 1842년에 바이에른 왕 루트비히 1세Ludwig I가 기증한 스테인드글라스로 된 '바이에른 창'이 있다. 동방 박사의 경배, 십자가에서 내려오심 등의 내용을 담고 있다.

쾰른 대성당은 전쟁 피해와 환경 오염 등으로 인해 오늘날에도 공사가 계속되고 있어 '영원한 공사장'이라는 별명이 붙었다.

세계에서 가장 오래된 나무 십자가인 게로의 십자가

1996년에 유네스코 세계 문화유산이 됐다.

　독일이나 유럽의 성당은 종교 의식의 장소일 뿐만 아니라 독일 또는 그 도시의 역사를 간직하고 있다. 또 트리어, 아헨, 쾰른 대성당처럼 진귀한 종교적 유물이나 예술품도 소장하고 있다. 밖에서만 보기보다는 안으로 들어가 돌아볼 가치가 있다.

카니발의 도시

퀼른, 뒤셀도르프, 본, 마인츠 등 라인강변 도시들의 공통된 축제가 있다. 카니발이다. 카니발은 해마다 11월 11일 11시 11분에 시작한다. 왜 11월 11일에 시작할까? 카니발은 로마의 군사였다가 주교가 된 후 성인이 된 성 마르틴St. Martin을 기념하여 1823년에 시작됐다. 성 마르틴의 기념일이 11월 11일이기 때문이다.

카니발은 그다음 해 2월 중순 목요일인 바이버파스트나흐트Weiberfastnacht('여인들 카니발의 밤'이라는 뜻이다)부터 그다음 주 로

퀼른의 카니발 축제 행사. 뒤편 벽에 퀼른시의 문장이 보인다

70

젠몬탁Rosenmontag('장미의 월요일'이라는 뜻이다)에 절정에 이른다. 바이버파스트나흐트에서는 여성들이 같은 직장 내 남성의 넥타이를 자르는 풍습이 있다. 오늘날은 줄어들었으나 여전히 행해지고 있다.

라인강변의 도시 중에서 인구가 가장 많은 쾰른의 카니발 규모는 다른 도시들보다 압도적으로 크고 화려하다. 장미의 월요일에 열리는 시가행진은 장관이다. 참가자들은 형형색색의 옷을 입고 카니발 행사에 맞게 트럭을 개조한 차량을 이용하여 거리 행진을 한다. 정치적 구호를 쓴 피켓도 등장한다. 2022년에는 러시아의 우크라이나 침공을 규탄하는 피켓도 등장했다. 쾰른에서 "쾰레Kölle!" 하고 선창하면, 다른 사람들은 "알아프alaaf!"라고 회답한다. '쾰른이 최고'라는 뜻이다. 뒤셀도르프와 마인츠에서는 '헬라우Helau'를 외친다.

카니발은 장미의 월요일 이틀 후인 '재의 수요일'에 끝난다. 이후에는 부활절까지 절제하며 지낸다. 오늘날 카니발 축제는 라인강변의 도시뿐만 아니라 아헨, 프랑크푸르트, 뮌헨München 등 여러 도시에서도 열리고 있다. 카니발은 단순한 축제가 아니다. 독일인들의 삶의 방식이고 도시의 정체성과 단합을 나타내는 중요한 요소다.

05

뒤셀도르프

Düsseldorf

어촌 마을에서 주의 수도로

주	노르트라인-베스트팔렌주
인구	65만 5717명(2023년 12월 기준)

Düsseldorf

뒤셀도르프는 뒤셀강가의 작은 어촌 마을에서 시작하여 오늘날은 노르트라인-베스트팔렌주의 수도가 됐다. 독일 내 인구 순위는 7위다.

뒤셀강변의 마을

퀼른에서 라인강 상류 방향인 본으로 올라가기 전에 하류의 뒤셀도르프를 돌아본다. 퀼른과 뒤셀도르프 간의 거리는 약 40킬로미터로 가깝다. 뒤셀도르프는 1135년에 두셀도르프Dusseldorp('뒤셀강변의 마을'이란 뜻이다)로 문서에 처음 나타났다. 뒤셀강변의 어촌 마을은 1189년에 베르크 백작령에 속했다. 이름 때문에 '도시'가 아

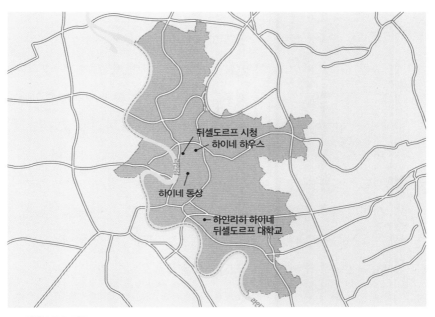

뒤셀도르프 지도

니라 '마을'이라는 놀림을 받곤 한다(도르프Dorf는 '마을'이라는 뜻이다). 그러나 뒤셀도르프는 오늘날 독일에서 가장 큰 노르트라인-베스트팔렌주의 수도이자 문화와 예술 도시다.

뒤셀도르프는 가까운 쾰른과 본 등 다른 라인강변의 도시들보다 1100년 이상 늦게 나타났다. 왜 그랬을까? 로마 제국은 쾰른, 본과 같이 라인강 왼쪽에 군사 기지를 설치했는데, 이곳 왼쪽 지형이 거주하기에 적합하지 않았기 때문이다. 율리우스 카이사르가 게르마니아로 불렸던 지역이다. 오늘날 뒤셀도르프가 라인강 오른쪽에 형성된 것으로도 알 수 있다.

두셀도르프 주변의 제후들은 이 지역에서 가장 큰 영토 지배자인 쾰른 대주교와 지배 지역을 두고 갈등이 있었다. 1288년 6월에 베르크 백작 아돌프 5세 등 제후들은 쾰른 대주교와 보링겐(쾰른시에 속해 있음) 전투에서 싸워 승리했다. 이 전투에 어촌 마을 두셀도르프는 아돌프 5세를 지원했다. 승리한 아돌프는 8월 14일 어촌 마을에 '뒤셀도르프'를 세웠다. 이 때문에 쾰른과 뒤셀도르프는 오늘날까지도 사이가 좋지 않다. 뒤셀도르프시는 이를 토대로 1988년에 시 탄생 700주년을 기념했다. 1380년에 베르크 공국의 공작 빌헬름 2세 Wilhelm II는 거주지를 뒤셀도르프로 옮기며 도시를 확장했다.

라인강변의 뒤셀도르프. 도시 왼쪽으로 라인강이 흐르고 있어 뒤셀도르프는 강 오른쪽에 자리 잡고 있다. 저 멀리 보이는 탑은 성 람베르투스 교회다

뒤셀도르프 시청과 왼쪽의 얀 벨렘의 기마 동상

1690년 율리히-베르크 공국의 공작 요한 빌헬름Johann Wilhelm(재위: 1679~1716년, 뒤셀도르프에서는 얀 벨렘Jan Wellem으로 부른다)이 팔츠 선제후가 되며 뒤셀도르프는 1716년까지 선제후국의 수도가 됐다. 수도 하이델베르크Heidelberg가 팔츠 계승 전쟁으로 크게 파괴됐기 때문이다(팔츠 선제후국에 관해서는 10장 하이델베르크 참조). 얀 벨렘은 뒤셀도르프인들에게 가장 인기 있는 제후였으나 예술품을 수집하느라 많은 부채를 남겼다. 그의 기마 동상이 시청 광장에 있다. 선제후 칼 테오도르Carl Theodor는 뒤셀도르프에 후기 로코코 양식의 건축물을 많이 세웠다.

고뇌의 시인 하이네

뒤셀도르프를 대표하는 문인은 시인 하인리히 하이네(1797~
1856년)다. '하인리히 하이네 뒤셀도르프 대학교'와 '하인리히 하이
네 알레'라는 큰 거리가 있을 정도로 하이네는 뒤셀도르프를 상징
하는 인물이기도 하다. 1797년 12월 13일 유대인 포목 상인의 장남
으로 태어난 하이네는 14세 때 뒤셀도르프에 온 나폴레옹을 본 후
그를 숭배하면서 프랑스를 좋아했다.

은행원인 숙부의 도움으로 본 대학에 입학 후 괴팅겐 대학에서
법학 박사 학위를 받았다. 27세에 기독교로 개종하며 이름을 해리
Harry에서 하인리히 하이네로 바꿨다. 법학을 전공했고 개종한 것
을 보면 하이네는 법조인이나 관리가 되려고 했던 것으로 보인다.

23세부터 시를 쓰기 시작한 하이네는 30세에 33개의 시를 모은
『노래의 책』을 내면서 시인으로서 명성을 얻기 시작했다. 초기에는
낭만주의적인 시를 썼으나 점차 사회와 프로이센 왕국을 비판하는
시에 몰두했다.

하이네는 프로이센 왕국의 자유주의와 진보주의 사상에 대한
억압이 강화되자 1831년 5월에 파리로 갔다. 파리를 동경했던 이유
도 있다. 그는 파리를 "자유, 평등, 박애 사상을 일깨워 주었으며 문
화적으로 모범적인 도시"라고 여겼다. 파리에서 하이네는 신문과
잡지에 평론을 쓰면서 프로이센 왕 프리드리히 빌헬름 4세를 비판

했고 이로 인해 독일로 돌아오지 못했다. 파리에서 카를 마르크스와 프리드리히 엥겔스를 만났으나 가까이 지내지 않았다.

하이네는 인생 후반기인 1830년대부터 마비, 두통 등으로 고생했다. 매독 후유증으로 알려져 있다. 1848년부터는 거의 몸을 가눌 수 없어 8년이나 침대에서 지내다 1856년 59세의 나이에 숨졌다. 그는 몽마르트르 묘지에 묻혔다.

하이네의 주요 작품으로 『여행 화첩』, 『노래의 책』, 『독일, 하나의 겨울 동화』 등이 있다. 그의 시는 노래로 작곡되며 더 널리 알려졌다. 대표 작품으로 로베르트 슈만Robert Schumann이 작곡한 〈시인의 사랑〉과 멘델스존Jakob Ludwig Felix Mendelssohn-Bartholdy이 작곡한 〈노래의 날개 위에〉가 있다. 그의 시에 프리드리히 질허Friedrich Silcher가 곡을 붙인 〈로렐라이〉도 사랑을 받고 있다.

하이네는 나치 시대에 곤욕을 치렀다. 1933년 5월 나치는 "비독일인의 정신을 정화시킨다"라는 이유로 유대인인 하이네의 작품 등 '비독일적인' 책을 불태웠다(나치의 책 소각 내용은 10장 하이델베르크 참조). 이미 전 국민의 애창곡이 된 〈로렐라이〉는 금지하지 못하고 작자 미상으로 두었다.

하이네가 태어난 생가로 지금은 서점이 들어서 있다(하이네 하우스)

두 개의 하이네 동상. 왼쪽 동상은 몸과 머리가 분리된 모습으로 말년을 침대에서 고통 속에 지냈던 모습을 담고 있다. 뒤셀도르프 소재. 오른쪽 동상은 한 손으로 턱을 괴고 생각에 잠긴 하이네. 함부르크 시청 광장 소재

'트로이메라이(꿈)'의 음악가 슈만

뒤셀도르프와 인연이 있는 음악가로는 로베르트 슈만(1810~1856년)이 있다. 작센주 츠비카우Zwickau에서 태어난 슈만은 '피아노의 파가니니Niccolò Paganini'가 되겠다며 악기점을 운영하는 비크Friedrich Wieck에게서 교육을 받았다. 연습에 몰두하다 오른손 넷째 손가락이 부러지자 피아노 대가의 꿈을 접고 작곡가와 평론가의 길을 걸었다.

비크에게서 교육을 받던 슈만은 한 여인을 만났다. 비크의 딸 클라라Clara다. 슈만은 클라라와 결혼하려고 했으나 비크는 모멸감을 주며 반대했다. 두 사람은 1여 년의 법정 분쟁을 거쳐 1840년에 결혼했다. 슈만은 30세, 클라라는 21세였다. 결혼 과정만큼이나 결혼 이후의 삶도 순탄하지 않았다.

33세에 라이프치히 음악원에서 교수로 일하던 슈만은 40세가 되던 1850년부터 뒤셀도르프 시립 교향악단 지휘자 겸 음악 감독으로 활동했다. 젊은 시절부터 앓던 정신 질환 증상이 심해지자 3년 후인 1853년 11월에 감독직을 그만두었다. 1854년

40세 무렵의 로베르트 슈만

2월에는 정신 발작으로 라인강에 투신했으나 다행히 어부가 그를 구했다. 요양 병원에서 치료받던 슈만은 건강을 회복하지 못하고 1856년 7월에 46세로 숨졌다.

슈만은 이른 나이에 숨졌으나 많은 작품을 남겼다. 주요 작품으로 4개의 교향곡 중에서 〈1번 봄 교향곡, Op.38〉, 〈3번 라인 교향곡, Op.97〉을 비롯하여 〈피아노 협주곡 A단조, Op.54〉, 〈사육제, Op.9〉, 〈어린이 정경, Op.15〉와 16곡으로 된 연가곡집인 〈시인의 사랑, Op.48〉 등이 있다. Op.는 Opus의 약자로 작품 번호를 뜻한다.

하이네의 시를 가지고 작곡한 〈시인의 사랑〉은 사랑의 즐거움, 실연의 아픔, 젊은 시절의 허무함과 절망을 담은 곡이다. 〈어린이 정경〉은 순수하고 아름다운 어린 시절을 느낄 수 있는 피아노 소품 13곡으로 되어 있다. 7번째 '트로이메라이(꿈)'는 가장 많은 사랑을 받는 곡이다.

슈만은 자신의 집을 찾아온 브람스Johannes Brahms의 음악적 재능을 알아보고 그를 음악계에 소개하기도 했다. 슈만의 아내 클라라는 당대 최고 피아니스트 중 한 사람이었다.

유럽 연합의 출발점 국제 루르 기구의 소재지

1806년 신성 로마 제국이 해체되는 와중에 뒤셀도르프는 베르크 대공국의 수도가 됐다. 나폴레옹이 패망한 후 1815년 빈 회의에서 뒤셀도르프는 쾰른과 함께 프로이센 왕국에 편입됐다.

1923년 1월에 프랑스군과 벨기에군이 독일 최대 석탄과 철강 산지인 루르 지방과 뒤셀도르프를 점령했다. 패전 후 체결한 베르사유 조약에 의해 부과된 1320억 마르크의 배상금 지불을 바이마르 정부가 이행하지 않았기 때문이다. 1320억 마르크는 독일이 상환하기에 사실상 불가능한 금액이었다.

이로 인해 1924년에 미국 재무 장관 찰스 도스Charles Dawes의 제의로 '도스 안Dawes Plan'이 마련됐다. 1924년에 10억 마르크를 시작으로 점차 높혀 1928년부터는 매년 25억 마르크를 상환하도록 하는 안이었다. 독일의 경제 회복을 돕기 위해 미국이 8억 마르크의 차관도 제공하기로 했다. 1925년 9월 바이마르 정부와 연합국이 '도스 안'에 동의하자 프랑스군과 벨기에군이 철수했다. 1924년부터 독일은 잠시 안정을 찾았으나 1929년 미국에서 시작한 대공황으로 독일은 실업자가 증가하며 다시 어려운 시기를 보냈다.

제2차 세계대전 후 1946년에 뒤셀도르프는 노르트라인-베스트팔렌주의 수도가 됐다. 1949년에는 '국제 루르 기구'의 소재지가 됐다. 전쟁이 끝났고 독일이 철저히 파괴되었는데도 연합국은 왜 국제 루르 기구를 설립했을까? 루르 지방의 석탄, 코크스, 철강 생산량을 관리하며 독일과 국제 시장에 적절히 분배하기 위해서였다. 더 큰 이유는 독일의 군수 산업을 통제하여 독일이 다시는 전쟁을 도발하지 못하도록 하는 데 있었다.

1950년 5월 9일 로베르 쉬망Robert Schuman 프랑스 외무 장관은 석탄과 철강 산업을 초국가적인 기구를 만들어 공동으로 관리하자고 제의했다(쉬망 계획Schuman Plan). 군수 산업의 주요 자원인 석탄과 철강을 여러 나라가 공동으로 관리하여 전쟁을 방지하고자 장 모네Jean Monnet 프랑스 경제 기획청장이 입안한 계획이다.

슈망 계획에 독일, 프랑스, 이탈리아, 벨기에, 네덜란드, 룩셈부르크의 6개국이 참여했다. 1952년에 '유럽 석탄 철강 공동체(ECSC)'가 발족되며 국제 루르 기구는 폐지됐다. 유럽 석탄 철강 공동체는 1957년에 '유럽 경제 공동체(EEC)'가 됐다. 1967년에는 유럽 공동체(EC)를 거쳐 1993년에 오늘날의 유럽 연합(EU)으로 탄생했다.

06

본

Bonn

서독의 수도였던 베토벤의 도시

주	노르트라인–베스트팔렌주
인구	33만 5789명(2023년 12월 기준)

Bonn

본은 로마 제국의 군사 기지로 출발했다. 16~18세기에 쾰른 선제후국의 수도였다. 분단 시기에는 독일 연방 공화국(서독)의 수도였으며 오늘날은 연방 도시이자 유엔 기구가 있는 유엔 도시다. 독일 내 인구 순위는 19위다.

로마 제국의 군사 기지에서
쾰른 선제후국의 수도로

본은 쾰른에서 약 30킬로미터 거리에 있다. 본의 역사도 로마 시대로 거슬러 올라간다. 기원전 39년~기원전 38년에 아그리파

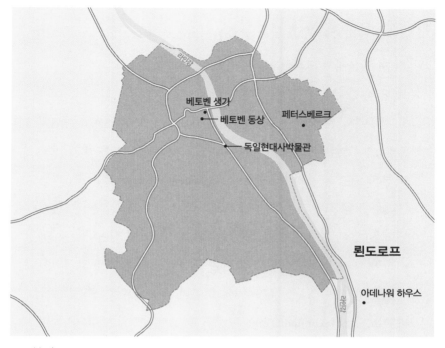

본 지도

사령관은 로마에 우호적인 우비어족을 쾰른과 본에 이주시켜 거주지를 형성했다. 본이라는 지명은 기원전 12년~기원전 9년에 로마 제국의 드루수스Drusus 장군이 설치한 군사 기지 카스트라 보넨시아Castra Bonnensia('보넨시아 요새'라는 뜻이다)에서 유래했다. 도로 이름 '뢰머슈트라세'(로마 도로)와 '암 뢰머라거'(로마의 군사 기지)는 본이 로마 제국의 도시였음을 말해 주고 있다.

본은 기원전 11년에 로마의 문인 플로루스Florus에 의해 문서에 처음 나타났다. 이를 토대로 본은 1989년에 시 탄생 2000주년을 기넘했다. 3세기 말부터 프랑크족이 계속해서 침입하자 로마인들은 458년에 본에서 퇴각했다.

본은 1243년에 도시 권한을 얻으며 발전했다. 1288년 보링 겐 전투에서 패하며 힘을 잃은 쾰른 대주교가 1597년에 거주지를 옮겨 오며 본은 쾰른 선제후국의 수도가 됐다(4장 쾰른 참고). 오늘 날 본의 모습은 선제후 아우구스트Clemens August 재위 시(1723~1761년) 정해졌다. 그는 파괴된 시청사를 복원하였고, 여러 개의 성도 세웠다. 본 대학 본관 건물은 선제후가 거주했던 성이다.

1789년에 일어난 프랑스 혁명은 유럽의 정치 지형을 크게 바꾸어 놓았다. 프랑스군은 1794년에 쾰른과 본을 점령한 후 쾰른 선제후 프란츠Maximilian Franz를 폐위했다. 프랑스의 쾰른, 본 점령은 신성 로마 제국 몰락의 시작이었다. 나폴레옹이 몰락한 후 본은 1815년 빈 회의에서 쾰른, 뒤셀도르프와 함께 프로이센 왕국에 편입됐다. 1818년에 프로이센 왕 프리드리히 빌헬름 3세Friedrich Wilhelm III가 대학을 설립하자 교수, 학생, 관리들이 들어오면서 본은 학문적으로도 발전했다.

음악의 성인 베토벤의 도시

독일은 음악의 나라다. 바흐Johann Sebastian Bach, 헨델Georg

Friedrich Händel, 베토벤Ludwig van Beethoven, 슈만, 브람스, 바그너Richard Wagner 등 여러 음악가가 활동했다. 본은 단연 음악의 성인으로 불리는 베토벤(1770~1827년)의 도시다. 11세에 쾰른 선제후 궁정 악단에서 제2 오르간 연주자로 활동할 정도로 베토벤은 재능이 있었다. 17세에 베토벤은 견문을 넓히기 위해 오스트리아 빈으로 떠났다가 어머니의 병환으로 2주 만에 돌아왔다. 1792년 11월 22세의 베토벤은 다시 빈으로 떠났다.

베토벤의 빈 여행을 두 번이나 지원한 이는 선제후 프란츠였다. 프란츠는 황제 프란츠 1세Franz I와 합스부르크가의 여제 마리아 테레지아Maria Theresia의 막내아들이었다. 2년 후 프란츠가 선제후에서 폐위되어 지원금이 끊기자 베토벤은 한동안 어렵게 지냈다.

이후 베토벤은 경제적 어려움에서 벗어났으나 또 다른 이유로 괴로워했다. 26세부터 귀가 멀어지더니 29세에는 대화를 나누기 어려울 정도로 심각해졌다. 귀 완치가 어렵게 되자 그는 32세에 빈 교외 하일리겐슈타트에서 유서를 쓰고 자살하려고 했다. 그러나 자살을 단념하고 작곡에 몰두했다. '하일리겐슈타트 유서'로 불리는 이 유서는 베토벤이 세상을 떠난 후 그의 서랍에서 발견되었다.

베토벤은 이사를 자주 다니면서 고향 본을 그리워하는 마음이 컸으나 돌아가지 않았다. 왜 돌아가지 않았을까? 두 가지 이유에서였다. 우선 선제후 프란츠가 폐위된 데다 본이 프랑스군에 점령되었기 때문이었다. 또 귀가 먼 상황에서 경제적으로 안정된 빈을 떠나고 싶지 않았던 이유도 있었다. 베토벤은 48세에 귀가 완전히 멀었지만 〈교향곡 9번〉을 작곡하는 등 활동을 계속했다. 그는 독신으로 지내다가 1827년 빈에서 56세의 나이로 숨졌다. 빈 중앙 묘지에 모차르트와 슈베르트 옆에 잠들어 있다.

베토벤은 〈교향곡 3번, Op.55〉(영웅), 〈교향곡 5번, Op.67〉(운명), 〈교향곡 9번, Op.125〉(합창) 등 9개의 교향곡 이외에 〈피아노 협주곡 5번, Op.73〉(황제), 〈피아노 협주곡 3번 A단조, Op.37〉, 〈피아노 소나타 8번, Op.13〉(비창), 〈피아노 소나타 14번, Op.27-2〉(달빛), 〈피아노 소나타 17번, Op.31-2〉(폭풍), 〈피아노 소나타 23번, Op.57〉(열정) 등 많은 작품을 남겼다.

1845년에 세워진 베토벤 동상. 본 중앙 우체국 앞 광장에 있다

베토벤이 태어난 집(베토벤 하우스, 본가세Bonngasse 20번지)은 박물
관으로 운영되고 있다. 중앙 우체국 앞에는 동상도 있다. 1845년 동
상 제막식에는 프로이센 왕 프리드리히 빌헬름 4세와 영국 여왕 빅
토리아Victoria 부부가 참석했다. 본은 해마다 9월에 열리는 베토벤
축제와 2년마다 열리는 '베토벤 국제 피아노 콩쿠르'로 베토벤의 도
시임을 알리고 있다.

수도가 된 본과 아데나워 총리

제2차 세계대전 후 독일을 점령 통치하던 미국, 영국, 프랑스의
서방 연합국은 1948년에 하나의 독일 국가를 세우고자 했다. 소련
의 반대로 어렵게 되자 서방 연합국은 점령지 내에 자유 민주주의
국가를 세우기로 했다. 1948년 9월 1일 헌법을 제정할 의회 위원회
가 발족했다. 이듬해 5월 23일 '헌법'인 '기본법das Grundgesetz'이
공포되며 독일 연방 공화국이 수립됐다. 왜 '헌법'이 아닌 '기본법'
이라고 했을까? 분단된 상황에서 '헌법'은 통일 이후에 제정하기로
하고 통일을 이룩하는 날까지 과도 기간에만 적용하기로 하여 '기
본법'이라고 했다.

기본법은 제1조에 "인간의 존엄성은 불가침이다"를 시작으로 제
19조까지 기본권 조항을 두었다. 국가 형태는 제20조에 "독일 연방

독일 연방 공화국의 수립을 알리는 기본법 공포식. 1949년 5월 23일 본에서 열렸다

공화국은 민주주의 사회적인 연방 국가다"라고 했다. 정부 형태는
연방 총리가 이끄는 내각 책임제다. 의회는 국민을 대표하는 연방
하원과 주州의 이익을 대변하는 연방 상원으로 구성된 양원제다.
아울러 주의 권리를 강화하는 연방제를 채택했다.

　이어서 본은 경제력, 인구, 크기 등에서 여건이 훨씬 좋은 프랑
크푸르트를 제치고 새로 수립된 서독의 수도가 됐다. 본이 수도가
된 데는 쾰른 시장을 역임한 콘라트 아데나워(1876~1967년)의 힘이
컸다. 그는 통일이 되면 수도를 베를린으로 옮겨야 하는데 이를 생

각할 때 조그만 도시 본이 수도에 더 적합하다고 주장하여 유치에 성공했다.

1949년 8월 14일 실시된 첫 총선에서 기민당(CDU, 기독교 민주 당)과 기사당(CSU, 기독교 사회당)이 득표율 31.0퍼센트로 승리했다. 사민당(SPD, 사회주의 민주당)은 29.2퍼센트로 2당이, 자민당(FDP, 자유 민주당)은 11.9퍼센트로 3당이 됐다.

1949년 9월 15일 기민당 대표 아데나워가 연방 총리로 선출되며 연방 정부가 출범했다. 73세의 아데나워는 경제 성장과 신생국 독일의 국제적 위상을 높이는 일에 전념했다. 철저한 반공주의자였던 그는 할슈타인 독트린(동독과 외교 관계를 맺은 나라와는 수교하지 않는다는 서독의 외교 정책)으로 동독을 고립시켰으며 교류도 하지 않았다. 전후 경제적으로 힘들었던 독일은 1950년 한국 전쟁으로 수출이 증가하며 경제도 성장했다. 1955년에는 북대서양 조약 기구(NATO)에 가입했다. 아데나워는 1953년, 1957년, 1961년의 세 차례 총선에서도 계속 승리하여 총리를 네 번째 연임했다.

그러나 아데나워는 1962년 시사 주간지 《슈피겔Der Spiegel》 사건으로 곤경에 빠졌다. 1962년 10월 10일자

아데나워 총리의 초상화. 독일 연방 총리실에서

아데나워 총리가 사용했던 낡은 가방과 수첩. 독일 정치인의 검소함을 보여
주고 있다. 아데나워 하우스에서

《슈피겔》지가 나토의 가을 기동 훈련 내용을 보도했다. 정부는 《슈
피겔》지가 국가 기밀을 뇌물을 주고 빼냈다며 발행인과 편집인을
체포하여 기소했다. 이에 대해 언론에 대한 탄압이라며 전국적으로
항의와 시위가 이어졌다. 연정에 참여한 자민당 소속 장관 5명도 항
의하며 사퇴했다. 이에 아데나워는 조기에 사퇴하겠다고 약속하여
사태를 수습했다. 그는 약속대로 다음 해인 1963년 10월 15일에 물
러났다.

폐허의 잿더미 위에서 놀라운 경제 성장, 국제 사회에서 서독
의 지위 향상, 독일 통일 등 아데나워는 오늘의 독일이 있기까지 착
실한 기반을 마련했다. 본 근교 뢴도르프Rhöndorf의 사저에서 출

퇴근할 정도로 검소했다. 그가 숨진 후 뢴도르프 사저에 '아데나워 재단과 아데나워 하우스'가 들어섰다. 기민당의 연방 당사 이름이 '콘라트 아데나워 하우스'고, 기민당이 운영하는 정치 재단도 '콘라트 아데나워 재단'이다. 아데나워는 2003년에 독일 제2공영 TV인 ZDF가 실시한 '가장 위대한 독일인 100인' 여론 조사에서 1위를 할 정도로 독일 국민의 존경을 받고 있다.

콜 총리, 고르바초프에게 독일 통일을 말하다

분단된 독일이 통일을 이루기 위해서는 서독과 동독의 합의 이외에 전승 4개국(미국, 영국, 프랑스, 소련)의 동의가 필요했다. 특히 소련의 동의가 중요했다. 미하일 고르바초프Mikhail Gorbachev 소련 공산당 서기장은 1989년 6월 12일부터 15일까지 서독을 국빈 방문했다.

국빈 방문 3일째인 6월 14일 부부 동반 만찬을 마친 뒤 헬무트 콜Helmut Kohl 총리는 고르바초프와 총리실 정원을 걸었다. 자정이 지나 주위는 고요했다. 통역만이 두 정상을 따랐다. 총리실 앞에는 라인강이 힘차게 흐르고 있었다. 콜 총리는 마음에 담아 두었던 말을 했다.

"독일과 소련 간에 새로운 관계 정립을 위해서는 조약이 필요하

콜 총리는 총리실 앞을 흐르는 라인강을 바라보며 고르바초프와 대화를 나누었다. 강 건너 정상
은 페터스베르크로 분단 시기에 서독을 방문한 외국 정상들이 하얀 건물의 호텔에 묵었다

며 분단 문제가 해결되어야 합니다."

그러자 고르바초프는 "분단은 역사적 과정의 당연한 결과입니
다"라며 분단이 당연하다고 했다. 콜은 라인강을 가리키며 통일 문
제를 꺼냈다.

"저 라인강의 물결을 보십시오. 라인강은 역사를 상징합니다. 당
신은 이 강물을 막을 수 있습니다. 기술적으로 가능합니다. 그러면
강물은 둑을 넘어 다른 길로 바다로 흘러갑니다. 라인강이 확실히
바다로 흐르듯이 독일 통일도 확실히 이루어질 것입니다. 당신이

통일을 저지하기 위해 힘쓴다면, 우리는 아마도 통일을 경험하지 못하겠지요. 통일을 우리 세대에 이루어야 할까요? 아니면 더 기다려야 하나요?"

고르바초프는 듣기만 하고 반론을 제기하지 않았다. 통일 이야기가 부담스러웠는지 그는 화제를 돌렸다. 집단 농장에서 탈곡기 기사였던 아버지가 '위대한 조국 전쟁(제2차 세계대전)'에 참전하여 지뢰 제거 작업을 하다가 숨진 이야기를 했다.

5개월 후인 11월 9일 베를린 장벽이 붕괴됐다. 1990년 2월 10일 콜 총리는 고르바초프와의 회담(모스크바)에서 통일에 대한 찬성을 얻어 냈다. 이어 7월 15일~16일(모스크바, 코카서스) 회담에서 첨예하게 대립했던 통일된 독일의 북대서양 조약 기구 잔류에 대한 고르바초프의 동의도 받아 내어 통일을 이루었다.

전후의 역사를 한자리에, 독일 현대사 박물관

본에는 '독일 연방 공화국 역사의 집'이라는 독일 현대사 박물관이 있다. 1982년에 콜 총리가 역사 박물관 건립 필요성을 제기하여 1994년에 건립한 박물관이다. 그는 "기억해야 할 것과 소중한 문화재들이 잊혀지거나 사라지기 전에 보존하고, 청소년들이 오늘의 독일이 어떻게 발전해 왔는가를 이해할 수 있는 장소를 제공해야 한다"라며 박물관 건립 필요성을 제기했다. 베를린에는 '독일 역사 박물관'을 세웠다.

현대사 박물관은 패전, 점령국 통치, 동·서독으로 분단, 통일 이후 오늘에 이르기까지를 보여 주는 7000여 점의 자료를 전시하고 있다. 현대사의 한 부분인 동독의 41년 역사도 전시하고 있다. 전후 독일이 어떠한 과정을 거쳐 발전되어 왔는가를 이해할 수 있는 박물관이다. 현대사 박물관을 본에 세운 것은 의의가 있다. 전후 새로 수립한 독일 연방 공화국의 역사가 분단 당시 수도였던 본의 역사와 일치하기 때문이다.

초대 총리 아데나워가 타고 다녔던 메르세데스. 독일 현대사 박물관 전시

연방 도시로, 유엔 도시로, 베토벤의 도시로

1990년 10월 3일 통일이 되면서 본에는 큰 변화가 일어났다. 베를린이 수도가 됐고, 본은 수도의 지위를 잃었다. 거기다가 1991년 6월 연방 하원의 결정으로 연방 하원과 연방 정부마저 베를린으로 이전하며 본은 큰 타격을 받았다. 다만 본이 공동화되지 않도록 제정한 본-베를린 법에 따라 교육 연구부, 경제 협력 개발부, 국방부 등 6개 부처가 본에 제1 사무실을 두고 있다. 나머지 부처는 제2 사무실을 두고 있다. 연방 감사원도 있다. 본은 '연방 도시Bundesstadt'가 됐다.

본은 유엔 도시이기도 하다. 유엔 기후 변화 협약(UNFCCC), 사막화 방지 협약(UNCCD) 등 19개의 유엔 기구가 소재하고 있다. 해마다 본에서 기후 변화 회의 등 대규모 국제 회의가 열리고 있다. 도이체 텔레콤, 도이체 포스트, 디에이치엘(DHL) 등 대기업 본사도 있다. 본은 비록 수도의 지위를 잃었지만 연방 도시로서, 유엔 도시로, 또 베토벤 도시로 여전히 활기를 띠고 있다.

07

마인츠

Mainz

마인츠 대성당과 구텐베르크의 도시

주 　라인란트-팔츠주
인구 　22만 2889명(2023년 12월 기준)

Mainz

마인츠는 라인강과 마인강이 만나는 곳으로 로마 제국의 군사 기지였다. 마인츠 대주교 겸 선제후는 신성 로마 제국의 제2인자였다. 이곳에서 구텐베르크Johannes Gutenberg가 유럽 최초로 금속 활자 인쇄술을 발명했다. 오늘날 라인란트-팔츠주의 수도이며 독일 내 인구 순위는 35위다.

독일 최초로 기독교가 전래된 도시

마인츠는 본에서 160킬로미터 거리에 있다. 본에서 라인강을 거슬러 상류로 올라가면 모젤강과 만나는 코블렌츠에 이른다. 좀

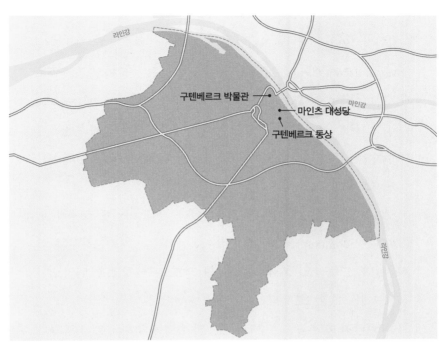

마인츠 지도

더 올라가면 〈로렐라이〉 노래로 알려진 상크트 고아스하우젠Sankt
Goarshausen이 나온다. 강 양쪽으로는 포도밭이 계속 펼쳐진다. 카
우프Kaub, 뤼데스하임Rüdesheim을 지나면 마인츠에 다다른다. 마
인츠는 프랑크푸르트를 거쳐 흘러온 마인강이 독일의 젖줄인 라인
강과 합류하는 곳이다. 두 강이 만나는 마인츠에는 일찍부터 외부
소식과 문물이 전해졌다. 기독교가 일찍 들어왔고, 유럽에서 최초로
금속 활자 인쇄술을 발명한 것이 이를 말해 주고 있다.

　마인츠라는 이름은 로마 제국의 장군 드루수스가 기원전 13년

~기원전 12년에 케스트리히Kästrich에 세운 군사 기지 '모곤티아 쿰Mogontiacum'에서 유래했다. 89년경 마인츠는 로마의 '고지高地 게르마니아주Germania Superior'(4세기에 게르마니아 프리마Germania Prima주로 불렸다)의 수도가 됐다. 로마군은 게르만족에 밀려 350년 경에 마인츠를 떠난 것으로 보인다. 480년경에는 프랑크 왕국이 완전히 지배했다.

345년경 마인츠에 기독교가 들어왔다. 초대 마인츠 교구장 보니파티우스Bonifatius(675?~754년)는 독일인들을 기독교화하는 데 전념했다. 그는 16세기에 '독일인의 사도'라는 칭호를 얻었으며 1874년에는 교황으로부터 '성인' 칭호를 받았다.

1450년경 마인츠에서 구텐베르크가 유럽에서 최초로 금속 활자를 발명했다. 마인츠는 1792년 10월에 프랑스에 점령됐다. 1793년 3월에 프랑스의 지원으로 '마인츠 공화국'이 세워졌다. 수공업자와 소상공인이 지지한 독일 최초의 공화국은 7월 말 프랑스군이 철수하며 무너졌다. 마인츠는 1797년에 다시 프랑스에 점령되어 마인츠 선제후는 폐위됐고 프랑스령이 됐다. 이로써 쾰른 선제후를 시작으로 신성 로마 제국의 종교 선제후 3명이 폐위되었다. 1815년 빈 회의 이후 마인츠는 헤센 대공국에 속했다.

1946년에 마인츠는 라인란트-팔츠주의 수도가 됐다. 12세기 이래 마인츠, 슈파이어Speyer, 보름스에 있던 유대인 시설(유대 교회당, 묘지, 가옥 등이다)이 2021년에 유네스코 세계 문화유산이 됐다.

성 마르틴 대성당과 제국의 2인자 마인츠 대주교

4세기 중반에 기독교가 전래된 마인츠는 알프스 이북 지방에서 기독교 중심지가 됐다. 기독교 중심 도시 마인츠의 상징은 성 마르틴 대성당Dom St. Martin(또는 마인츠 대성당Der Hohe Dom Mainz)이다. 마인츠 대주교 빌리기스Willigis가 황제 다음가는 자신의 정치적 위상을 과시하고자 1009년에 세운 성당이다. 이 성당에서 1212년에 프리드리히 2세가 왕으로 즉위했으며 1220년에 황제가 됐다(황제

알프스 이북 지역에서 기독교 중심지였던 성 마르틴 대성당

재위: 1220~1250년). 여러 차례 화재가 발생하여 복구하는 과정에서 고딕, 로마네스크, 바로크 양식이 혼합됐다.

이 대성당이 1793년 6월에 있었던 프로이센군과 프랑스군 간의 전투로 크게 파괴되자 프랑스군이 철거하려고 했다. 다행히 콜마르Joseph Ludwig Colmar 주교가 나폴레옹을 설득하여 철거를 막아 오늘날 남아 있게 됐다.

대성당 입구에는 초대 주교인 성 보니파티우스 동상이 있다. 안에는 예수의 출생에서부터 부활까지 일생을 담은 그림이 있다. 동방 박사의 경배, 세례를 받음, 최후의 만찬, 빌라도 법정에 선 예수, 십자가에 못 박혀 돌아가심, 부활의 내용들을 담았다. 지하에는 중세의 귀한 예술품을 전시하는 보물 박물관이 있다. 성 보니파티우스 그리고 84명의 주교와 대주교 중에서 45명의 유해가 안장되어 있다.

마인츠 대주교는 신성 로마 제국에서 최고의 성직자로 교황을 대리하기도 했다. '제후 주교'로 세속적인 지배권도 있었다. 선제후로서 대주교는 제국의 제2인자인 대재상으로 황제 다음가는 행정 수반이었다. 대주교는 멀리 떨어진 에르푸르트Erfurt(오늘날 튀링겐주의 수도)도 지배했다.

대재상으로서 마인츠 선제후의 임무는 중요했다. 첫째, 황제가 궐위되었거나 사망하면 후임 왕이나 황제 선출을 주관했다. 둘째, 황제를 보좌할 사람들을 임명했다. 셋째, 제국 의회에서 의장단 역할을 했다. 또 트리어와 쾰른 대주교와 함께 왕이나 황제의 대관식도 주관했다. 이외에도 7명으로 된 선제후단을 이끌었고 대법원을 시찰하는 권한도 있었다.

1514년에 브란덴부르크 변경백 알브레히트Albrecht는 거액의 돈을 빌려 마인츠 대주교가 되었다. 그는 이 돈을 갚기 위해 면벌부(면죄부)를 팔았다.

유럽 최초의 금속 활자 인쇄술 발명

세계에서 가장 오래된 금속 활자본은 『백운화상초록불조직지심체요절白雲和尙抄錄佛祖直指心體要節』이다. 간단히 『직지直指』라고 부른다. 고려 우왕 3년(1377년)에 청주 흥덕사에서 상하 두 권으로 발간된 불교 서적이다. 오늘날 하권만, 그것도 프랑스 국립 도서관에 남아 있다. 이 『직지』가 2023년 4월 12일부터 7월 16일까지 파리에서 열린 특별전 〈인쇄하다! 구텐베르크의 유럽〉을 계기로 일반에 공개됐다. 지난 1973년에 공개된 지 50년 만이다. 『직지』는 2001년에 유네스코가 인정한 세계 기록 유산이다.

이 『직지』보다 70여 년 늦게 유럽에서도 금속 활자로 인쇄한 서적이 나왔다. 마인츠에서 태어난 요하네스 구텐베르크(1400~1468년, 구텐베르크의 유년기 기록이 없어 그의 출생 연도가 차이가 있다)가 인쇄한 『42행 성서』다. 구텐베르크 집안은 마인츠 대주교 아래서 돈(동전)을 찍어 내는 금세공 관리로 일했다. 따라서 구텐베르크는 자연히 금속 세공 기술을 익혔다. 그는 20대 말에 스트라스부르로 떠나 금속과 금세공 기술을 배웠다.

구텐베르크는 48세에 마인츠로 돌아와 인쇄소를 차렸다. 금속 활자를 만들어 이 활자로 문장을 만들고 참나무로 만든 인쇄기(포도 즙을 짜는 압착기와 비슷했다) 안에 놓고 눌러 인쇄했다. 결과는 성공이 었다. 그는 수요가 많았던 도나투스Aelius Donatus의 『라틴어 문법』 과 면벌부를 인쇄하여 많은 돈을 벌었다.

2년 후 50세에 구텐베르크는 더 큰 인쇄소를 차려 1452년부터 1455년까지 라틴어 성서 180권을 인쇄했다. 150권은 종이에, 30권 은 값비싼 양피지에 인쇄했다. 종이로 더 많이 인쇄한 이유는 양피 지 값이 비쌌기 때문이다. 『42행 성서』는 부자들이 사서 교회에 기 증하거나 교회가 구입하며 크게 성공했다.

그러나 구텐베르크는 황제와 교황과 사이가 나빴던 디터Diether 대주교가 1461년에 해임되며 마인츠가 혼란에 휩싸인 시기에 도 시를 떠났다. 이때 구텐베르크와 함께 일했던 기술자들도 쾰른, 라 이프치히, 이탈리아 등으로 떠나면서 인쇄술이 전 유럽으로 퍼져 나갔다. 유럽에 인쇄술이 보급되어 문화 발전을 촉진했다. 다행히 구텐베르크는 신임 대주교 아돌프 2세Adolf II의 배려로 4년 후인 1465년에 마인츠로 돌아와 궁정 관리 일을 했다. 그는 1468년 2월에 68세를 일기로 세상을 떠났다.

금속 활자 인쇄술 발명은 중세 사회에 큰 변화를 가져왔다. 수백 개의 인쇄소가 세워졌다. 책값이 저렴해지고 지식 보급이 빨라졌다. 60여 년 후 마르틴 루터Martin Luther의 종교 개혁이 널리 지지를 얻을 수 있었던 요인 중 하나는 금속 활자 인쇄술이 보급되었기 때문이다. 95개조 논제와 종교 개혁의 필요성을 담은 루터의 글이 빠르고 널리 전파되어 루터의 주장에 동조하는 이들이 크게 늘어났다.

왼손에는 인쇄한 성경을, 오른손에는 금속 활자를 들고 있는 구텐베르크 동상

구텐베르크가 인쇄한 『42행 성서』. 여백의 문양은 인쇄 후 구입자의 요구에 따라 문양을 추가한 것이다

마인츠에는 구텐베르크 박물관이 있다. 구텐베르크 출생 500주년을 기념하여 1900년에 시민들이 세운 박물관이다. 박물관 최고의 소장품은 단연 『42행 성서』 네 권이다. 두 권은 필사본이고, 두 권은 인쇄본이다. 1282쪽인데 무게 때문에 두 권으로 나누어 제작했다. 책 모서리의 문양은 구매자의 요구에 따라 추가로 작업한 것이다. 『42행 성서』는 세계에서 가장 아름답게 인쇄된 책으로 꼽힌다. 인쇄본 180권 중에서 오늘날 49권만 남아 있다.

박물관 4층 동아시아관에는 한국실이 있다. 1973년에 개관하여 1995년에 두 배로 확장됐다. 『직지』의 복제본을 비롯하여 금속 활자 제작 방법, 식공들이 작업하는 모습, 제본 과정 등을 전시하고 있다.

대성당 부근에 구텐베르크 동상이 있다. 수염을 길게 기른 구텐베르크는 왼손에는 그가 인쇄한 성서를, 오른손에는 금속 활자를 들고 있다. 1837년 8월 마인츠 시민들이 구텐베르크의 금속 인쇄술 발명 400주년을 기념하여 세운 동상이다. 박물관 입구에는 그의 흉상이 있다.

마인츠시는 구텐베르크를 기념하여 해마다 여름이면 '요하네스의 밤'이라는 4일간의 축제를 연다. 이 축제에 도서 시장, 전통적인 압착 인쇄(종이 압착) 등의 행사가 열리며 마인츠가 유럽 최초의 금속 활자 발명 도시임을 알리고 있다.

한 가지 의문이 든다. 구텐베르크는 지구 반대편 코레아에서 금속 활자가 발명되었다는 것을 알았을까? 아니면 모르고 만들었을까? 구텐베르크 박물관 측은 금속 활자를 코레아가 먼저 발명했지만 구텐베르크가 이를 모르고 독창적으로 발명했다는 입장이다.

유럽에서 최초로 금속 활자를 만든 나라답게 독일은 오늘날 세계 인쇄 기계 산업을 선도하고 있다. 1850년에 설립된 독일 '하이델베르크 인쇄 기계사'는 세계 제1의 인쇄 기계 생산 기업이다.

08

보름스

Worms

니벨룽의 도시, 루터의 도시

주　　라인란트–팔츠주
인구　8만 4000명(2023년 12월 기준)

Worms

보름스는 로마 제국의 군사 기지였으며 대영웅 서사시 〈니벨룽의 노래〉의 배경이 된 곳이다. 신성 로마 제국의 제국 의회가 자주 열렸으며, 마르틴 루터가 황제 앞에서 당당히 소신을 밝혀 종교 개혁이 전환점을 이룬 도시이다.

니벨룽의 도시

보름스는 마인츠에서 50킬로미터 거리에 있다. 니벨룽의 도시이며 루터의 도시인 보름스에는 85년까지 로마 제국의 군사 기지가 있었다. 보르베토마구스Borbetomagus('보르모 신의 평야'라는 뜻이

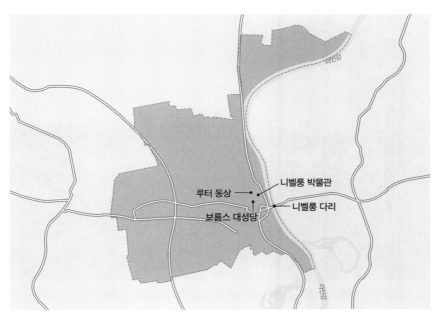

보름스 지도

다)라고 불리다가 보름스가 됐다. 보름스는 트리어, 아우크스부르크Augsburg와 함께 독일에서 오래된 도시 중 하나로 손꼽힌다.

보름스는 부르군트족의 지도자 군다하르Gundahar(또는 군터)가 413년에 세운 부르군트 제1 왕국(오늘날 독일 슈파이어와 프랑스 스트라스부르에 있던 왕국)의 수도였다. 부르군트 왕국은 436년에 훈족의 도움을 받은 로마 장군 아에티우스Aëtius에 의해 멸망했다. 부르군트 왕국이 멸망한 역사적 사건을 배경으로 대서사시 〈니벨룽의 노래Niebelungenlied〉가 나왔다. 〈니벨룽의 노래〉는 5~6세기부터 구전되어 오다가 1200년경 익명의 작가가 중세 고지대 독일어로 쓴

라인강 위 니벨룽 다리. 멀리 탑이 보이는 건물이 보름스의 상징인 대성당이다

영웅 서사시다.

크산텐Xanten의 왕(또는 왕자)으로 힘센 지크프리트는 부르군트 왕 군다하르의 여동생 크림힐트와 결혼하려고 보름스에 왔다. 군다하르는 지크프리트의 도움으로 아이슬란드의 여왕 브륀힐트와 결혼한다. 결혼을 성사시킨 공으로 지그프리트는 크림힐트와 결혼한다.

브륀힐트는 곧 크림힐트에게 속아 힘이 없는 군다하르와 결혼했음을 알고 분개한다. 군다하르의 신하 하겐의 배반으로 지크프리트는 살해된다. 크림힐트는 남편 지크프리트의 원수를 갚기 위해 훈족인 흉노국의 왕 에첼과 결혼한다. 흉노국의 축하연에 초청된 부르군트 왕과 무사들은 훈족과 싸우다 죽으며 부르군트족이 멸망한다. 지크프리트가 숨긴 보물의 소재도 영원히 묻힌다는 내용이다.

「니벨룽의 노래」는 19~20세기에 독일인의 민족시였으며, 용을 죽인 지크프리트는 민족의 영웅으로 여겨졌다. 니벨룽은 전설적인 니벨룽의 보물, 절대 권력을 갖게 해 주는 보물을 수중에 넣은 자나 부족을 가리킨다. 「니벨룽의 노래」는 2009년에 유네스코 세계 기록 유산이 됐다. 이 「니벨룽의 노래」를 소재로 19세기 후반에 음악가 바그너가 4부작 〈니벨룽의 반지〉를 작곡했다. 1부 '라인의 황금', 2부 '발퀴레', 3부 '지크프리프', 4부 '신들의 황혼'으로 되어 있다.

프랑크 왕국의 카를 대제는 보름스를 좋아하여 자주 머물렀다. 프랑크 왕국에 이은 동프랑크 왕국의 제후 의회Hoftag도 여러 차례 열렸다. 1184년에 '자유의 제국 시'가 됐다. 1521년 4월 마르틴 루터가 황제 카를 5세Karl V 앞에서 당당히 자신의 믿음에 대한 소신을 밝혀 종교 개혁의 전환점을 이룬 곳이기도 하다. 1797년 프랑스에 점령되었다가 1815년에 헤센 대공국에 속했다.

보름스는 오늘날은 라인란트-팔츠주에 속해 있다. 보름스에는 니벨룽의 도시답게 '니벨룽 분수대', '니벨룽 다리', '니벨룽 탑', '니벨룽 박물관', '니벨룽 거리' 등 니벨룽 이름을 딴 건축물이 도처에 있다. 또 해마다 7월에 니벨룽 축제를 열고 있다. 보름스의 상징은 성 베드로 대성당으로 1018년에 봉헌되어 1000년도 더 되었다. 마인츠 대성당, 슈파이어 대성당과 함께 3대 로마네스크 양식의 성당이다.

'카노사의 굴욕'의 발단이 된 보름스

중세는 황제와 교황이 권력의 정점에 있었던 쌍두마차 시대였다. 황제의 권위가 강했으나 때로는 교황이 더 강하기도 했다. 중세에는 황제와 교황 간에 갈등이 심했다. 종교계 최고 수장인 교황은 왜 황제와 갈등 관계에 있었을까?

성직자 임명권 때문이었다. 성직자는 교황에 예속되어 있었으나 황제의 신하이기도 했다. 황제는 성직자를 임명하며 주교 지팡이, 주교 반지와 함께 봉俸을 지급했다. 성직자는 세습되지 않기 때문에 황제는 성직자가 바뀔 때마다 임명권을 행사했다.

황제의 성직자 임명에 불만이 많았던 교황 그레고리우스 7세Gregorius는 1075년에 교황만이 성직자를 임명하는 법을 제정했다. 이는 황제의 권위에 대한 중대한 도전이었고 위협이었다. 황제 하인리히 4세Heinrich IV(재위: 1056~1105년)는 1076년 보름스에서 제후 의회를 열어 교황을 폐위했다. 이에 질세라 교황도 황제를 파문하며 맞대응했다.

그런데 하인리히 4세에게 반감이 있던 일부 제후들과 고위 성직자들이 교황을 지지했다. 위기감을 느낀 27세의 황제는 1077년 1월 말 이탈리아 북부의 카노사 성으로 갔다. 그는 머리를 풀어헤치고 눈 속에서 맨발로 사흘 동안 금식하며 교황에게 용서를 빌어 사면을 받았다. 황제가 교황에게 굴복한 이 사건을 '카노사의 굴욕'이라고 한다.

카노사 성문 앞에서 머리를 풀어헤치고 맨발로 사죄하는 하인리히 4세

나중에 하인리히 4세는 복수했다. 그는 로마로 공격해 들어가 1084년에 교황 그레고리우스 7세를 폐위하고 대립 교황 클레멘스 3세Clemens III를 옹립했다.

성직자를 임명하는 서임권 문제는 1122년에 황제 하인리히 5세 Heinrich V와 교황 칼리스투스 2세Callistus가 '보름스 협약'을 체결하여 해결했다. 교황이 성직자를 임명하고, 성직자는 황제에게 충성을 서약하고 토지를 받도록 했다. 이 협약으로 교황의 권리가 강화됐다. 가톨릭은 1123년 제1차 라테라노 공의회에서 '보름스 협약'을 승인했다.

"나는 다르게 행동할 수 없습니다", 마르틴 루터

검은 외투에 성직자 모자를 쓴 루터

종교 개혁은 르네상스와 함께 중세를 끝낸 가장 중요한 사건이다. 그 종교 개혁의 전환점이 보름스에서 일어났다. 1521년 4월 비텐베르크Wittenberg 대학 교수이자 사제인 마르틴 루터(1483~1546년)는 황제 카를 5세Karl V(재위: 1519~1556년, 스페인 국왕 카를로스 1세이기도 했다) 앞에 섰다. 평범한 사제인 루터는 왜 황제 앞에 섰을까?

15~16세기에 교황은 면벌부를 팔았다. 콘스탄티노플을 수복하고, 이슬람 세력의 확대를 막으며, 성 베드로 대성당의 건축 자금을 마련하기 위해서였다. 알브레히트 마인츠 대주교도 대주교가 되기 위해 빌린 돈을 갚기 위해서 면벌부를 팔았다. 교회는 면벌부를 사면 죄를 지어도 처벌을 면제받아 용서를 받고 천국으로 갈 수 있다고 선동했다. 신자들은 양피지를 사 이름과 죄의 내용을 적어 신부에게 가져가 사면 의식으로 죄를 용서받았다. 죄의 크고 작음에 따라 돈의 액수가 달랐다. 교회는 부패했고 타락했다.

그러면 가톨릭 국가인 프랑스보다도 왜 독일에서 면벌부 판매가 성행했을까? 신성 로마 제국이 선제후국, 공국, 주교국, 자유시 등으로 350여 개 국가로 나누어져 있어 판매가 쉬웠기 때문이다. 성직자이면서 영토에 대한 지배자이기도 했던 마인츠 대주교와 같은 고위 성직자들이 앞장서 면벌부를 팔기도 했다.

1517년 10월 31일 루터는 '95개조 논제'를 발표하여 면벌부 판매의 부당성과 교회의 부패상을 폭로했다. 루터는 95개조 논제에서 학문적 관례에 따라 죄의 용서에 대한 가치와 힘, 이와 관련한 참회, 죄, 처벌, 연옥 등에 대해 공개 토론을 요구했다. 루터는 면벌부가 아니라 '올바른 믿음'으로만 하느님의 구원을 얻을 수 있다고 주장했다. 성직자를 통한 구원을 배격하고 '믿음'의 중심은 '성서의 말씀'임을 강조했다. 그가 에르푸르트 수도원에서 깨달은 믿음이다 (27장 에르푸르트 참조).

『유럽사 이야기』를 쓴 로렌스David Herbert Lawrence는 "종교 개혁은 면벌부의 판매가 직접적인 원인이 됐으나, 근본 원인은 인간이 신과 직접 개인적인 관계를 맺고 싶은 열정 때문이었다"라고 했다.

금속 활자 인쇄술 발명 덕분에 라틴어로 된 95개조 논제는 독일어로 번역되어 빠르게 전역으로 퍼져 나갔다. 교황과 황제의 영향에서 벗어나고자 했던 일부 제후, 주교, 자유시가 루터를 지지했다. 황제와 교황은 다급해졌다. 종교 개혁이 성공하면 그들의 권위와 영향력이 크게 줄어들기 때문에 두 사람은 종교 개혁을 저지해야 했다.

교황 레오 10세Leo X는 1521년 1월 루터에게 파문 경고 교서를 내렸다. 루터가 교서를 불태우며 뜻을 굽히지 않자 교황은 황제에게 그를 파문하고 처벌하도록 요구했다. 작센 선제후 프리드리히 3세Friedrich 등 일부 제후들은 루터를 심문하지 않고 처벌할 수 없다고 주장했다. 이에 황제의 명령으로 루터가 보름스 제국 의회에 나온 것이다.

보름스에 온 다음 날인 1521년 4월 17일 오후 루터는 주교궁에 들어갔다. 심문에서 에크Johannes Eck 주교는 루터에게 95개조 논제와 그동안의 주장을 철회할 것을 요구했다. 하루의 생각할 시간을 얻은 루터는 18일 오후 주교궁에서 다음과 같은 말로 거절했다.

"양심에 어긋나게 행동하는 것은 괴롭고, 해로우며, 위험하기 때문에 나는 철회할 수 없고, 철회하지도 않겠습니다. 여기에 내가 서 있고, 나는 다르게 행동할 수 없습니다. 하느님 저를 도와주소

1521년 4월 보름스 제국 의회에서 황제 앞에 선 루터. 루터 동상에 새겨진 동판

서! 아멘Hier stehe ich, ich kann nicht anders. Gott helfe mir,
Amen."

루터는 며칠을 더 머물다 4월 26일 보름스를 떠났다. 작센 선제
후 프리드리히 3세는 루터가 도중에 살해될 수도 있다는 생각에 납
치 형식으로 붙잡아 아이제나흐Eisenach의 바르트부르크 성에 숨
겼다. 황제와 대립했던 작센 선제후는 대대로 루터를 지지했다.

5월 25일 황제는 루터를 파문한다는 '보름스 칙령'을 공표했다.
"루터가 이단자이므로 그에게 음식이나 숙소 등 어떤 도움도 주지
말 것이며, 루터를 보면 잡아서 재판정에 넘기"라고 했다. 또한 "누
구든지 루터의 말을 전하거나, 그의 저작물을 가지고 있거나, 베끼
거나, 인쇄하는 자는 처벌을 받을 것"이라는 내용도 있었다.

황제의 이런 칙령이 내려졌는데도 루터는 어떻게 신변이 안전
했을까? 선제후는 지배 영역 안에서 재판권도 갖고 있어서 황제의
명령을 따르지 않아도 되었기 때문이다. 또 선제후는 황제를 선출
하는 자이기 때문에 확실한 증거 없이 선제후에게 강요할 수 없었
다. 루터도 변장하고 숨어 지냈다.

종교 개혁가 루터의 또 다른 업적은 독일어 발전에 기여한 점이
다. 일반인들은 라틴어로 된 성서를 읽을 수가 없어 성서의 의미를
이해하기 어려웠다. 바르트부르크 성에 숨어 지내던 루터는 신약
성서 번역을 시작하여 11주 만에 독일어로 번역했다. 보통 사람들

종교 개혁 주장 500주년을 맞아 설치한 루터의 큰 신발. 하일스호프 정원 소재

이 시장에서 사용하는 쉬운 독일어로 번역하여 누구나 읽을 수 있게 했다. 1522년에 출간된 성경은 인쇄술 발명 덕분에 값도 저렴해 베스트셀러가 됐다. 독일어도 널리 보급되었다. 이어 루터는 구약 성서도 번역하여 10여 년 만인 1534년에 출간했다.

루터는 수녀원에서 도망 나온 수녀 카타리나 폰 보라Katharina von Bora와 1525년에 결혼하여 자녀 6명을 두었다. 루터는 1546년 2월 18일 63세를 일기로 숨졌다.

루터가 숨진 후에도 종교 개혁 운동은 계속됐다. '아우크스부르크 종교 화의'(12장 아우크스부르크 참조)와 30년 전쟁을 끝낸 1648년의 '베스트팔렌 조약'(22장 뮌스터Münster 참조)으로 일단락됐다. 한 성직자의 외침이 결실을 맺는 데 130여 년이 걸렸다. 그 대가는 너무

루터 동상. 왼쪽 맨 앞 칼을 위로 든 이는 루터를 도와준 작센 선제후 프리드리히 3세. 오른쪽 맨 앞은 헤센 방백 필립 1세다. 루터 바로 아래 왼쪽 앉아 있는 이는 이탈리아 수도승 사보나롤 라Girolamo Savonarola, 오른쪽 앉아 있는 이는 체코 종교 개혁가 얀 후스 Jan Hus다

나 참혹했다. 800~900만 명이 숨졌고 전 국토는 황폐화됐다.

　　루터의 종교 개혁 운동이 지지를 얻을 수 있었던 요인은 무엇일까? 첫째, 황제와 교황의 간섭에서 벗어나고자 했던 제후와 자유시들이 지지했기 때문이다. 둘째, 인쇄술의 발달로 루터의 95개조 논제와 주장이 빠르게 전역으로 퍼져 나가 많은 이들이 루터의 주장에 동조했기 때문이다. 셋째, 반反로마 정서가 강했던 낮은 계층의 성직자와 수도승들이 지지했기 때문이다.

루터가 심문을 받았던 주교궁은 1689년 팔츠 계승 전쟁 중에 프랑스군이 파괴하여 사라졌다. 지금은 하일스호프 정원으로 남아 있다. 정원에는 "이곳에 마르틴 루터가 황제와 제국 앞에 섰었다"라는 표지와 루터의 큰 신발 한 켤레가 놓여 있다.

보름스에는 루터의 도시답게 거대한 루터 동상도 있다. 루터에 앞서 종교를 개혁하고자 했던 이들의 동상뿐만 아니라 루터를 지원했던 이들의 동상도 함께 있다. 루터 동상 전체를 자세히 보면 종교개혁의 역사를 알 수 있다.

3부

중남부 지역
도시들

제3부에서는 라인강 건너 헤센주의 프랑크푸르트, 바덴-뷔르템베르크주의 하이델베르크와 슈투트가르트Stuttgart 3개 도시를 돌아본다. 이 3개 도시는 하이델베르크를 기준으로 반경 100킬로미터 안에 있지만 서로 전혀 다른 길을 걸어왔다. 프랑크푸르트는 자유시였고, 하이델베르크는 팔츠 선제후국의 수도였으며, 슈투트가르트는 뷔르템베르크 왕국의 수도였다. 신성 로마 제국의 특징을 말해 준다.

09

프랑크푸르트

Frankfurt am Main

황제 선출과 대관식 도시에서
국제 금융 도시로

주   헤센주
인구   77만 5790명(2023년 12월 기준)

Frankfurt am Main

프랑크푸르트는 신성 로마 제국의 황제가 선출되고 대관식이 열렸던 도시다. 비록 발효되지는 않았으나 1849년에 독일 최초로 입헌 민주주의 헌법이 제정된 곳이기도 하다. 대문호 괴테가 태어난 곳으로 독일의 관문이자 교통 중심지, 국제 금융 도시다. 독일 내 인구 순위는 5위다.

'프랑크족의 개울'에서 '독일 연방'의 의회 소재지로

프랑크푸르트는 독일의 관문이자 국제 금융 도시다. 마인강이 흐르고 있어 폴란드 국경 지역에 있는 또 다른 프랑크푸르트와 구

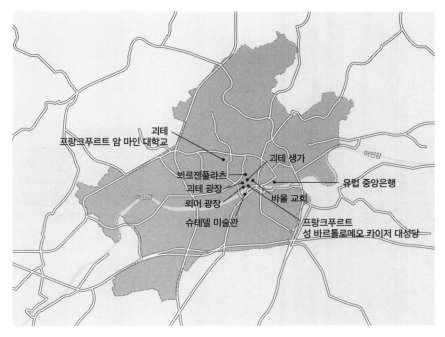

프랑크푸르트 지도

분하기 위해 '프랑크푸르트 암 마인Frankfurt am Main'으로 부른다. 또 고층 빌딩이 많아 '마인해탄Mainhattan'('마인강가의 맨해튼'이라는 뜻이다)으로도 불린다.

　　로마 제국은 라인강변의 군사 기지를 지원하기 위해 83년에 프랑크푸르트와 인근 바트 홈부르크Bad Homburg에 군 보급 기지를 설치했다. 이후 게르만족이 밀려오자 260년경 로마군은 라인강 지역으로 물러갔다. 프랑크푸르트는 794년에 '프랑크족의 개울'을 뜻하는 '프랑코노푸르트Franconofurd'로 문서에 처음 나타났다. 프랑

프랑크푸르트 중심을 흐르는 마인강과 프랑크푸르트가 자랑하는 슈테델 미술관

크 왕국의 카를 대제가 소집한 종교 지도자 회의 장소를 '프랑코노
푸르트'로 쓴 것이다.

　이런 유래가 있다. 작센 정벌에 나섰던 왕 카를과 그의 군대는
작센군에 쫓기던 중 큰 강이 나타났다. 안개까지 자욱하게 끼어 카
를은 난감했다. 이때 새끼를 거느린 사슴이 얕은 곳을 찾아 강을 건
너는 것을 본 카를과 군대는 그곳으로 가 안전하게 건넜다. 카를 군
대가 강을 건너자 신기하게 다시 안개가 자욱하게 드리워져 뒤쫓던
작센군을 따돌렸다고 한다.

프랑크푸르트는 1356년에 황제 카를 4세(재위: 1355~1378년)가 독일 왕을 선출하는 장소로 지정하며 중요해졌다. 1372년에는 '자유의 제국 시'가 됐다. 16세기 중엽에 프랑크푸르트가 종교의 자유를 허용하자 네덜란드와 영국의 개신교도에 이어 17세기 말에는 위그노(프랑스 개신교도)들도 들어왔다. 기술이 있는 이들의 이주는 프랑크푸르트가 경제적으로 발전하는 데 도움이 됐다.

프랑크푸르트는 1792년에 이어 1801년에 다시 프랑스에 점령됐다. 1806년에 나폴레옹에 의해 대공국이 되며 '라인 동맹Rheinbund'(1806~1813년)의 일원이 됐다. 라인 동맹은 나폴레옹 주도로 1806년 7월 파리에서 바이에른 왕국, 뷔르템베르크 왕국, 프랑크푸르트 대공국 등 16개국이 결성한 친프랑스 동맹체다. 이후 작센 왕국 등 23개국이 추가로 가입했다. 라인 동맹 회원국들이 신성 로마 제국에서 탈퇴하며 제국의 멸망을 촉진했다. 라인 동맹은 1813년 나폴레옹이 라이프치히 전투에서 패하며 해체됐다.

나폴레옹을 몰아낸 후 오스트리아 빈 회의에서 '독일 연방'이 출범했다. 프랑크푸르트는 함부르크, 브레멘Bremen, 뤼베크Lübeck와 함께 다시 '자유시'가 됐다. 그리고 독일 연방의 의회인 '분데스탁Bundestag'이 소재하며 정치적으로도 중요해졌다.

1866년 프로이센 왕국은 오스트리아와의 전쟁에서 승리한 후 독일 연방을 해체하고 '북독일 연방'(1866~1871년)을 결성했다. 프로이센은 이 전쟁에서 오스트리아를 지원한 프랑크푸르트의 자유시 지위를 박탈하고 병합했다. 500년 가까이 자유시였던 프랑크푸르트는 하나의 지방 도시로 전락했다.

이후 프랑크푸르트는 금속·인쇄 산업 시설에 더해 화학·맥주 공장 등을 세우며 경제 발전을 이어 갔다. 1949년에 수도를 두고 본과 경합했으나 뜻을 이루지 못했다.

신성 로마 제국과 7명의 선제후

2000년이 넘는 독일 역사에서 가장 오래 지속된 정치 체제는 '신성 로마 제국Das Heilige Römische Reich'(962~1806년)이다. 오늘날의 독일, 오스트리아, 체코, 스위스, 벨기에, 네덜란드, 룩셈부르크 전 지역과 프랑스, 이탈리아, 헝가리, 크로아티아 일부가 포함된 드넓은 지역이었다.

신성 로마 제국은 독일 왕 오토 1세Otto I가 황제로 즉위한 962년에 시작된 것으로 본다. 처음에는 '로마 제국'으로 불렸다. 황제 프리드리히 1세가 교황의 간섭을 거부하겠다는 의지로 '신성한heilig'을 추가하면서 '신성 로마 제국'이 됐다. 1512년에는 '독일 민족'이 추가되어 '독일 민족의 신성 로마 제국Das Heilige Römische Reich Deutscher Nation'이 됐다.

신성 로마 제국에는 세 가지 의미가 있다. 첫째, '신성Heilig'이라

16세기의 신성 로마 제국. 독일, 오스트리아, 체코, 스위스, 벨기에, 네덜란드, 룩셈부르크 전 지역과 프랑스, 이탈리아, 헝가리, 크로아티아 일부가 포함된 광활한 지역이었다

는 점이다. 이는 제국이 교황에 속하지 않고, 황제의 왕권 신수설을 강조하고자 한 것이다. 둘째, '로마적Römisch'이라는 점이다. 800년에 있었던 카를 대제의 대관식이 서로마 제국과 연결되고, 962년 오토 1세의 황제 대관식은 카를 대제의 제국과 연결되어 있으며, 독

일 왕이 다스리는 제국을 뜻한다. 셋째, '제국Reich'이라는 점이다. 제국에는 왕국, 제후국, 대주교국, 주교국, 자유시 등 350여 연방 국가가 있었다.

신성 로마 제국에는 고정된 수도가 없었고 황제가 머무는 곳이 수도였다. 왜 고정된 수도가 없었을까? 우선 드넓은 제국을 이끌어 갈 압도적 우위의 국가가 없었다. 제국의 영토가 너무 넓어 황제는 여러 곳을 돌아다니며 봉신封臣을 만나고 분쟁을 조정하며 다스렸다. 제국 의회도 여러 곳에서 열렸다. 마그데부르크Magdeburg, 뉘른베르크Nürnberg, 뮌헨, 보름스, 아우크스부르크, 레겐스부르크, 프랑크푸르트 등이 수도였다. 황제 카를 5세 이후 16세기 후반부터는 오스트리아 빈이 수도였다.

1356년에 황제 카를 4세가 공표한 '금인칙서Goldene Bulle'라는 헌법도 있었다. 세월이 흐르며 '아우크스부르크 종교 화의'(1555년)와 '베스트팔렌 조약'(1648년) 등 여러 조약과 협약도 헌법으로 추가됐다. 대법원(베츨라Wetzlar 소재)도 있었다.

황제는 세습되지 않고 선출되었다. 황제를 선출하는 제후가 '선제후Kurfürst'다. 카를 4세는 '금인칙서'에 선제후 7명을 명시했다. 3명은 종교 선제후(마인츠 대주교, 쾰른 대주교, 트리어 대주교), 4명은 세속 선제후(보헤미아 왕, 팔츠 궁중백, 작센 공작, 브란덴부르크 변경백)였다. 선제후는 화폐 주조권, 관세 징수권, 광산 채굴권, 재판권 등을 행사했다. 선제후의 권한은 황제도 간섭하기 어려울 정도로 강했다.

왕이나 황제를 선출하는 7명의 선제후. 왼쪽부터 쾰른·마인츠·트리어 대주교들, 팔츠 궁중백, 작센 공작, 브란덴부르크 변경백, 보헤미아 왕. 위의 문장紋章을 통해 알 수 있다

왕국은 보헤미아(오늘날 체코 지역) 왕국 하나만 허용됐다. 이로 인해 1701년에 브란덴부르크 선제후는 '프로이센'이라는 이름으로 왕국을 세웠으며, 대관식도 멀리 떨어진 동프로이센의 쾨니히스베르크Königsberg에서 해야 했다(30장 베를린 참조).

황제를 선출하는 투표는 트리어 대주교를 시작으로 쾰른 대주교, 보헤미아 왕, 팔츠 궁중백Pfalzgraf(공작과 비슷한 지위), 작센 공작, 브란덴부르크 변경백, 마인츠 대주교 순서로 했다. 공개 투표에 다수결로 선출했다. 선제후들은 사전에 비밀 약속이나 사례를 받지 않겠다는 선서를 했으나 지켜지지 않았다. 마인츠 대주교는 제국의 제2인자로 선제후단을 이끌며 황제 궐위 시 후임자 선거를 주관했다(7장 마인츠 참조). 제국의 공식 언어는 독일어와 라틴어였다. 황제 요제프 2세Joseph 때인 1784년부터 독일어만 사용했다.

선제후도 추가되었다. 30년 전쟁 중이던 1623년에 황제를 상대로 전쟁을 한 팔츠 궁중백의 선제후 지위를 폐위하고 대신 바이에른 공작을 임명했다. 1648년에 팔츠 궁중백이 다시 선제후가 됐다. 1692년에는 브라운슈바이크Braunschweig-뤼네부르크Lüneburg(하노버Hannover) 공작도 선제후가 됐다.

황제 선출 방식과 대관식

프랑크푸르트가 독일 역사에서 갖는 세 가지 중요한 점이 있다. 첫째, 독일 왕 또는 황제를 선출했던 도시다. 1147년 이래 프랑크푸르트에서 왕과 황제가 여러 차례 선출된 점을 고려하여 1356년에 황제 카를 4세는 프랑크푸르트를 황제 선출 장소로 '금인칙서'에 명문화했다.

둘째, 왕 또는 황제의 대관식이 열렸던 도시다. 황제 선출과 대관식은 성 바로톨로메오 카이저 대성당에서 이루어졌다. 936년 오토 1세를 시작으로 아헨에서 했던 대관식을 1562년 막시밀리안 2세Maximilian부터 프랑크푸르트에서 했다(1792년 프란츠 2세Franz II 까지 10명의 황제가 대관식을 했다). 대관식은 종교 선제후 3명이 주관

황제가 선출되고 대관식이 열렸던 프랑크푸르트 성 바르톨로메오 카이저 대성당

했다. 선출된 황제는 시청사인 뢰머Römer로 이동하여 축하연에 참석했다.

셋째, 독일 최초의 민주적인 입헌 군주제 헌법이 제정된 도시다. 1849년 3월에 국민 의회가 입헌 민주국 수립을 위한 제국 헌법을 제정했다. 그러나 프로이센 국왕 빌헬름 4세가 황제 추대를 거부했고 바이에른 왕국, 작센 왕국 등 여러 제후의 반대로 발효되지 않았다. 이 내용은 뒤에서 다시 다루도록 하겠다.

대문호 괴테의 도시

독일 문인 중에서 전 세계에 가장 잘 알려진 이는 단연 괴테 (1749~1832년)다. 프랑크푸르트는 괴테의 도시다. 1749년 8월 28일 프랑크푸르트에서 법학 박사이자 황실 고문의 아들로 태어난 괴테는 라이프치히와 스트라스부르에서 법학을 공부했다. 1771년에 변호사가 됐으나 관심은 문학에 있었다.

괴테는 1774년(25세)에 출간한 자전적 소설 『젊은 베르테르의 슬픔』이 베스트셀러가 되며 독일은 물론이고 전 유럽의 저명인사가 됐다. 괴테는 1772년 5월에 베츨라에 있는 신성 로마 제국의 대법원에서 실습생으로 일하며 알게 된 영지 주무관의 딸 샤를롯데 부프Charlotte Buff를 사랑했다. 하지만 그녀에게 약혼자가 있어 사랑은 이루어지지 않았다. 괴로워하던 괴테는 그해 9월에 프랑크푸르트로 돌아왔다. 그런데 10월 말에 라이프치히 대학에서 함께 공부했던 예루살렘Jerusalem이 사랑이 이루어지지 않자 권총으로 자살한 사건이 발생했다. 괴테는 이 사건과 자신의 실연 경험을 결합하여 소설을 썼다. 이 소설이 나오고 베르테르를 모방한 자살이 잇따르면서 독일은 물론 전 유럽에 큰 반응을 일으켰다.

대관식을 위해 시청인 뢰머에서 대성당으로 이동하는 레오폴드 1세Leopold I의 행렬(1658년)

1405년 이래 시청사로 사용 중인 뢰머. 시청 안의 카이저 잘(황제실)에서 새로 선출된 황제를 위한 축하연이 열렸다. 앞 분수대에 저울을 들고 있는 동상은 '정의의 여신상'이다

프랑크푸르트의 아들인 괴테의 동상. 프랑크푸르트 괴테 광장 소재

1774년 말 한 제후와 그의 어머니가 유명해진 괴테를 찾아왔다. 바이마르 공국의 공작 아우구스트Carl August와 안나 아말리아Anna Amalia였다. 그들의 초청으로 괴테는 다음해 1775년 11월에 바이마르Weimar로 갔다. 괴테는 바이마르 공국의 추밀 고문관,

재상, 극장 대표, 도서관장 등 여러 직책을 수행했다(바이마르의 괴테에 관해서는 28장 바이마르 참조).

괴테가 태어난 집은 '괴테 하우스'와 '괴테 박물관'으로 이용되고 있다. 괴테의 어머니가 썼던 부엌과 괴테의 서재도 있다. 괴테 광장에는 동상도 있다. 1914년에 시민들의 주도로 설립된 대학은 '괴테 대학교 프랑크푸르트 암 마인'으로 불린다. 독일 정부가 독일 문화와 독일어를 보급하기 위해 외국에서 운영하는 문화원은 '괴테 인스트튜트'다. 괴테는 죽었지만 살아 있다.

프랑크푸르트 국민 의회와 좌절된 입헌 민주국

나폴레옹을 몰아낸 오스트리아, 영국, 프로이센, 그리고 러시아는 1814년 6월 오스트리아 빈에서 회의를 했다. 오스트리아 외무장관 메테르니히Klemens Wenzel von Metternich가 주도한 회의에서 참가국들은 유럽의 정치 질서를 나폴레옹 전쟁 전의 상태로 돌리고자 했다. 이 회의를 '빈 회의'라고 한다. 빈 회의 후 39개 연방 국가로 된 '독일 연방Deutscher Bund'(1805~1866년)이 출범했다. 오스트리아가 주도하는 독일 연방의 회원국들은 자유주의와 민족주의 세력에 대항하여 싸우고, 구질서를 유지하고 복원할 의무가 있었다.

빈 회의 후 구체제로 돌아가려는 움직임이 강했지만 저항도 있었다. 1832년 5월 27일 팔츠 지역의 함바흐성 축제에서 2~3만여 명이 공화정과 민주주의 국가 수립을 요구하는 민족주의 운동이 있었다.

1848년 들어 유럽에 정치 체제의 민주화와 민족 국가 수립을 요구하는 혁명의 물결이 거세었다. 2월 혁명으로 프랑스는 다시 공화정이 됐다. 3월에는 독일에서도 새로운 민주 체제를 열망하는 열의가 무력 시위가 일어나며 혁명으로 번졌다. 국민은 전제 군주제를 끝내고 민주적 공화제를 희망했다. 이때 사용된 검정, 빨강, 금색의 3색기는 오늘날 독일 국기의 시초가 됐다. 이 세 가지 색은 1813년 나폴레옹에 대항하여 싸운 동맹군의 복장에서 유래했다. 동맹군은 붉은 단추에 황금빛 장식을 덧댄 검은 제복을 입었다. 베를린에서 사상자가 발생하는 유혈 충돌이 있자 프로이센 왕 프리드리히 빌헬름 4세는 새로운 헌법 제정에 동의했다.

1848년 3월 31일~4월 3일 프랑크푸르트 바울 교회Paulskirche에서 예비 회의가 열린 후 4~5월에 보통·평등 선거로 800여 명의 의원이 선출됐다. 5월 18일 바울 교회에서 열린 국민 의회Die Nationalversammlung에 587명의 의원이 참석했다. 괴팅겐 대학 교수 크리스토프 달만Christoph Dahlmann, 야고프 그림Jakob Grimm(동화 작가로 유명한 그림 형제의 형), 시인 에른스트 모리츠 아른트Ernst Moritz Arndt 등이 있었다. 국민 의회는 독일 최초의 민주적인 의회였다.

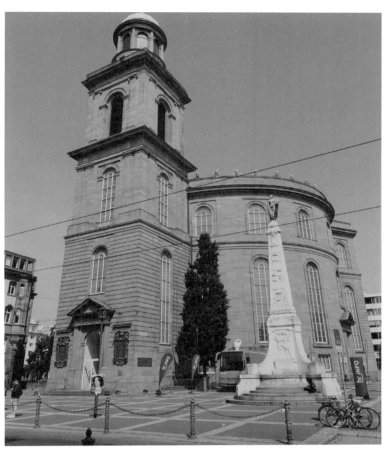

입헌 민주 헌법이 제정되었던 바울 교회. 입구에 교회의 역사적 의의에 관한 동판이 있다

　국민 의회는 10개월의 작업 끝에 1849년 3월 28일 통일 독일 제국의 법적 토대가 될 헌법안을 마련했다. 국가 형태는 황제를 국가 원수로 하는 연방제에 의원 내각제였다. 보통·평등·직접·비밀

선거로 선출된 의원으로 구성되는 하원과 상원도 두도록 했다. 왕 프리드리히 빌헬름 4세가 수락할 것이라는 믿음에서 그를 황제로 선출했다.

그러나 빌헬름 4세는 황제 추대를 거부했다. 왕의 주권은 신으로부터 부여받은 것인데 국민에 의해 구속받거나 제한되어서는 안 된다는 것이었다. 바이에른 왕국과 작센 왕국도 거부했다. 어렵게 제정된 헌법안은 결국 발효되지 않았다. 1850년에 국민 의회가 붕괴하면서 민주적 통일 국가를 수립하려는 시도는 실패했다. 새로운 시대를 원하는 자유주의자들의 힘이 왕과 구질서를 옹호하는 세력을 꺾을 만큼 강하지 못했기 때문이다. 이때 만들어진 헌법안은 비록 발효되지 못했지만 1919년 바이마르 헌법과 1949년 기본법에 반영되었다.

국제 금융 도시

프랑크푸르트는 경제 도시이자 국제 금융 도시다. 중앙은행인 독일 연방 은행을 비롯하여 두 거대 민간 은행인 도이체 방크와 코메르츠 방크, 신용 협동 조합인 DZ은행, 재건 은행(KfW)과 증권 거래소도 있다. 프랑크푸르트는 어떻게 국제 금융 도시가 됐을까?

성당에서 영성체가 있는 종교적 행사를 메세Messe(라틴어로는 미

사라고 한다)라고 한다. 이 메세가 끝난 후 열린 시장도 '메세'라고 불렀다. 1240년부터 열리던 가을 메세에 1330년부터는 봄 메세가 추가되어 1년에 두 번 열렸다. 박람회를 '메세'라고 부르며 독일에는 메세가 발달했다. 오늘날 프랑크푸르트의 도서 박람회와 음악 박람회는 세계적으로 유명하다.

프랑크푸르트에서 황제가 선출되고 대관식도 열리면서 제후, 귀족, 종교계 인사 등 많은 이들이 왕래했다. 이들을 상대로 물품 교류가 빈번해지면서 상업이 발달했다. 상인들이 늘어나자 1402년에 환전소가 생겨났다. 1546년부터는 동전도 주조했다. 1585년에는 박람회 기간 중 여러 동전 간 단일 교환 비율을 게시했는데 이때를 프랑크푸르트 증권 거래소의 시작으로 본다.

프랑크푸르트가 국제 금융 도시로 발전하는 데 한 유대인이 크게 기여했다. 마이어 암셀 로트실트Mayer Amschel Rothschild(1744~1812년)다. 로트실트는 '붉은 방패'라는 뜻으로 로트실트 가문의 상징이다. 로트실트는 신성 로마 제국 수백 개 나라들이 서로 다른 화폐를 사용하는 점에 착안하여 환전소를 설립하면서 큰 이익을 얻었다. 약 200~220개의 제후국, 자유시, 주교국이 동전을 발행했다.

로트실트는 프랑크푸르트 이외에 런던, 파리, 빈, 나폴리에도 은행 지점을 설립하여 다섯 아들을 보냈다. 그의 은행업은 크게 성장했다. 1820년에 프랑크푸르트 증권이 처음 주식을 거래하며 증권 거래소(독일의 대표적인 주가지수는 DAX)로 발전했다.

프랑크푸르트 증권 광장인 뵈르젠플라츠에 있는 황소와 곰 동상

유럽 연합은 1998년에 유로 지역의 통화 정책을 결정하고, 물가 안정 등의 업무를 할 유럽 중앙은행(ECB)을 설립했다. 유로 지역은 유로화를 사용하는 국가를 말한다. 유로화는 유럽 연합 27개 회원국 중에서 20개국(독일, 프랑스, 이탈리아, 스페인, 포르투갈, 오스트리아, 벨기에, 네덜란드, 룩셈부르크, 아일랜드, 핀란드, 그리스, 슬로바키아, 슬로베니아, 발트 삼국, 크로아티아, 키프로스, 몰타)이 사용하고 있다. 프랑크푸르트는 이 유럽 중앙은행을 유치하여 국제 금융 도시로서의 위상을 다졌다.

10

하이델베르크

Heidelberg

고성古城과 대학 도시

주   바덴-뷔르템베르크주
인구   16만 2960명(2023년 12월 기준)

Heidelberg

하이델베르크는 팔츠 궁중백국이자 팔츠 선제후국의 수도였다. 선제후가 거주했던 고성古城이 있고, 독일에서 역사가 가장 오래된 대학이 있는 대학 도시다. 독일 내 인구 순위는 51위다.

고성의 도시

하이델베르크는 프랑크푸르트에서 남서쪽으로 약 90킬로미터 거리에 있다. 하이델베르크 대학은 설립 630년이 넘어 독일에서 가장 오래된 대학이다. 하이델베르크는 팔츠 궁중백의 거주지였다. 고성, 옛 시가지, 네카어강, 알테 브뤼케(옛 다리), 강 건너 산자락에 있

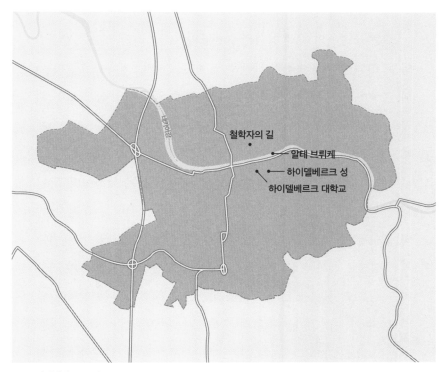

하이델베르크 지도

는 철학자의 길이 어울리는 한 폭의 풍경화 같은 도시다.

　로마인들은 70년경에 하이델베르크 인근에 군사 기지를 설치
했으나 260년경 게르만족에 밀려 라인강 건너편으로 물러갔다.
506년 프랑크 왕국에 속했던 하이델베르크는 1196년에서야 '하이
델베르크Heidelberch'로 문서에 처음 나타났다. 1214년 바이에른
공작 루트비히 1세부터 비텔스바흐Wittelsbach 가문이 팔츠 지방을
지배하기 시작됐다.

팔츠 궁중백의 지배 영역은 오늘날의 노르트라인-베스트팔렌주 일부, 라인란트-팔츠주와 헤센주 일부, 바덴-뷔르템베르크주 일부와 프랑스 로렌 지방이었다. 1356년에 팔츠 궁중백은 신성 로마 제국의 황제를 선출하는 선제후가 되면서 하이델베르크는 팔츠 선제후국의 수도가 됐다.

하이델베르크의 상징은 산 중턱에 우뚝 서 있는 고성이다. 독일의 성은 크게 '부르크Burg'와 '슐로스Schloß'로 나눈다. 두 성은 어떻게 다를까? '부르크'는 외부 공격을 방어하기 위해 6~15세기에 지은 성으로 대부분 산 중턱에 있다. '슐로스'는 왕이나 제후가 거주하는 성으로 '부르크'보다도 웅장하고 호화롭다. 대부분 평지에 있다. 또 왕이나 제후가 거주하며 공식 업무도 보는 성을 '레지덴츠슐로스Residenzschloss'(뮌헨과 드레스덴의 성)라고 한다. 황제가 체류하는 성은 '카이저팔츠Kaiserpfalz'(고슬라Goslar 성) 또는 '카이저부르크Kaiserburg'(뉘른베르크 성)라고 한다. 하이델베르크 성은 방어와 거주의 두 가지 목적으로 지어졌다.

하이델베르크 성은 13세기에 세운 조그만 부르크 성을 허물고 15세기 초부터 약 200년에 걸쳐 세워졌다. 성안에 들어서면 광장이 나온다. 광장 왼쪽의 '루프레흐트 건물'을 시작으로 오른쪽의 '오트하인리히 건물'이, 마지막으로 가운데 '프리드리히 건물'이 세워졌다. 건물 이름은 지은 선제후의 이름을 따서 붙여졌다. '오트하인리히 건물'에는 약제, 약품, 의료 실험 기구와 의학 서적을 전시하는

하이델베르크의 상징인 고성

약학 박물관이 있다. 프리드리히 건물 지하에는 22만 1726리터의 대형 포도주 통이 있다.

아쉽게도 성의 일부가 파괴됐다. 1685년 팔츠 선제후가 아들이 없이 죽자 프랑스 왕 루이 14세는 영토 일부를 요구하며 전쟁을 일으켰다. 죽은 선제후의 여동생이 루이 14세 동생의 아내였기 때문이다. 이 팔츠 계승 전쟁 또는 9년 전쟁(1688~1697년) 중이던 1689년과 1693년에 프랑스군이 두 차례 폭파한 것이다.

5년 후 1690년에 율리히-베르크 공국의 공작 요한 빌헬름Johann Wilhem이 팔츠 선제후가 되면서 뒤셀도르프가 1716년까지 팔츠 선

고성에서 내려다본 하이델베르크 옛 시가지와 네카어강 위의 알테 브뤼케(옛 다리)

제후국의 수도가 됐다. 파괴된 하이델베르크 성을 복구하기 쉽지 않
자 후임 선제후가 1720년에 거주지를 비텔스바흐 가문이 있는 뮌헨
으로 이전했다. 하이델베르크는 1815년 빈 회의에서 바덴 대공국에
편입됐다가 오늘날에는 바덴-뷔르템베르크주에 속해 있다.

하이델베르크는 영화 〈황태자의 첫사랑〉으로도 잘 알려졌
다. 퓌르스터Wilhelm Meyer Förster의 희곡 『옛 하이델베르크Alt
Heidelberg』를 토대로 1954년에 제작한 영화다. 영화에 나오는 '드

링크 송Drink Song'은 세계적인 테너 마리오 란차Mario Lanza가 왕자 역의 에드먼드 퍼돔Edmund Purdom의 노래를 불러 널리 알려졌다. 해마다 여름에는 성안 광장에서 뮤지컬 〈황태자의 첫사랑〉이 공연되고 음악회도 열린다.

개신교계의 지도자 팔츠 선제후

16~17세기 중반까지 독일사의 한 특징은 마르틴 루터의 종교 개혁 주장, 개신교 제후와 자유시들이 황제 및 가톨릭을 상대로 한 전쟁이었다. 개신교계의 중심인물은 16세기에는 작센 선제후였고, 17세기에는 팔츠 선제후였다. 루터는 1518년 4월 하이델베르크에서 열린 어거스틴 수도회 총회에서 40개 논조를 발표하며 종교 개혁의 필요성을 강조했다('하이델베르크 논제'라고 한다). 작센 선제후는 1521년 보름스 제국 의회에 나온 루터를 보호했으며 1546~1547년 황제에 대항하여 싸운 슈말칼덴Schmalkalden(튀링겐주의 도시) 동맹의 지도자였다.

개신교 측 제후들과 황제와 가톨릭 간의 갈등은 1555년 '아우크스부르크 종교 화의' 채택으로 일단 봉합됐다(12장 아우크스부르크 참조). 그럼에도 황제와 가톨릭 측이 개신교도들을 계속 억압하자 1608년 팔츠 선제후 프리드리히 4세Friedrich는 개신교 제후들을 모아 황제와 가톨릭에 대항하는 '프로테스탄트 동맹'을 결성했다. 이에 맞서 가톨릭계도 1609년에 바이에른 공작 막시밀리안 1세Maximilian I의 주도로 '가톨릭 동맹'을 결성했다.

1618년 보헤미아 왕국 의원들이 개신교도 탄압을 항의하던 중 황제 신하 3명을 창문 밖으로 던진 '프라하 창문 투척 사건'은 30년 전쟁(1618~1648년)의 도화선이 되었다. 1619년 8월 보헤미아는 왕 페르디난트 2세Ferdinand II가 황제가 되자 후임 왕으로 개신교도 인 팔츠 선제후 프리드리히 5세Friedrich V(프리드리히 4세의 아들)를 선출하고 황제를 상대로 싸웠다. 그러나 프리드리히 5세는 1620년 11월 백산白山 전투에서 패해 네덜란드로 망명했다. 그의 외손자가 영국 하노버 왕조의 시조가 된 조지 1세George I다(22장 하노버 참조).

황제는 응징 차원에서 팔츠 궁중백의 선제후 지위를 박탈하고 대신 바이에른 공작을 선제후로 봉했다. 1622년에 하이델베르크는 황제군과 가톨릭군에 의해 점령되면서 많은 이들이 숨졌고 피해가 컸다. 1634년 스웨덴군이 황제군과 가톨릭군을 몰아낸 뒤에야 점령에서 벗어났다.

독일에서 가장 오래된 대학

하이델베르크는 교육사에서도 중요한 위치에 있다. 선제후 루프레히트 1세Ruprecht I(재위: 1356~1390년)가 1386년에 세운 하이델베르크 대학은 독일에서 가장 오래된 대학이다. 3만여 명의 대학생은 하이델베르크 인구의 20퍼센트 정도로 하이델베르크는 대학 도시로 손색이 없다.

오랜 역사답게 하이델베르크 대학은 저명한 과학자와 학자들을 많이 배출했다. 분센Robert Bunsen(화학자, 1811~1899년), 헬름홀츠Herman Helmholz(생리·물리학자, 1821~1894년), 키르히호프Gustav Kirchhoff(물리학자, 1824~1887년), 베버Max Weber(정치·사회학자, 1864~1920년), 통일을 이룩한 헬무트 콜 전 총리(1930~2017년) 등이 있다. 노벨상 수상자도 11명이나 배출했다. 대부분이 화학, 의학, 물리학 분야에서 수상했다.

630년이 넘는 역사를 가진 대학은 대학생들에게 무엇을 요구할까? 바로 "살아 있는 정신에게DEM LEBENDIGEN GEIST(뎀 레벤디겐 가이스트)"다. 이 문구는 대학 본관의 정문 중앙 그리스 지혜의 여신인 아테나상 아래에 있다. 진실, 정의, 인도주의의 살아 있는 정신에 헌신하라는 뜻이다. 문학사이자 하이델베르크 대학 독문학 교수였던 프리드리히 군돌프Friedrich Gundolf(1880~1931년) 교수의 말이다. 그는 바이마르 공화국에서 가장 명망이 있는 학자였다. 개교 700주년을 향해 가는 하이델베르크 대학은 '전통으로부터 미래로'라는 모토로 미래로 나아가고 있다.

독일에서 가장 오래된 하이델베르크 대학교 본관. 가운데에 "살아 있는 정신에게"를 뜻하는 "DEM LEWENDIGEN GEIST"(뎀 레벤디겐 가이스트)라는 문구가 있다. 그 위에 지혜의 여신 아 테나상이 있다

나치의 책 소각 행위

하이델베르크 대학 본관 앞 광장 바닥에는 조그만 동판 하나가 있다. 히틀러Adolf Hitler 나치 정권이 이 광장에서 수많은 책을 불 사른 만행을 알리는 동판이다. 히틀러는 1933년 1월 30일 수상이 되자 그가 생각했던 정책을 추진하기 시작했다.

나치는 3월 21일 나치 정책에 반대하는 정치인을 수용하기 위해 강제 수용소를 뮌헨 교외 다하우Dachau에 지었다. 이어 나치 이념에 맞지 않는 책을 '비독일적인 정신Undeutscher Geist'이라며 소각을 추진했다. 5월 10일 베를린 베벨 광장에서 나치의 사주를 받은 학생들이 민주주의자, 사회주의자, 유대인 학자, 예술가, 작가의 책 2만 5000여 권을 불살랐다. 반전 소설 『서부 전선 이상 없다』를 쓴 에리히 레마르크Erich Maria Remarque, 유대인 하이네와 마르크스의 책들도 불탔다. 책 소각 행위는 전국으로 번졌다.

하이델베르크 대학 본관 앞에 있는 동판은 책 소각 행위가 5월

하이델베르크 대학 본관 앞 광장의 동판. "1933년 5월 17일 이 광장에서 나치가 박해하고 추적했던 저자들의 책을 불살랐다"라는 내용과 그 위에는 "한번 인쇄된 것은 영원히 전 세계의 것이다. 누구도 이를 없앨 수 없다"라는 레싱의 말이 새겨져 있다

17일에 있었음을 알려주고 있다. 동판에는 "한번 인쇄된 것은 영원히 전 세계의 것이다. 누구도 이를 없앨 수 없다"라는 극작가 레싱G. E. Lessing의 글이 새겨져 있다.

나치의 강제 수용소 설치와 책 소각 행위는 시작에 불과했다. 음악, 미술, 조각 등 다른 분야에서도 '퇴폐적'이라는 구실로 예술 작품을 추방했다. 하이네는 1823년에 낸 비극 『알만소르Almansor』에서 "사람들이 책을 불태우는 곳에는 마지막에는 사람들도 태운다"라고 했다. 110여 년 후 나치의 만행을 예견이라도 한 듯하다.

철학자의 길과 유네스코 문학 도시

네카어강 건너편 해발 약 200미터의 야트막한 산 중턱에 '철학자의 길'로 알려진 산책길이 있다. 이름 때문에 많은 이들이 찾는 길이다. 산 중턱에 난 산책길이 왜 '철학자의 길'로 불릴까? 괴테, 헤겔Georg Wilhelm Friedrich Hegel, 야스퍼스Karl Jaspers 등 철학자와 문인들이 즐겨 산책했다고 해서 불리고 있다고 한다.

그런데 실은 철학자들이 아닌 하이델베르크 대학생들이 즐겨 걸었던 산책길에서 유래했다고 한다. 산책길은 평지가 아닌 산 중턱에 있어 철학자들이 자주 걷기가 쉽지 않은 길이다. 예전에 대학생들은 전공에 들어가기 전에 '철학'을 공부했다. 이로 인해 '대학

알테 브뤼케(옛 다리)에서 바라본 건너편 산 중턱의 '철학자의 길'. 다리 위 왼쪽 동상은 알테 브뤼케를 놓은 선제후 카를 테오도르Karl Theodor다

생'과 '철학'은 동의어였다. 대학생들이 이 길을 자주 걸으며 이야기도 나누고 하여 '철학자의 길'이 됐다고 한다.

철학자의 길 입구에는 문인 겸 시인인 요제프 폰 아이헨도르프Joseph von Eichendorff(1785~1857년)의 기념비가 있다. 1807년부터 1년 동안 하이델베르크 대학에서 공부한 그를 기리기 위해 세운 기념비다.

하이델베르크에는 대학 도시답게 서점, 고서점, 출판사와 도서관이 곳곳에 있다. 여러 문학 행사와 문학 축제도 1년 내내 열린다. 이런 점이 인정되어 하이델베르크는 2014년 12월에 '유네스코 문학 도시UNESCO City of Literature'가 됐다.

11

슈투트가르트

Stuttgart

뷔르템베르크 왕국의 수도에서
자동차 산업 도시로

주   바덴-뷔르템베르크주
인구   61만 68명(2023년 12월 기준)

Stuttgart

슈투트가르트는 로마 제국의 군사 기지였던 칸슈타트Cannstatt에서 출발했다. 뷔르템베르크 공국과 왕국의 수도였으며, 오늘날은 바덴-뷔르템베르크주의 수도다. 메르세데스 벤츠 자동차 본사가 있는 자동차 산업 도시다. 독일 내 인구 순위는 6위다.

로마의 군사 기지에서
뷔르템베르크 공국의 수도로

슈투트가르트는 하이델베르크에서 남쪽으로 약 110킬로미터 거리에 있다. 두 도시는 가까이 있음에도 서로 다른 제후가 다스렸

슈투트가르트 중앙역 맞은편의 포도밭. 이처럼 도심지에 포도밭이 조성되어 있어 분지의 답답함을 덜어 주고 있다

다. 신성 로마 제국의 특징을 잘 드러내는 점이다. 슈투트가르트는 낮은 산과 언덕으로 둘러싸인 전형적인 분지 도시다. 도시 주변의 산과 언덕에 조성된 포도밭이 분지 도시의 답답함을 덜어 주고 있다. 네카어강과 완만한 경사로 인해 포도를 재배하기에 이상적이다. 슈투트가르트 반경 20킬로미터 내에 400여 개가 있을 정도로 포도밭이 많이 있다.

로마 제국은 도로 건설을 매우 중요하게 여겼다. 도로는 영토 정복은 물론 군대 이동, 물자 수송, 문서와 우편물이 오가는 중요한 통

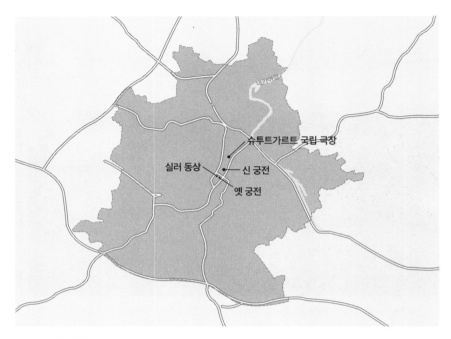

슈투트가르트 국립 극장

실러 동상 ── 신 궁전

옛 궁전

슈투트가르트 지도

신 수단이기 때문이다. 로마 제국 시기 독일 내 거의 모든 장거리 도로는 라인강변의 라인란트 지방(쾰른, 본, 마인츠 지역)에서 아우크스부르크와 도나우강변의 레겐스부르크와 연결되어 있었다. 로마 제국은 이 장거리 도로의 안전과 원활한 통행을 위해 90년경에 마인츠와 아우크스부르크의 중간 지점인 칸슈타트에 500명 규모의 기병대 기지를 설치했다(칸슈타트 기지).

칸슈타트에서 6킬로미터 떨어진 슈투트가르트는 수백 년이 지나서야 역사에 등장했다. 950년경 슈바벤 공작 리우돌프Liudolf가 슈투트가르트 근교에 설치한 말 사육장이 거주지로 발전했다. 그는 거주지를 방어하기 위해 해자로 둘러싸인 성(이 성은 13세기에 '옛 궁전'이 되었다)을 세웠다. 이 말 사육장이 오늘날의 슈투트가르트가 됐다. 슈투트가르트를 1200년경에는 바덴의 변경백이, 1251년에는 뷔르템베르크 백작이 다스렸으며, 1220년경에 도시로 승격됐다.

덥수룩한 수염에 칼을 높이 쳐든 에베르하르트 기마상. 옛 궁전 소재

뷔르템베르크 왕국의 수도가 되다

   14세기 초에 뷔르템베르크 백작은 거주지를 슈투트가르트로 옮겼다. 1495년에 백작 에베르하르트Eberhard(덥수룩한 수염으로 '수염 난 에베르하르트'로 불렸다)가 황제 막시밀리안 1세(재위: 1486~1519년)로부터 공작 칭호를 받으면서 뷔르템베르크 공국이 되었다. 슈투트가르트는 공국의 수도가 됐다.

   에베르하르트는 1477년 튀빙겐Tübingen(슈투트가르트 남쪽 40킬로미터 지점의 도시)에 대학교를 설립하여 교육에도 힘썼다. 그의 이름을 따 '에베르하르트 카를 튀빙겐 대학교'로 불린다. 에베르하르

400여 년 동안 뷔르템베르크 지배자의 거주지였던 '옛 궁전'에는 주립 박물관이 있다

트를 기린 기마상이 '옛 궁전Altes Schloß' 안에 있고, 그의 흉상은 레겐스부르크 발할라 명예의 전당에도 있다.

제5대 공작 루트비히Ludwig(재위: 1568~1598년) 이후 개신교 지역이 된 슈투트가르트는 30년 전쟁과 페스트(흑사병)로 인해 큰 피해를 입었다. 1만여 명이었던 인구는 전쟁이 끝나고 4500여 명으로 줄었다.

1718년에 제10대 공작 에베르하르트 루트비히Eberhard Ludwig 는 거주지를 루트비히스부르크Ludwigsburg(슈투트가르트 북쪽 12킬로미터 지점의 도시)성으로 옮겼다. 아버지를 따라 슈투트가르트로 돌아와 제12대 공작이 된 오이겐Carl Eugen(재위: 1737~1793년)은 관저인 옛 궁전이 마음이 들지 않았다. 오이겐의 지시로 1746년에 짓기 시작한 '신 궁전Neues Schloß'은 그가 죽은 뒤인 1807년에서야 완공됐다. 옛 궁전 옆에 세워진 신 궁전은 오늘날 주재무부와 경제 노동부가 들어있고, 지하에는 이 지역의 역사를 전시하는 주립 박물관이 있다.

오이겐 공작은 독일 문학사에 큰 발자취를 남긴 프리드리히 실러Friedrich Schiller(1759~1805년)와 인연이 있다. 네카어강변의 마르바흐Marbach에서 하급 군의관의 아들로 태어난 실러는 오이겐의 후원으로 의학을 공부했다. 의사의 길을 가던 실러는 갑자기 작가의 길로 돌아섰다. 실망한 오이겐 공작의 미움을 받은 실러는 만하임Mannheim 등으로 피해 다녔다. 실러는 말년에 바이마르에 정착

옛 궁전 앞 광장의 프리드리히 실러 동상

하며 괴테와도 교류했다. 실러는 『도적떼』, 『오를레앙의 처녀』, 『메시나 신부』 등의 작품을 남겼다. 옛 궁전과 국립 극장 앞 두 곳에 실러 동상이 있다(실러에 관해서는 28장 바이마르 참조).

1806년 1월 뷔르템베르크 공국이 나폴레옹에 의해 왕국이 되면서 슈투트가르트는 왕국의 수도가 되었다. '뷔르템베르크 왕국'은 1815년 빈 회의와 1871년 프로이센이 독일을 통일한 이후에도 존속했었다. 1918년 제1차 세계대전에서 독일 제국이 패한 후 11월 혁명으로 무너지면서 왕국도 사라졌다.

로마군의 기병대 기지였던 칸슈타트는 20세기에 슈투트가르트에 편입되었고, 1933년에 바트 칸슈타트가 됐다. 오늘날 슈투트가르트는 바덴-뷔르템베르크주(뷔르템베르크-바덴주에서 1952년 4월 25일 변경되었다)의 수도다.

오이겐 공작의 지시로 1807년에 세워진 신 궁전. 시민들이 성 앞 광장에서 열린 축제를 즐기고 있다. 가운데 30미터 높이의 기둥은 왕 빌헬름 1세의 즉위 25주년(1841년) 기념비다

오페라와 발레 공연이 열리는 슈투트가르트 국립 극장

자동차 산업의 메카

오늘날 독일은 세계 자동차 산업을 주도하는 나라다. 메르세데스-벤츠, 베엠베(BMW), 아우디, 폭스바겐, 포르쉐 등 세계 자동차 시장에서 높은 명성을 지닌 자동차들이 이를 말해 주고 있다. 독일 자동차 산업의 출발점이 바로 슈투트가르트다. 슈투트가르트는 어떻게 자동차 산업이 발달하게 됐을까?

1882년에 고트리프 다임러Gottlieb Daimler(1834~1900년)가 로마 제국의 군사 기지였던 칸슈타트에 설립한 모터 공장에서 1885년에 첫 자동차를 제작했다. 3킬로미터를 달린 마차 형태로 세계 최초의 자동차였다.

다임러와는 별도로 카를 벤츠Karl Benz(1844~1928년)도 만하임(하이델베르크 인근 도시)에서 자동차를 제작했다. 벤츠는 1886년에 세계 최초로 자동차 특허를 얻었다. 이 특허 서류는 2011년에 유네스코 세계 기록 유산이 됐다.

두 회사는 1926년에 통합하여 다임러-벤츠사가 됐다. 다임러-벤츠사는 1998년에 메르세데스-벤츠 그룹으로 다시 태어났다. 미래 자동차 산업을 이끌어가겠다는 의지다. 근로자 16만 6000명에, 매출액은 1532억 유로(2023년 기준)이다. 메르세데스-벤츠 공장은 슈투트가르트 동부에, 포르쉐 공장은 북부에 있다. 자동차는 벤츠가 아닌 '메르세데스'로 부른다. 자동차에 관심 있는 이들이 즐겨 찾는 메르세데스-벤츠 박물관도 있다.

슈투트가르트 인근 소도시 게를링엔Gerlingen에는 세계 제1위의 자동차 부품과 전기 제품 제조사인 로베르트 보쉬Robert Bosch의 본사도 있다. 근로자 42만 9400명(전 세계 기준), 매출액은 916억 유로(2023년 기준)다. 인구 2만여 명의 소도시에 연구원만 500명이 넘는 대기업 본사가 소재하고 있는 점이 독일이 강한 이유 중 하나다. 자동차 생산 회사와 부품 회사가 있는 슈투트가르트는 자동차 산업의 중심지다. 뮌헨(BMW), 볼프스부르크Wolfsburg(폭스바겐), 잉골슈타트Ingolstadt(아우디)도 자동차 생산지다.

메르세데스-벤츠가 1982년에 세계에서 최초로 에어백을 장착하는 등 독일 자동차 기업들은 그동안 가솔린과 디젤 자동차 산업을 주도해 왔다. 최근에는 중국의 저가 전기차에 밀려 어려움을 겪고 있다. 독일 자동차 회사들은 전기차와 수소차 등 친환경 자동차, 자율 주행 자동차, 커넥티드카(무선 랜이 있어 인터넷 접속이 가능한 차), 소프트웨어 중심 자동차(소프트웨어로 차량 안의 장치를 제어하고 주행 성능과 편의 기능을 업그레이드하는 자동차) 등 미래 자동차 산업에도 대비하고 있다.

4부

남부
바이에른주의
도시들

4부에서는 남부 바이에른주의 4개 도시를 돌아본다. 4개 도시는 로마 제국 초대 황제 아우구스투스의 도시 아우크스부르크, 바이에른주 수도인 뮌헨, 황제성이 있고 제2차 세계대전 후 전범 재판이 열렸던 뉘른베르크, 로마 제국의 도나우강변 군사 기지였던 레겐스부르크다.

12

아우크스부르크

Augsburg

황제 아우구스투스의 도시,
종교 화의의 도시

주   바이에른주
인구 30만 3150명(2023년 12월 기준)

Augsburg

아우크스부르크는 로마 제국 초대 황제 아우구스투스의 지시로 설치한 군사 기지이자 보급 기지로 출발했다. 1521년에 설립되어 세계에서 가장 오래된 사회 복지 시설인 '푸거 하우스'가 오늘날에도 운영되고 있다. 1555년에 군주에게만 종교의 자유를 준 '아우크스부르크 종교 화의'가 채택된 도시다. 독일 내 인구 순위는 23위다.

아우구스투스 황제의 도시

바이에른주에서 돌아볼 첫 번째 도시는 아우크스부르크다. 바이에른주 북부 뷔르츠부르크Würzburg에서 시작하여 로텐부르

아우크스부르크 지도

크Rothenburg를 거쳐 노이슈반슈타인 성이 있는 퓌센Füssen을 연결하는 '로맨틱 가도(낭만 가도)'의 중간 지점에 있는 도시다.

아우크스부르크는 기원전 15년에 로마 제국 초대 황제 아우구스투스의 지시로 두 양아들 티베리우스(14년에 제2대 황제로 즉위)와 드루수스가 설치한 군사 기지이자 보급 기지로 출발했다. 기지는 황제의 이름을 따 아우구스타 빈델리쿰Augusta Vindelicum이라고 불렸다. 트리어, 보름스와 함께 독일에서 오래된 도시로 꼽힌다.

이 보급 기지가 홍수로 사라지자 로마 제국은 69~70년에

아우크스부르크에서 발굴된 로마 제국 시대의 말 머리 동상. 이곳에 로마군이 주둔했음을 말해 주고 있다. 아우크스부르크 로마 박물관 소재

2000~3000명의 보병과 기병으로 구성된 군사 기지를 세웠다. 이 기지마저도 화재로 없어졌다. 이후 아우크스부르크의 군사적 기능은 사라지고 주로 민간인들이 거주했으며 95년경에 로마 제국의 속주 라이티아Raetien의 수도가 됐다. 450~500년경에 로마인들은 게르만족에 밀려 떠났다.

800년경 주교가 다스리기 시작한 아우크스부르크는 1156년에 도시 권한을 얻은 데 이어 1276년에 자치권도 얻었다. 세력이 강해진 상인들과 주교가 시 지배권을 두고 대립하다가 1316년에 '자유의 제국 시'가 되면서 아우크스부르크는 주교의 지배에서 벗어났다. 제국 의회도 자주 열렸다. 16세기에 인쇄업과 직조업이 발달하여 수공업자들의 영향력도 커지면서 수공업자 길드도 시 행정에 참여했다.

아우크스부르크는 로마 제국이 건설한 원거리 도로를 이용하여 북부 한자 동맹 도시는 물론 베네치아와도 교류하면서 상업 도시로 발전했다. 1500년경에 인구 4만 명이 된 아우크스부르크는 쾰른, 뉘른베르크와 함께 대도시였다. 이 당시 독일 내 4000여 도시 중에서 극히 일부만 2000명이 넘을 정도로 도시 인구가 많지 않았다. 시

아우크스부르크를 세운 황제
아우구스투스를 기리기 위해
세운 분수대

청 광장에는 황제 아우구스투스를 기리기 위해 16세기 말에 세운
'아우구스투스 분수대'가 있다.

세계에서 가장 오래된 사회 복지 시설 '푸게라이'

아우크스부르크가 상업 도시로 발전했던 15~16세기에 푸거
Fugger와 벨저Welser 두 거대 상인 가문이 있었다. 특히 푸거 가

문 출신인 야고프 푸거Jakob
Fugger(1459~1525년)의 활동
이 두드러졌다. 직조공이었던
푸거의 할아버지는 14세기
후반에 바이에른산 아마포를
이탈리아에 팔면서 부를 축적
했다. 손자 푸거는 14세에 베
네치아에서 상인 교육을 받으
며 자랐다. 상인, 광산업자, 은
행가로 성장한 그는 전 유럽
을 상대로 사업하며 많은 돈
을 모았다.

대大상인 푸거는 두 가지 큰일을 했다. 하나는 합스부르크 가
문이 신성 로마 제국 황제로 이어 갈 수 있도록 도움을 준 점이다.
1519년 1월 황제 막시밀리안 1세가 숨지자 후임 선출에 프랑스 국
왕 프랑수와 1세François I(재위: 1515~1547년)가 뛰어들었다. 그는
7명의 선제후 중에서 이미 트리어 대주교와 팔츠 궁중백의 지지를
얻은 상태였다

이에 긴장한 합스부르크 가문은 막시밀리안 1세의 손자로 19세
의 스페인 국왕 카를로스 1세Carlos를 내세웠다. 그리고 푸거에게
거액의 자금을 요청했다. 푸거는 이 요청에 응해 총 85만 1918굴

덴Gulden을 선제후 7명에게 썼다. 벨저 상인 가문과 3명의 이탈리아 은행가도 일부 부담했다. 카를로스 1세는 선제후 전원의 지지로 황제로 선출됐다. 그가 카를 5세Karl V로 제국의 황제이자 스페인 왕이었다. 그는 재위 기간 내내 여러 난관에 직면했다. 안으로 일부 제후와 자유시의 종교 개혁 주장을 저지해야 했다. 대외적으로는 동쪽으로 오스만 제국을, 서쪽으로는 프랑스를 상대해야 했다.

두 번째로 1521년 아우크스부르크에 사회 복지 재단을 설립하여 주거 시설인 '푸게라이Fuggerei'를 운영한 점이다. 푸게라이는 67채의 주택에 140개의 주거 시설, 교회와 행정 관리 사무실로 되어 있다. 임대 조건은 아우크스부르크 주민이고, 가톨릭 신자이어야 하며, 도움이 필요한 자 이렇게 세 가지다. 그리고 매일 하느님과 성모 마리아에 대한 기도와 신앙 고백 등 세 번의 기도를 해야 한다. 1년 임차료는 0.88유로로 설립 당시의 임차료 1라인굴덴(그 당시 상인이 일주일에 벌 수 있었던 액수다)을 그대로 받고 있다. 관리비는 임차인이 낸다. 오늘날 이 시설에 150여 명이 살고 있다.

푸게라이에 들어서면 '영원함Ewigkeit'의 간판이 보인다. 설립 500년을 넘어 앞으로도 영원히 지속하겠다는 의지의 표현이다. 500년 넘게 운영되고 있는 푸게라이는 돈을 번 부유층이 사회적 책임을 다하는 노블레스 오블리주의 모범적인 사례다.

오늘날 푸거 사회 복지 시설의 일부. 왼쪽에 다음 500년도 약속하는 'Next 500' 간판이 있다

군주에게만 종교의 자유를 준
'아우크스부르크 종교 화의'

개신교도를 '프로테스탄트Protestant'라고도 부른다. 왜 그럴까? 1517년 마르틴 루터가 종교 개혁을 주장한 후 루터를 지지한 제후와 자유시들은 종교의 자유를 얻기 위해 황제와 가톨릭을 상대로 투쟁했다. 1526년에 열린 제1차 슈파이어 제국 의회는 제후와 자유시들이 루터의 종교 개혁을 받아들이는 것을 허용했다.

그런데 1529년에 황제를 대신하여 동생인 페르디난트Ferdinand 오스트리아 대공이 참석한 제2차 슈파이어 제국 의회는 이를 번복하고 개신교를 금지하는 '보름스 칙령'을 의결했다. 이에 개신교 측 6명의 제후와 14개 자유시 대표들은 거세게 '항의하며protest' 제국 의회장을 뛰쳐나왔다. 이후 개신교도들을 '프로테스탄트'로 부르게 된 것이다.

1530년에 황제 카를 5세는 아우크스부르크 제국 의회에서 개신교 제후들에게 그들의 신앙을 정당화할 수 있는 신앙 고백을 제시하도록 지시했다. 개신교를 허용하고자 한 것이 아니라 이를 통해 이들을 가톨릭으로 흡수하고자 한 것이다. 황제의 지시에 비텐베르크 대학 교수이자 종교 개혁가인 멜란히톤Philipp Melanchton(1497~1560년)은 신학자들과 함께 루터의 신학을 집약하여 28개 항으로 정리했다. 루터는 피신 중이라 나설 수 없었다.

이 28개 항은 가톨릭계 제후와 자유시의 승인을 얻어 6월 25일 아우크스부르크 제국 의회에서 낭독됐다. 이 28개 항이 '아우크스부르크 신앙 고백Confessio Augustana'으로 루터교의 고백이자 창설 교본이다.

1530년 제국 의회에서 황제는 종교 문제에 있어 계속 거역하는 것은 제국의 평화를 위협하는 행위라고 공표했다. 이에 위협을 느낀 루터교를 지지하는 제후들과 자유시들은 1531년 '슈말칼덴 동맹'을 결성하며 군사 행동에 나섰다. 작센 선제후 요한Johann(재위: 1525~1532년)과 헤센 방백(공작에 준하는 작위) 필립Philipp이 주도했으며 프랑스 왕 앙리 2세Henri II의 지원을 받았다. 제국은 종교 개혁을 지지하는 부류와 반대하는 부류로 나뉘었다.

황제 카를 5세는 1547년 4월 엘베강 유역의 뮐베르크Mühlberg에서 슈말칼덴 동맹군을 무찌르고 지도자 선제후 요한 프리드리히 1세Johann Friedrich I(재위: 1532~1547년)와 필립을 생포했다. 슈말칼덴 동맹도 해체했다. 황제는 요한 프리드리히 1세의 선제후 지위를 폐위하고, 대신 작센 공작 모리츠Moritz를 선제후로 임명했다.

카를 5세는 승리의 여세를 몰아 루터교도들을 가톨릭으로 개종시키려고 했다. 그러자 1552년 루터교 제후들이 다시 반란을 일으켰다. 선제후 모리츠도 개신교로 개종하고 황제에 대항했다(제후 봉기). 궁지에 몰린 황제 카를 5세는 타협에 나섰다.

1555년 아우크스부르크에서 제국 의회가 열렸다. 황제는 동생

슈말칼덴 전쟁에서 승리한 후의 카를 5세. 1548년. 스페인 프라도
미술관 소장

페르디난트를 대신 참석시켰다. 이 의회에서 "지배자의 종교가 지
배 지역의 종교Cuius regio, eius religio"라는 '아우크스부르크 종교
화의Der Augsburger Religionsfriede'가 채택되었다. 이는 "군주가 믿
는 종교가 그 지역의 종교가 된다"라는 것으로 군주에게만 종교의
자유가 허용됐다. 1517년 루터가 종교 개혁을 주장한 지 38년 만에
진전이 있었으나 일반인들은 자신의 군주가 믿는 종교를 믿어야 하
는 불완전한 조치였다.

아우크스부르크 종교 화의에도 불구하고 개신교도에 대한 탄압

은 계속됐다. 60여 년 후 30년 전쟁(1618~1648년)이 일어났다(30년 전쟁에 관해서는 13장 뮌헨 참조).

황제 카를 5세는 1556년에 황제 지위는 동생 페르디난트 1세 Ferdinand I에게, 스페인 왕위는 아들 펠리페 2세Felipe II에게 물려주고 물러났다. 카를 5세는 스페인에서 2년을 지내다 여생을 마쳤다. 재위 내내 종교 개혁을 저지하는 데 힘을 쏟았으나 뜻을 이루지 못했다.

카를 5세에게는 사생아가 있었다. 그가 1571년 레판토 해전에서 스페인, 베네치아, 교황청 등으로 구성된 신성 동맹 연합 함대 사령관으로 오스만 제국 함대를 격파한 돈 후안 데 아우스트리아Don Juan de Austria(1547~1578년)다(돈 후안에 관해서는 15장 레겐스부르크 참조).

13

뮌헨

München

바이에른 정치와 문화의 중심 도시

주   바이에른주
인구 151만 378명(2023년 12월 기준)

München

뮌헨은 13세기 중반 이후 바이에른 공국에서부터 오늘날까지 바이에른 지방의 정치와 문화 중심지다. 히틀러가 정치적 기반을 마련한 곳이자 그에게 저항했던 곳이기도 하다. 세계 최대의 맥주 축제가 열리고 있다. 독일 내 인구 순위는 베를린과 함부르크에 이어 3위다.

'작은 수도원'의 도시

뮌헨은 아우크스부르크에서 남쪽으로 약 80킬로미터 지점에 있다. 뮌헨은 바이에른 정치와 문화의 중심지다. 뮌헨은 1158년

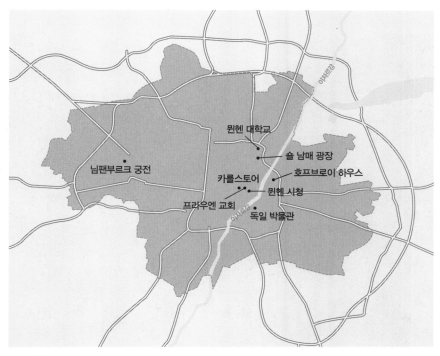

뮌헨 지도

황제 프리드리히 1세가 통행세 징수 분쟁을 조정한 문서에 무니헨Munichen('작은 수도원'이라는 의미다)로 처음 나타났다. 작센과 바이에른의 하인리히 사자 공작Heinrich der Löwe이 이자르강에 다리를 놓고 통행세를 징수하면서 이미 통행세를 받고 있던 프라이징Freising(뮌헨에서 동북쪽 40킬로미터에 있는 도시)의 주교 오토 1세Otto I와의 사이에서 발생한 분쟁이다. 이처럼 황제는 제후들 간에 분쟁도 중재했다. 이로 인해 오늘날 뮌헨시의 휘장에는 수도승

뮌헨 도심지로 들어가는 카를스토어(카를의 문). 1300년경에 세워졌으며 아치형 문 오른쪽에는
뮌헨의 상징인 수도승이, 왼쪽에는 바이에른주의 상징인 사자 문양이 있다

이, 바이에른주의 문장에는 사자가 들어 있다.

1180년에 프리드리히 1세가 하인리히 사자 공작을 해임하며
비텔스바흐 가문이 바이에른 공국을 지배하기 시작됐다. 1255년
에 바이에른 공국이 둘로 나누어지면서 뮌헨은 오베르바이에
른Oberbayern 공국의 수도가 됐다. 1314년에 공작 루트비히
4세Ludwig Ⅳ가 독일 왕에 이어 황제(재위: 1328~1347년)가 되면서
뮌헨은 33년 동안 왕국과 신성 로마 제국의 수도였다. 제국의 수도

는 황제가 머무는 곳이 수도였다.

1494년에 26년의 공사 끝에 프라우엔 교회(성모 교회)가 세워졌다. 뮌헨과 프라이징 대주교가 있는 대성당으로 뮌헨의 상징이다. 교황 베네딕토 16세Benedikt XVI(재위: 2005~2013년)가 1977년부터 5년 동안 대주교로 봉직했던 성당이다. 둘로 나누어졌던 바이에른 공국이 1505년에 하나로 합치면서 뮌헨은 수도가 됐다.

독일을 황폐화시키고 분열시킨 30년 전쟁

1555년 아우크스부르크 종교 화의 이후에도 황제와 가톨릭계는 개신교를 계속 탄압했다. 이 탄압은 독일은 물론 유럽의 정치 지형을 크게 바꾸어 놓은 '30년 전쟁'으로 이어졌다. 30년 전쟁은 왜 일어났으며 어떻게 진행되었을까? 30년 전쟁은 독일 전역에서 일어났으나 가톨릭 세력의 중심지였던 뮌헨에서 다룬다.

황제와 가톨릭계가 개신교도들을 계속 탄압하자 영주나 제후들은 황제의 간섭에서 벗어나고자 했다. 1608년 개신교 제후와 자유시들은 팔츠 선제후 프리드리히 4세를 맹주로 한 동맹을 결성했다. 1531년에 결성한 슈말칼덴 동맹에 이은 두 번째 동맹이었다. 가톨릭 측도 1609년에 바이에른 공작 막시밀리안 1세를 중심으로 동맹을 결성했다. 개신교와 가톨릭의 충돌이 불가피했다. 충돌은 개신교

보헤미아의 개신교 의원들이 개신교 탄압에 항의하던 중 황제 대리인 3명을 창밖으로 던지고 있다. 이 '프라하 창문 투척 사건'은 30년 전쟁의 직접적인 도화선이 됐다. 1618년 5월 23일

지역인 보헤미아 왕국(오늘날 체코 지역)에서 일어났다.

1617년에 보헤미아의 왕이 된 페르디난트 2세는 개신교 교회가 세워진 왕의 땅을 가톨릭 성당에 기증하는 등 개신교를 탄압하며 가톨릭을 강요했다. 1618년 5월 23일 보헤미아 의원들이 왕궁에 들어가 개신교 탄압에 항의하던 중 황제 대리인 3명을 창밖으로 던졌다. 이를 '프라하 창문 투척 사건'이라 한다. 이 사건은 독일과 유럽 역사에서 가장 처참했던 30년 전쟁(1618년 5월 23일~1648년 10월 24일)의 직접적인 발단이 됐다. 보헤미아 개신교도들이 황제와 왕 페르디난트 2세를 비난하며 전쟁이 시작됐다.

30년 전쟁은 4기로 나눌 수 있다. 제1기(1618~1623년)는 보헤미아 왕국이 주도한 전쟁이다. 1619년 8월에 왕 페르디난트 2세가 황제로 즉위하자 보헤미아 왕국은 개신교 동맹의 맹주인 팔츠 선제후 프리드리히 5세를 후임 왕으로 선출하며 전투에 나섰다. 그러나 그는 1620년 11월 백산 전투에서 황제군에게 패해 네덜란드로 망명했다.

제2기(1625~1629년)는 덴마크 왕 크리스티안 4세Christian IV가 개신교 측을 지원하기 위해 1625년에 참전하며 시작됐다. 그도 1626년 전투에서 황제군과 가톨릭군에게 대패한 후 1629년에 뤼베크 조약을 체결하며 물러났다.

1634년 9월 뇌르틀링겐Nördlingen 전투에서 포로가 된 스웨덴 호른Horn 장군을 위로하는 오스트리아 대공 겸 헝가리 왕 페르디난트Ferdinand(가운데 왼쪽 모자를 쓴 이)

제3기(1630~1635년)는 1630년에 스웨덴 국왕 구스타프 2세 아돌프Gustav G. Adolf가 참전하며 계속됐다. 그는 개신교 제후를 지원하여 발트해 연안에 대한 주도권을 잡고자 했다. 프랑스도 그를 지원하면서 전쟁은 유럽의 주도권을 잡기 위한 국제전으로 확대됐다. '북방의 사자 왕'으로 불리던 구스타프는 1631년 9월 라이프치히 근교 브라이텐펠트 전투 승리에 이어서 1632년 5월에는 가톨릭 중심 세력인 뮌헨마저 점령했다. 그러나 그는 그해 11월 뤼첸Lützen 전투에서 전사했다. 1634년 9월 황제군과 바이에른군은 아우크스부르크 인근 뇌르틀링겐 전투에서 스웨덴군을 무찌르고 뮌헨과 바이에른을 탈환했다.

제4기(1635~1648년)는 1635년에 프랑스와 스페인이 참전하며 계속됐다. 프랑스는 개신교 측을, 스페인은 황제와 가톨릭 측을 지원했다. 가톨릭 국가인 프랑스는 왜 황제가 아닌 개신교 측을 지원했을까? 그 이유는 가톨릭 중심 세력인 오스트리아가 전쟁에서 승리하여 유럽의 강자가 되는 것을 막기 위해서였다.

30년 전쟁은 1648년 10월 24일 뮌스터 시청에서 '베스트팔렌 조약'이 체결되고, 다음 날 10월 25일 오스나뷔르크Osnabrück 시청에서 공표되며 끝났다(베스트팔렌 조약 협상 과정과 내용은 21장 뮌스터 참조).

30년이란 기나긴 전쟁으로 인명 피해가 컸다. 영토 대부분은 전쟁터가 되면서 황폐화됐다. 여기에 페스트가 만연했고 약탈과 살인이 전쟁 내내 일어났다. 굶어 죽는 이도 많았다. 제국의 인구는 약 1700만 명에서 약 700~800만 명이 숨져 900~1000만 명이 됐다. 특히 브란덴부르크, 바이에른 지방과 마그데부르크, 하이델베르크, 라이프치히의 피해가 컸다. 개신교의 중심지인 팔츠 선제후국은 인구의 90퍼센트가, 아우크스부르크는 65퍼센트가 줄었다. 뮌헨도 전쟁 전 2만 2000명이었던 인구가 9000명으로 크게 줄었다.

바이에른 왕국과 루트비히 1세

신성 로마 제국 멸망을 앞둔 1806년 1월 1일에 바이에른 선제후국은 왕국이 됐다. 1800년 6월에 뮌헨을 점령한 나폴레옹의 강요로 만들어진 왕국이다. 바이에른 왕국에서 가장 두드러진 왕은 제2대 루트비히 1세(재위: 1825~1848년)다. 문화와 예술에 관심이 많았던 그는 뮌헨에 오페라 하우스를 짓고 고전 미술관 알테 피나코테크도 세웠다. 그의 재임 시 뮌헨은 문화와 예술 도시로 성장했다.

1825년에 왕위에 오른 루트비히 1세는 왕자 때 계획한 독일인 명예의 전당인 '발할라 기념관'을 1842년에 레겐스부르크 인근에 세웠다. 신성 로마 제국이 멸망하며 추락한 독일인의 기상을 되찾고자 한 기념관이다(15장 레겐스부르크 참조). 그의 지시로 착공한 '개선문'이 1850년 뮌헨에 세워졌다. 그는 딱 여기까지였다. 가깝게 지

내던 아일랜드 무용가이자 배우인 롤라 몬테즈Lola Montès가 국정에 개입하며 루트비히 1세에 대한 비난이 거세졌다. 그는 1848년에 왕위에서 물러났다.

이처럼 바이에른 왕국은 국력 증강에 소홀했다. 1871년 프로이센 왕국이 통일을 이룩한 독일 제국에서도 유지되었던 바이에른 왕국은 제1차 세계대전 패전 후 혁명의 물결 속에서 1918년 해체됐다.

맥주의 나라와 옥토버페스트

독일은 맥주의 나라다. 왜 맥주의 나라일까? 두 가지 점에서 그렇다. 첫째, 맥주를 '맥주 순수령'에 따라 제조하고 있다. 1487년 바이에른 공작 알브레히트 4세Abrecht가 제정한 "맥주 제조에 오직 홉, 보리, 물만 사용해야 한다"라는 규정이다. 1516년 4월 23일 공작 빌헬름 4세Wilhelm IV는 맥주 순수령을 지킬 것을 공표했다. 이 순수령은 밀이나 호밀로 맥주를 제조하지 못하게 하려는 의도도 있었으나 이로써 질 좋은 맥주를 제조할 수 있게 됐다. 독일은 맥주 순수령이 공포된 4월 23일을 '맥주의 날'로 기념하고 있다.

둘째, 세계 최대의 맥주 축제인 '옥토버페스트Oktoberfest'가 열리고 있다. '10월 축제'라는 뜻의 옥토버페스트는 1810년 10월 바이에른 왕자 루트비히Ludwig의 결혼을 축하하는 승마 대회에서 유래했다. 5일 동안 계속된 축제에서 참가자들에게 음식과 맥주가 무료로 제공되었다. 이후 해마다 옥토버페스트라는 이름으로 축제가 열리고 있다.

쾰른과 뒤셀도르프는 맥주도 경쟁한다. 밝은 색의 쾰쉬비어와 검은 뒤셀도르프의 알트비어

1950년 이래 옥토버페스트 개막 행사에서 뮌헨 시장이 대형 맥주 통을 여는 전통이 이어지고 있으며 해마다 9월 중순~10월 초까지 2주 동안 열린다. 바이에른의 자랑인 옥토버페스트는 세계에서 가장 인기 있는 맥주 축제다.

독일에는 1507개의 맥주 양조장(2022년 기준)이 있다. 독일인들이 즐겨 마시는 맥주는 필스와 밀 맥주인 바이첸비어다. 쾰쉬비어(쾰른), 알트비어(뒤셀도르프), 바이스비어(뮌헨), 라우흐비어(밤베르크Bamberg) 등의 지역 특산 맥주도 있다. 맥주 소비가 조금씩 줄어들고 있으나 알코올이 없는 맥주 소비는 2014년 2억 4000만 리터에서 2023년에 4억 300만 리터로 증가할 정도로 독일에서 알코올 없는 맥주 소비가 늘어나고 있는 것이 최근의 추세다.

화가 지망생에서 권력의 정점에 오른 히틀러

독일은 어두운 역사도 갖고 있다. 나치가 유대인을 학살하고 외국인을 강제 노동에 동원하였으며 세계대전도 일으킨 역사다. 그 중심에 아돌프 히틀러(1889~1945년)가 있었다. 그가 정치적 야망을 키운 곳이 바로 뮌헨이다. 히틀러는 1889년 4월 20일 오스트리아 브라우나우에서 세무 공무원의 아들로 태어났다. 그림에 소질이 있던 그는 빈 미술 학교에 지원했으나 실패하자 24세 때인 1913년에

뮌헨으로 왔다. 제1차 세계대전이 일어나자 바이에른군에 자원 입
대하여 연락병으로 복무 후 전역했다.

1919년 9월 히틀러는 뮌헨에서 극우 정당인 독일 노동자당에
가입했다. 연설 능력이 뛰어나 선전 책임자였던 그는 1920년 2월
뮌헨에서 열린 당 대회에서 당명을 '국가 사회주의 독일 노동자당
(NSDAP, 나치당)'으로 바꾸었다. 히틀러는 1921년 1월에 당 대표
가 되며 패전 후 정치, 경제적으로 혼란을 겪는 상황에서 정치적 야
망을 키워 나갔다. 그는 1922년에 6000명이었던 당원을 1년 만에
5만 5000명으로 늘렸다.

1919년 바이마르 공화국이 출범했으나 베르사유 조약에 규정된
1320억 마르크란 막대한 배상금 지불과 전시에 발행한 채권 상환
때문에 독일은 초인플레이션을 겪었다. 히틀러는 이러한 고통이 가
혹한 베르사유 조약과 유대인 때문이라고 선동했다.

1923년 11월 9일 히틀러는 뮌헨에서 쿠데타를 일으켜 베를
린까지 들어가려다가 실패했다. 5년 징역형을 선고받았으나 9개
월만 복역 후 1924년 12월에 석방됐다. 면회객을 비교적 자유롭
게 만나고『나의 투쟁』원고도 집필할 정도로 수감 생활은 느슨했
다.『나의 투쟁』은 1925년과 1926년에 출간되어 베스트셀러가 됐
다. 어린 시절 겪은 고난과 유대인을 몰아내어 게르만족의 '생존 영
역Lebensraum'을 넓혀 전체주의 대제국을 세우겠다는 내용이다(히
틀러에 관해서 30장 베를린에서 다시 다룬다).

히틀러의 만행에 저항한 숄 남매

뮌헨은 히틀러가 권력의 발판을 마련한 곳이지만 나치 독재 정권에 저항했던 곳이기도 하다. 뮌헨 대학교 앞에 '숄 남매 광장'이 있다. 나치에 저항했던 뮌헨 대학생 한스 숄Hans Scholl과 여동생 조피 숄Sophie Scholl의 정신을 기리기 위한 광장이다.

뮌헨 의대생인 한스는 1940년 방학 중에 위생 하사관으로 차출된 프랑스 전선에서 전쟁의 참상을 목격하면서 나치에 반감을 가졌다. 숄 남매는 특히 나치 정권이 유럽인의 유전자를 보호한다는 미명 아래 추진하는 안락사 정책을 비난하는 주교의 강론을 듣고 나치에 저항하게 됐다. 이러한 나치의 만행을 알리기 위해 한스는 1942년에 지도 교수 쿠르트 후버Kurt Huber, 학생 프롭스트Christoph Probst, 슈모렐Alexander Schmorell과 함께 '백장미단Weiße Rose'을 결성했다. 대학 등에 전단을 뿌리며 나치 독재와 만행을 알렸다.

1943년 2월 18일 여섯 번째로 뮌헨 대학교에서 전단을 살포하던 숄 남매는 학교 관리인에 붙잡혀 바로 비밀 경찰인 게슈타포에게 넘겨졌다. 나치는 체포한 지 4일 만에 약식 재판을 통해 숄 남매와 프롭스트를 처형했다. 한스는 25세, 동생 조피는 22세였다. 처형 직전에 한스는 "자유여 영원하라!", 조피는 "태양은 아직도 빛난다!"라는 말을 남겼다. 나머지 백장미단원들은 두 번째 공판에서 처형됐다.

독일인 명예의 전당인 발할라 기념관에 세워진 동생 조피 숄의 흉상

2003년에 나치 독재에 항거한 숄 남매의 활동을 기리기 위해 조
피의 흉상을 독일인 명예의 전당인 발할라 기념관에 세웠다. 흉상
아래에는 "제3제국의 불의, 폭력과 테러에 용감하게 저항했던 모든
이들을 추모하며"라는 문구가 있다.

독일 제1 축구팀의 도시

　독일은 스포츠가 강한 나라다. 올림픽도 1936년(베를린)과 1972년(뮌헨) 두 차례나 유치했다. 독일인들이 가장 좋아하는 스포츠는 단연 축구다. 거의 모든 도시가 프로 축구 클럽을 운영하고 있을 정도다. 독일의 대표적인 축구 리그는 1963년 8월에 출범한 분데스리

바이에른 뮌헨의 2018~2019년 시즌 독일 축구 협회 포칼 우승을 축하하는 행사에 모여든 축구팬들. 뮌헨 시청 앞 광장

가다. 분데스리가 1부는 18개 팀이 팀당 34경기를 하며 강등과 승격제로 경기에 박진감과 긴장감을 주고 있다.

분데스리가 1부 중 최고의 명문 팀은 뮌헨이 연고인 바이에른 뮌헨이다. 1900년 창단되어 역사가 120년이 넘었으며 회원도 30만 명이 넘는다. 역대 우승 실적이 바이에른 뮌헨의 면모를 말해 준다. 분데스리가 우승 32회, 독일 축구 협회(DFB) 포칼 우승 20회, 유럽 축구 협회(UEFA) 챔피언스 리그 우승 6회다(2023~2024년 시즌 기준). 주요 대회에서 우승하면 우승 팀 도시의 시청 앞 광장에서 대대적인 축하 행사를 한다.

바이에른 뮌헨의 역대 최고 선수는 '축구 황제'로 불리는 베켄바우어Franz Anton Beckenbauer(1945~2024년)다. 그가 속한 바이에른 뮌헨은 여러 차례 유러피언컵을 우승했다. 그는 독일 국가 대표 팀 주장으로 1974년 FIFA 월드컵 우승을 이끌었다. 개인적으로 발롱도르상도 받았다. 그는 독일 축구 국가 대표 팀 감독으로 1990년 FIFA 월드컵 우승도 이루었다. 베켄바우어는 '축구 황제'로 불리기에 손색이 없는 선수였다.

14

뉘른베르크

Nürnberg

나치 전범 재판이 열린
황제의 도시

주   바이에주
인구   52만 6091명(2023년 12월 기준)

Nürnberg

뉘른베르크는 신성 로마 제국의 황제들이 자주 들렀던 황제의 도시다. 황제가 머물렀던 뉘른베르크 성은 뉘른베르크의 상징이다. 르네상스 시기 독일 최고의 화가 알브레히트 뒤러가 태어난 도시기도 하다. 나치 전쟁 범죄자들에 대한 재판이 열리기도 했다. 독일 내 인구 순위는 14위다.

황제의 도시

뉘른베르크는 뮌헨에서 북쪽으로 약 170킬로미터 거리에 있다. '황제의 도시', 화가 '뒤러의 도시'로 불리는 뉘른베르크는 오랜 역

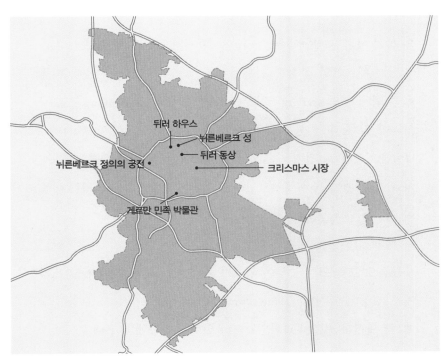

뉘른베르크 지도

사의 크리스마스 시장과 제2차 세계대전 후 나치 전범 재판이 열렸던 곳으로도 잘 알려져 있다.

　뉘른베르크는 1050년에 지게나Sigena 농노 해방 문서에 '누오렌베르크Nuorenberc'로 처음 나타났다. 1219년에 '자유의 제국 시'가 되면서 조세권과 무역권을 얻었다. 신성 로마 제국의 황제는 봉신封臣을 만나고, 분쟁을 조정하며(재판), 제국 의회에 참석하느라 이곳저곳에 머물렀다. 뉘른베르크는 1050년부터 1571년까지 32명의 독일 왕과 황제들이 자주 머물러 '황제의 도시'로 불린다.

뉘른베르크의 상징은 뉘른베르크 성으로 황제와 왕들이 머물렀던 황제 성Kaiserburg과 부르크그라펜 성Burggrafenburg으로 구성되어 있다. 황제 성은 독일 왕 콘라트 3세Konrad III(재위: 1138~1152년)가 1000년경에 세워진 성을 허물고 1139년에 새로 세운 성이다. 1192년에 세운 부르크그라펜 성에는 황제성을 관리하는 이들이 거주했다.

황제 성은 뉘른베르크에서 가장 높은 곳에 있었고 성안에 있는 우물로 물 자급도 가능하여 황제가 오래 머무를 수 있었다. 13세기에는 전망대인 진벨 탑Sinwellturm도 세워 방어 기능을 보강했다. 제2차 세계대전 중에 파괴되었으나 원형에 가깝게 복구됐다.

1356년 황제 카를 4세가 공표한 '금인칙서'로 뉘른베르크는 더 중요해졌다. 후임 황제들에게 즉위 후 첫 제국 의회를 뉘른베르크에서 열도록 했기 때문이다. 황제를 선출하는 7명의 선제후도 명시한 금인칙서는 신성 로마 제국의 가장 중요한 헌법이었다(금인칙서 내용은 9장 프랑크푸르트 참조).

뉘른베르크는 남북 무역 도로와 동서 무역 도로가 교차하는 지점에 있었다. 이런 유리한 지리적인 여건으로 인해 베네치아와 안트베르펜 등 도시들과도 교류하며 일찍부터 중요한 원거리 무역도시로 발전했다. 뉘른베르크는 15세기에 이미 부유한 도시였으며, 1500년경에는 쾰른, 아우크스부르크와 함께 인구 4만 명의 대도시

뉘른베르크의 상징인 뉘른베르크 성. 오른쪽의 원형 탑은 전망대인 진펠 탑이다

로 성장했다. 당시 독일 내 4000여 개의 도시 중에서 인구 2000명
이 넘는 도시는 소수에 불과했다. 뉘른베르크가 얼마나 큰 도시였
는가를 짐작할 수 있다.

　뉘른베르크는 황제 지기스문트Sigismund의 배려로 1424년부터
황제의 표장(황제의 관, 휘장, 검 등 황제의 상징물을 말한다)을 보관했다.
황제는 황제의 표장을 대관식이나 축제 때만 착용했다. 황제의 표
장은 해마다 한 번씩 일반에 공개됐다. 황제 관은 나폴레옹 침략 때
빼앗기지 않기 위해 황제가 있는 빈으로 옮겼다. 이후 오스트리아
가 돌려주지 않자 뉘른베르크 시민들은 1986년에 복제품을 제조하
여 전시하고 있다.

독일 르네상스 최고의 화가 뒤러

뒤러의 대표적인 자화상인 〈모피 코트를 입은 자화상〉. 뮌헨 알테 피나코테크 소장

무역 도시 뉘른베르크는 1470~1530년의 60년 동안 경제적으로 또 예술적으로 황금기를 누렸다. 하우프트마르크트 광장에 있는 '아름다운 분수대'와 1510년 헨라인Peter Henrein이 세계 최초로 발명한 회중시계를 보면 뉘른베르크에 금세공 기술이 발달했음을 알 수 있다. 바그너(1813~1883년)의 오페라 〈뉘른베르크의 명가수들〉도 뉘른베르크에 금세공 기술과 도제 제도가 발달했음을 말해 주고 있다.

뉘른베르크가 자랑하는 인물은 단연 독일 르네상스 시기 최고의 화가인 알브레히트 뒤러(1471~1528년)다. 금 세공사였던 아버지가 아들 알브레히트 뒤러에게 금세공 기술을 가르치다가 아들이 그림에 재능이 있는 것을 알고 본격적으로 그림 수업을 받게 했다.

화가로 성장한 뒤러는 판매를 목적으로 주로 동판화와 목판화를 제작하여 명성을 얻으며 큰돈을 벌었다. 〈요한 계시록〉 등 종교 작품도 그렸다. 뒤러는 자신의 그림에 이름 약자인 A와 D를 넣었다

(D를 A의 삼각 안에 넣었다). 이는 독일 최초의 로고다. 뒤러는 뉘른베르크가 경제적으로나 예술적으로 최고의 황금기였던 시기에 활동했다. 그의 작품에 대한 수요가 많았던 이유이기도 하다.

뒤러는 1526년에 그림 〈네 명의 사도〉를 영구 보존한다는 조건으로 뉘른베르크시에 기증했다. 이 그림을 탐냈던 바이에른 선제후 막시밀리안 1세가 1627년에 뮌헨으로 가져갔다. 오늘날 걸작으로 평가받는 그림이다. 다른 작품들도 넘어갔다.

뒤러가 살았던 집은 박물관 '뒤러 하우스'로 개조되었다. 뒤러 하우스에 전시된 모든 작품은 진품이 아닌 모사품이다. 원본은 뮌헨의 알테 피나코테크 미술관 등 다른 미술관에 있다. 뒤러의 도시임에도 진품이 없었던 뉘른베르크시가 1929년에 여러 미술관으로부터 뒤러 작품을 대여받아 특별 전시회를 열며 모사품을 제작한 것이다. 뒤러 하우스에서 가까운 곳에 그의 동상도 있다.

뒤러의 주요 작품으로는 〈요한 계시록〉을 비롯하여

뒤러 동상

〈막시밀리안 1세의 개선문〉, 〈아담과 이브〉, 〈네 명의 사도〉, 〈자화 상〉, 〈예술가의 어머니〉, 〈철갑 코뿔소〉, 〈멜랑콜리아 1〉, 〈기사, 죽음 그리고 악마〉 등이 있다. 뮌헨 알테 피나코테크에 전시된 〈모피 코트를 입은 자화상〉이 잘 알려져 있다.

도시의 쇠퇴와 제국 의회의 이전

뉘른베르크는 1524년에 '자유의 제국 시' 중에서 최초로 루터교 를 받아들였다. 유럽의 주요 도시들과 교류하며 경제적으로도 부유 하였고 개방적이었기 때문이다. 그러나 30년 전쟁 중에 여러 차례 전쟁터가 되고 군대가 주둔하면서 황폐화되었다. 부채도 많이 늘어 났으며 인구도 3분의 2나 줄었다. 또 해상 무역이 발달하고 육로 무 역이 퇴조하면서 경제적으로도 어려워졌다. 이러한 상황에서 뉘른 베르크에서 열리던 제국 의회는 1663년에 도나우강변의 레겐스부 르크로 이전했다(15장 레겐스부르크 참조).

1835년에 독일에서 최초로 뉘른베르크에서 퓌르트Fürth까지 증기 기관차가 운행했다. 증기 기관차는 이어 라이프치히-드레스 덴 구간과 베를린-포츠담Potsdam 구간을 운행하면서 독일의 산업 화에 기여했다. 제2차 세계대전 중에 뉘른베르크는 폭격으로 주택 13만 4000채 중에서 90퍼센트가 파괴되어 1만 4500채만 남을 정도로 초토화됐다.

뉘른베르크에는 독일어권의 역사와 문화에 관한 최대 규모의 '게르만 민족 박물관'이 있다. 1857년에 개관한 이 게르만 민족 박물관은 선사와 초기 역사 자료, 중세, 르네상스, 바로크, 계몽주의 시대와 회화, 조각 작품, 장식품 등 약 130만 점을 보유하고 있다. 이 중에서 2만여 점을 전시하고 있다.

뉘른베르크 전범 재판

제2차 세계대전이 끝난 후 전쟁 범죄자에 대한 국제 재판이 1945년 11월부터 1949년 4월까지 3년 6개월 동안 뉘른베르크에서 열렸다. 중요한 전범 재판이 왜 수도 베를린이 아닌 뉘른베르크에서 열렸을까?

우선 베를린에는 거의 모든 건물이 파괴되어 장기간 재판을 할 만한 건물이 없었다. 그리고 뉘른베르크가 나치의 주요 활동 거점이었기 때문이다. 1935년에 독일인과 유대인 간의 혼인과 성 관계를 금지하며, 유대인의 국적을 박탈하고, 활동을 엄격히 제한하는 반反유대주의의 '뉘른베르크 법'이 제정된 곳이었다. 그리고 1927년부터 1938년까지 해마다 뉘른베르크에서 나치당 대회가 열린 점도 고려됐다.

그러면 히틀러는 당 대회를 왜 뉘른베르크에서 열었을까? 신성로마 제국의 황제들이 자주 머물렀고 제국 의회도 열렸던 뉘른베르크에서 당 대회를 열어 나치의 정당성을 얻고자 했기 때문이다. 또 국토의 중심부에 있어 당원들이 모이기 편리했고, 도로가 잘 정비되어 있어 행진하기가 좋았으며, 나치당 골수 당원이 주지사였던 이유도 있었다.

전범 재판은 '정의의 궁전' 600호실에서 열렸다. 나치의 핵심 인사 3명(히틀러, 히믈러Heinrich Himmler, 괴벨스Joseph Goebbels)이 자살하여 24명에 대해 진행됐다. 히틀러는 에바와 결혼 후 4월 30일에 자살했고, 나치 친위대장 히믈러와 선전 장관 괴벨스도 자살했다. 24명은 공군 총사령관이자 제국 원수였던 게링Hermann Göring, 나치 부총통 헤스Rudolf Heß, 외무 장관 폰 리벤트로프Joachim von Ribbentrop, 히틀러가 죽은 후 정부 수반이었던 되니츠Karl Dönitz, 독일군 총사령관 카이텔Wilhelm Keitel 등이었다. 이들에 대한 죄는 평화에 대한 죄, 전쟁 범죄, 그리고 인권 위반죄의 세 가지로 분류했다.

24명 중에서 두 명이 사망하여(한 명은 공판 전에 자살했고 한 명은 병사함) 22명에 대한 판결문을 읽는데 1946년 9월 30일부터 10월 1일까지 이틀이 걸렸다. 괴링 등 12명에게는 사형이, 7명에게는 10년 형부터 종신형이, 3명에게는 무죄가 선고됐다. 이어서 제2차 국제 군사 재판이 1946년 12월 9일부터 1949년 4월까지 열렸다.

뉘른베르크 법정에 선 전쟁 범죄자들. 앞쪽 왼쪽에서부터 게링, 헤스, 리벤트로프, 카이텔

관료, 법률가, 의사 등 총 185명이 재판을 받았다. 25명은 사형을, 20명은 무기 징역을 선고받았다.

이 외에도 서방 연합국은 '포츠담 협정'에 규정된 독일의 '비非 나치화' 조치로 독일인 600만 명을 조사했다. 이들 중 극히 일부에 게만 '중죄', '유죄', '책임 있는' 등 세 가지로 구분하여 처벌했다. 소 련과의 갈등과 긴장이 고조되자 연합국은 '비나치화' 조치를 서둘러 마무리했다. 소련 점령 지역에서는 나치 동조자로 수십만 명이 직장 에서 해고됐고, 이들 중 약 12만 7000명이 특수 수용소에 감금됐다.

'인권 도시'이기도 한 뉘른베르크는 '국제 인권상'을 제정하여

전범 재판이 열렸던 600호 법정을 그대로 보존하고 있는 정의의 궁전

인권 증진에 기여한 인사나 단체에 시상하여 오고 있다. 이를 통해
지난날 나치의 인권 유린에 대한 경각심을 일깨우고 있다.

뉘른베르크의 크리스마스 시장과 소시지

뉘른베르크는 크리스마스 시장과 소시지로도 잘 알려진 도시다.
뉘른베르크 크리스마스 시장은 1628년에 처음 문서에 나타났으나 그보다 이른 16세기 마르틴 루터 때부터 열렸다고 한다. 크리스마스 시장은 크리스마스 4주 전 강림절부터 성탄절까지 한시적으로 열린다. 크리스마스 시장은 춥고 낮이 짧은 겨울의 단조로움을 덜어 주고 있다. 생과자, 글뤼바인(뜨겁게 데운 포도주), 소시지가 인기 있는 먹거리다.

독일은 소시지의 나라라고 할 정도로 도시마다 특색 있는 소시지를 생산한다. 프랑크푸르트 소시지, 뮌헨의 바이스부르스트(흰 소시지), 뉘른베르크 소시지 등 그 종류가 무려 1100~1200개나 된다.

뉘른베르크 소시지('뉘른베르거Nürnberger'라고도 한다)는 성인 남자의 손가락 굵기에 길이도 짧다. 왜 크기가 작을까? 뉘른베르거를 제

굵기나 길이가 일반 소시지보다 가늘고 짧은 뉘른베르크 소시지

조할 때는 식물 마요라나와 꿀을 가미한 최상품의 돼지고기를 양 내장에 넣는다. 여기에 계피 가루와 향신료가 들어가는데 동양에서 들여오는 향신료가 비싸 크게 만들 수 없기 때문이었다. 이 제조법은 15세기 이래 600여 년을 내려오고 있다.

뉘른베르거는 유럽 연합으로부터 법적으로 보호도 받고 있다. 즉, 정해진 제조법에 따라 뉘른베르크에서 생산된 제품만 '뉘른베르크 소시지'라고 를 쓸 수 있도록 했다. 뉘른베르크 소시지는 인기 있는 소시지다.

15

레겐스부르크

Regensburg

로마 제국의 도나우강변 국경 도시

주   바이에른주
인구   15만 9465명(2023년 12월 기준)

Regensburg

레겐스부르크는 로마 제국이 도나우강변에 설치한 군사 기지로 출발했다. 도나우강의 슈타이네르네 다리와 성 베드로 대성당은 레겐스부르크의 상징이다. 1663년부터 신성 로마 제국의 상설 제국 의회가 열렸다. 독일 내 인구 순위는 53위다.

대문호 괴테도 칭찬한 로마 제국의 군사 기지

도나우강변의 도시 레겐스부르크는 뉘른베르크에서 남쪽으로 약 110킬로미터 거리에 있다. 레겐스부르크는 도나우강의 지류인 '레겐강의 성'이라는 뜻이다. 라인강과 도나우강을 국경선으로

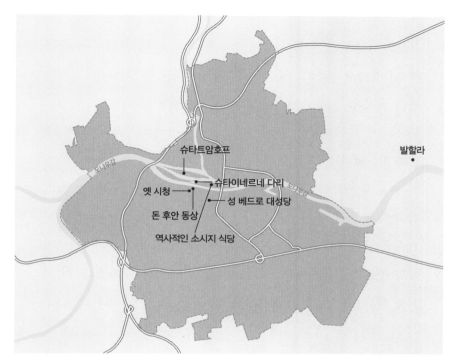

슈타트암호프

옛 시청 —— 슈타이네르네 다리

돈 후안 동상 성 베드로 대성당

역사적인 소시지 식당

발할라

레겐스부르크 지도

삼았던 로마 제국은 79년에 레겐스부르크에 군사 기지 '코호르텐'을 세웠다. 179년에 황제 마르쿠스 아우렐리우스Marcus Aurelius Antonius(재위: 161~180년)도 군사 기지 카스트라 레기나Castra Regina('레겐강의 요새')를 설치했다. 병력 규모는 약 6000명이었다. 이 당시 세워진 '포르타 프라에토리아Porta Praetoria(프라에토리아 문)'는 로마군이 드나들었던 문이다.

로마인들은 5세기 말~6세기 초에 게르만족에 밀려 레겐스부르크에서도 철수했다. 레겐스부르크는 555년경에 아기롤핑거Agilolfinger 가문 공작의 수도가 됐다. 739년에 주교좌가 설치되면서 공작과 주교가 시 지배권을 놓고 대립했다. 788년에 프랑크 왕국의 왕 카를Karl이 공작 타실로 3세Tassilo III를 물리치면서 주교가 다스렸다.

레겐스부르크는 12~13세기에 파리, 베네치아, 키예프와 원거리 무역을 했다. 도나우강을 따라 흑해까지 항해하고, 육로로는 알프스를 넘어 베네치아와 교류했다. 러시아의 모피, 중국의 비단, 인도의 향료 등이 들어오며 무역 도시로 성장하고 부유해졌다. 이 시기에 레겐스부르크는 경제적으로, 문화적으로 전성기였다. 1245년에 '자유의 제국 시'가 되며 주교의 지배가 끝났다.

레겐스부르크는 대문호 괴테가 『이탈리아 기행』에서 칭찬했던 도시다. "레겐스부르크는 아주 좋은 위치에 있으며, 시내에는 교회와 수도원이 줄지어 늘어서 있다"라고 했다. 괴테는 이탈리아로 여행을 떠나는 도중에 1786년 9월 4일 레겐스부르크에 들려 연극을 관람했다.

레겐스부르크의 드러나지 않는 아름다움은 골목길에 있다. 대성당 주변의 골목길 바닥에 깔린 조그만 돌에는 수백 년 세월의 연륜이 묻어 있다. 길 양옆의 상점들로 인해 사람들이 드나들며 골목길의 정취가 살아 있다. 대성당과 시청 주변의 옛 건물과 도나우강 건너편의 슈타트암호프Stadtamhof는 2006년에 유네스코 세계 문화

오랜 역사의 연륜과 아름다움을 느끼게 하는 골목길. 양옆으로 가게가 있어 골목길이 살아 있다. 가운데에 대성당이 보인다

유산이 됐다. 2021년에는 도나우강변의 로마 제국의 군사 기지 리메스Limes도 세계 문화유산이 됐다.

슈타이네르네 다리와 성 베드로 대성당

12~13세기에 무역으로 부유해지면서 레겐스부르크에 두 개의 건축물이 세워졌다. 하나는 '슈타이네르네 다리'다. 8세기 말에 왕 카를이 세운 나무다리가 300여 년이 흐르면서 부서지자 레겐스부르크 상인들과 바이에른 공작의 지원으로 1146년에 완공한 돌다리다. 폭 8미터에 길이는 336미터다. 체코 프라하의 찰스 브리지, 아비뇽 다리, 드레스덴 다리의 모델이 되었다.

30년 전쟁과 제2차 세계대전 중 일부가 부서졌으나 부서진 다리의 자재를 최대한 활용하여 복구했다. 오늘날은 보행자와 자전거 전용 다리다. 이 다리 입구의 시계탑 옆에 1620년에 세워진 소금 창고가 있다. 소금 창고 옆에 900여 년 된 세계에서 가장 오래된 '역사적인 소시지 식당'도 있다.

또 다른 건축물은 '성 베드로 대성당Dom St. Peter'이다. 10~11세기에 세워진 성당이 화재로 파괴되자 1273년경에 그 자리에 성당 건립 공사를 시작했으나 1520년경에 중단됐다. 공사가 중단된 대성당은 1810년에 바이에른 왕국에 귀속됐다. 왕 루트비히 1세의 지원으로 공사가 재개되어 1872년에 105미터의 탑이 완공됐다. 대성당 완공에 600여 년이 걸린 것이다. 대성당은 "믿는 자는 결코 외롭지 않다!Wer glaubt, ist niemals allein!(베어 그라웁트 이스트 니말스 알라인!)"라는 메시지를 세상에 전하고 있다. 남부 독일을 대표하

레겐스부르크의 상징인 도나우강 위의 돌다리. 이 다리 건너편 슈타트암호프는 레겐스부르크 옛 시가지와 함께 유네스코 세계 문화유산이다

는 고딕 양식의 대성당으로 2006년에 유네스코 세계 문화유산이 됐다. 루트비히 1세를 기리는 동상이 돔 광장에 있다.

　교회 음악은 믿음의 언어로 성당에서 매우 중요했다. 대성당은 돔슈파첸Domspatzen('대성당의 참새들'이란 뜻이다) 합창단을 운영하고 있다. 975년에 창단된 합창단은 독일에서 아헨 대성당 소년 합창단에 이어 두 번째로 오래됐다. 특히 전 교황 베네딕토 16세의 친형인 게오르크 라칭거Georg Ratzinger가 1964년부터 35년 동안 지휘자로 활동하여 더 널리 알려졌다. 일요일과 경축일 미사에서 돔슈파첸의 합창을 들을 수 있다.

돌다리 위에서 바라본 성 베드로 대성당. 다리 입구 시계탑 왼쪽의 건물이 소금 창고였고 그 왼쪽 텐트가 쳐진 곳이 '역사적인 소시지 식당'이다

레겐스부르크를 여행하는 이들이 한번쯤은 들리는 명소 '역사적인 소시지 식당'의 야외 식당. 왼쪽 위에 식당 간판이 있다

신성 로마 제국의 상설 제국 의회가 열린 곳

12~13세기에 번영을 누렸던 레겐스부르크는 1400년에 들어서며 경제, 정치, 문화적으로 쇠퇴하기 시작했다. 상품 수요가 감소하고, 다른 신흥 도시가 부상했으며, 주변의 변화에 대처하지 못한 부유한 상인들의 나태함 때문이었다. 여기에 오스만 제국이 베오그라드 등 도나우강변의 도시들을 정복하면서 레겐스부르크의 강점인 원거리 무역이 큰 타격을 받은 이유도 있었다.

결국 레겐스부르크는 경제적 활력을 잃었다. 개신교 지역인 레겐스부르크는 30년 전쟁 중이던 1633~1634년 동안 스웨덴군에 이어 황제군과 바이에른군이 번갈아 주둔하면서 큰 피해를 입었다.

뜻밖에도 17세기 후반에 레겐스부르크는 제2의 전성기를 맞이했다. 그동안 아우크스부르크, 보름스, 슈파이어, 뉘른베르크 등지에서 열렸던 신성 로마 제국의 제국 의회가 1663년부터 레겐스부르크에서 상설로 열렸기 때문이다. 이 의회가 '레겐스부르크 상설 제국 의회'다. 회의는 시청사 2층 제국 홀에서 열렸다. 선제후국, 제후국, 자유시, 주교국을 비롯하여 영국 왕, 덴마크 왕, 폴란드 왕이 모여 제국과 유럽의 정치를 논의하였다. 유럽의 왕들은 어떻게 신성 로마 제국의 제국 의회에 참석할 수 있었을까?

영국 왕은 하노버 선제후로, 폴란드 왕은 작센 선제후로, 덴마크 왕은 홀슈타인 공작 자격으로 참석하거나 대리자를 참석시켰다. 제

상설 제국 의회가 열렸던 레겐스부르크의 옛 시청사. 회의는 2층 제국 홀에서 열렸으며 1층은 오늘날 관광 안내소로 사용하고 있다

국 의회가 결의한 내용은 황제가 동의한 후 발효됐다. 황제는 의회가 결의한 내용을 대부분 수용했다. 제국 의회가 상시적으로 열리면서 황제의 권한은 약화되었고, 제후와 주교들의 영향력은 커졌다.

회의에 참석하는 제후, 주교, 자유시 대표, 업무 보좌진은 물론 이들의 가족 등 수백에서 수천 명이 모여들면서 저녁이면 각종 연회와 무도회를 비롯하여 콘서트와 연극 공연이 자주 열렸다. 또 상인들도 늘어나고 물품 거래가 많아지면서 레겐스부르크는 다시 활력을 찾았다.

레판토 전쟁을 승리로 이끈 돈 후안

세계 주요 해전 중에 레판토 해전이 있다. 1571년 스페인, 베네치아, 로마 교황청 등이 주축이 된 신성 동맹 연합 함대가 오스만 제국의 지중해 진출을 저지한 전투다. 이 해전을 승리로 이끈 이가 황제 카를 5세의 사생아인 돈 후안 데 아우스트리아다. 돈 후안은 어떻게 사생아가 됐고 또 어떻게 레판토 해전의 사령관이 됐을까?

1546년 황제 카를 5세는 레겐스부르크에서 열린 제국 의회에 참석하면서 가죽공의 딸 바르바라 브롬베르크Barbara Blomberg와 하룻밤 사랑을 나누었다. 그녀는 황제의 아들을 낳아 길렀다. 이를 뒤늦게 안 카를 5세는 세 살 된 아들을 데려와 헤로니모라고 부르며 자신의 바이올린 선생인 음악가 부부에게 돌보도록 했다.

헤로니모의 존재를 숨겨왔던 황제는 1558년 유언장에서 그가 아들이라고 밝혔다. 1559년 카를 5세의 친아들이자 스페인 왕인 펠리페 2세는 스무 살이나 어린 헤로니모를 왕실로 불러들여 '돈 후안 데 아우스트리아'라고 부르며 군사 교육 등을 시켰다. 펠리페 2세는 1568년에 돈 후안을 스페인의 지중해 함대 사령관으로 임명했다.

지중해는 16세기에도 여전히 교역의 중심지였다. 베네치아 공화국 등 이탈리아 도시 국가들에게 중요한 바다였다. 베네치아는 자국의 주요 수출품인 소금, 포도주, 면화의 주요 산지인 키프로스 섬에 해군 기지를 설치하며 중요하게 관리했다. 1453년 콘스탄티노플을 함락시킨 후 세력을 넓히던 오스만 제국은 지중해를 차지하고자 했다. 오스만 제국은 베네치아가 키프로스섬 반환을 거부하자 1570년 7월 무력으로 섬을 점령했다.

물러설 수 없게 된 베네치아는 교황 피우스 5세Pius를 설득하여 교황청과 스페인 등을 끌어들여 1571년 5월 25일 신성 동맹 연합 함대를 구성했다. 이 함대의 총사령관이 24세의 돈 후안이었다. 1571년 10월 7일 결전의 날 신성 동맹 함대(204척)와 오스만 제국 함대(300여 척)의 총 500여 척에 17만 명(노잡이 포함)이 레판토 앞바다에서 싸웠다. 5시간에 걸친 전투에서 연합 함대는 오스만 제국의 배 137척을 나포하며 대승을 거두었다. 오스만 제국 총사령관 알리 파샤Ali Paşa는 죽고 두 아들은 포로가 됐다. 이 해전에 참전했던 스페인 문인 세르반테스Miguel de Cervantes Saavedra는 총을 맞고 왼팔을 잃었다.

레판토 해전을 승리로 이끈 돈 후안을 레겐스부르크의 '위대한 아들'로 여기며 시 중심에 세운 동상

왕 펠리페 2세는 큰 전공

을 올린 돈 후안을 네덜란드 총독에 임명했다. 펠리페 2세와 사이가 좋지 않던 돈 후안은 장티푸스로 31세에 숨졌다. 장기간 독극물 중독으로 인해 숨졌다는 주장도 있다. 레겐스부르크는 그의 사망 400주년을 맞이하여 1978년에 '위대한 아들Grosser Sohn' 돈 후안 동상을 세웠다.

레판토 해전으로 지중해 시대가 저물고 대서양 시대가 열렸다. 이 해전에서 승리한 스페인 함대는 '무적 함대'라는 칭호를 얻었다. 무적 함대는 17년 후 1588년 프랑스 앞바다에서 영국 해군에 패하며 스페인도 쇠퇴하게 된다.

844년 역사의 신성 로마 제국 멸망

30년 전쟁을 거치면서 힘을 잃어 가던 신성 로마 제국은 1794년부터 쾰른, 본, 마인츠 등 라인강변 도시들을 시작으로 프랑스에 점령되었다. 1245년 이래 자유시였던 레겐스부르크는 1802년에 나폴레옹에 의해 '제후국'이 되면서 새로운 활력을 찾는 듯했다. 그러나 신성 로마 제국은 나폴레옹에 의해 1803년 3월에 열린 제국 의회를 시작으로 해체되기 시작했다.

1804년 12월에 나폴레옹은 황제로 즉위했다. 1805년 12월 오스트리아는 러시아와 연합하여 나폴레옹군과 싸웠으나 아우스터리

츠 전투에서 크게 패했다. 나폴레옹은 빈으로 들어갔다. 오스트리아
는 군사적으로 나폴레옹에 더 이상 맞설 힘이 없었다.

1806년 7월 12일 바이에른 국왕, 뷔르템베르크 왕, 마인츠 대주
교, 바덴, 헤센-다름슈타트 공작 등 16명의 제후는 파리에서 라인
동맹 결성 문서에 서명했다. 7월 25일 이 문서가 발효되자 8월 1일
라인 동맹 회원국들은 제국에서 탈퇴했다.

같은 날 오스트리아 황실에 나타난 프랑스 공사는 나폴레옹이
신성 로마 제국의 황제가 되는 일은 없을 것이며 오스트리아가 국
가로 존속하도록 하겠다고 약속했다. 이에 오스트리아 외무 장관
은 황제 프란츠 2세가 퇴위한다는 문서에 서명했다. 이미 나폴레옹
의 최후통첩을 받아 다른 선택이 없었던 프란츠 2세는 1806년 8월
6일 하야를 선언했다. 이로써 962년에 오토 1세가 황제로 즉위하며
출범한 신성 로마 제국은 844년 만에 멸망했다. 합스부르크 가문의
지배권은 오스트리아에 한정되었다. 프란츠 2세는 오스트리아 황제
(프란츠 1세)로 지냈다.

800년이 넘는 오랜 역사의 신성 로마 제국은 왜 멸망했을까?
30년 전쟁으로 황제의 권력이 약화된 반면에 제후들의 권력은 강
화되면서 결속력이 약해졌다. 여기에 제국 개혁의 소홀, 프랑스군의
침략과 나폴레옹의 압력, 오스트리아와 프로이센 간에 적대감, 느슨
한 체제로 인한 군사력 약화 등이 복합적으로 작용했다. 신성 로마
제국이 없어지며 그 영토는 프랑스가 주도하는 라인 동맹, 프로이

센 왕국, 오스트리아로 나뉘어졌다. 레겐스부르크는 1810년에 바이에른 왕국에 흡수되면서 지방 도시로 전락했다.

독일인의 기상을 드높인 명예의 전당 발할라

레겐스부르크 교외 도나우슈타우프Donaustauf의 낮은 산 정상에는 명예의 전당인 발할라 기념관이 있다. 신성 로마 제국의 멸망

도나우강변 산 위에 있는 발할라 명예의 전당

과 나폴레옹의 점령으로 추락했던 독일인의 기상을 되찾기 위해 바이에른 왕 루트비히 1세가 세운 기념관이다. 발할라는 게르만 신화에 나오는 북유럽 최고의 신 오딘을 위해 싸우다 죽은 전사들의 천국이다. 기념관 아래에는 도나우강이 흐르고 강 건너에 드넓은 평야가 끝없이 펼쳐져 있다. 루트비히는 왜 이런 기념관을 세웠을까?

기념관 안 좌우로 영웅들의 흉상이, 중앙에는 이 기념관을 세운 왕 루트비히 1세의 조각상이 있다. 앞에 이 기념관을 세우기로 "1807년 1월에 결정했다"라는 글이 있다

신성 로마 제국의 멸망에 충격을 받은 바이에른 왕자 루트비히는 1807년 1월에 독일인들의 기상을 되찾기 위한 기념관을 세우고자 했다. 왕이 된 루트비히는 아테네의 파르테논 신전과 파리의 팡테옹 신전을 참고로 1830년에 공사를 시작하여 1842년 10월에 발할라 기념관을 완공했다. 기념관 건물의 북쪽 박공(경사진 지붕으로 인해 만들어지는 삼각형의 벽면)에는 토이토부르크숲 전투 장면을, 남쪽 박공에는 나폴레옹을 몰아낸 라이프치히 전투 장면을 담았다.

기념관 안에 독일인의 기상을 높인 160명을 선정하였으나 우선 96명의 흉상을 세웠다. 토이토부르크숲 전투의 영웅 헤르만, 신성 로마 제국 초대 황제 오토 1세, 프로이센의 프리드리히 대왕, 통일을 이룩한 비스마르크Otto von Bismarck를 비롯하여 화가 알브레히트 뒤러, 홀바인Hans Holbein der Ältere, 문인 괴테와 실러, 음악가 바흐, 베토벤, 헨델, 과학자 구텐베르크, 오토 폰 게리케Otto von Guerike, 코페르니쿠스Nicolaus Copernicus 등이 포함됐다. 종교 개혁가 마르틴 루터도 있다. 오스트리아의 마리아 테레지아 여왕, 러시아의 예카테리나Ekaterina 여제 등 독일 이외에도 독일어를 사용한 인물도 포함했다.

이후 흉상이 꾸준히 늘어나 오늘날에는 196명의 흉상이 있다. 최근에 알베르트 아인슈타인Albert Einstein(1990년), 독일 초대 총리 아데나워(1999년), 나치 정권에 저항했던 조피 숄(2003년), 수학자 가우스Carl Friedrich Gauss(2007년), 시인 하인리히 하이네(2010년), 조각가이자 화가인 캐테 콜비츠Käthe Kollwitz(2019년), 물리학자 막스 플랑크Max Planck(2022년) 등의 흉상이 들어섰다. 하이네는 생전에 발할라 기념관을 비판했었는데 들어갔다. 자신이 이곳에 들어가게 될 줄 알았을까?

앞으로도 바이에른 학술원의 심의와 바이에른주 정부의 승인으로 독일을 빛낸 인물들의 흉상이 계속해서 발할라 기념관에 들어설 것이다.

5부

자유와
한자 동맹의
북부 도시들

독일은 북해와 발트해 두 개의 바다와 접해 있다. 5부에서는 북해와 발트해와 가까운 북부 지방의 4개 주 5개 도시를 돌아본다. 북부의 최대 도시 함부르크를 시작으로 슐레스비히–홀슈타인주의 뤼베크와 킬, 메클렌부르크–포아포메른주의 로스토크Rostock, 마지막으로 브레멘이다. 이 다섯 도시는 한자 동맹의 도시였고, 함부르크와 브레멘은 자유시다.

16

함부르크

Hamburg

자유의 도시, 한자 동맹의 도시

주   함부르크
인구   191만 160명(2023년 12월 기준)

Hamburg

항구 도시 함부르크는 한자 동맹 도시였고, 대표적인 자유시다. 성 미카엘 교회, 시청사와 함께 엘베강변의 공연장 엘프 필하모니도 함부르크의 상징이다. 인구 순위는 베를린 다음으로 2위다.

엘베강을 끼고 있는 항구 도시

독일 북부 도시들은 발트해(독일인들은 '동해Ostsee'로 부른다)와 북 해에 가깝다. 독일 북부 지방의 최대 도시 함부르크는 대표적인 '자 유와 한자 동맹 도시'다. 자유시의 전통을 오늘날에도 이어 오고 있 다. 시市이면서 주州(Land)이기도 한 도시 국가Stadtstaat다. 함부르

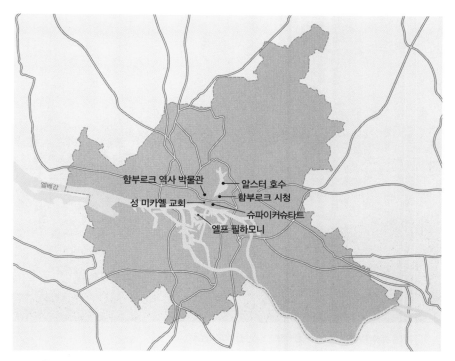

함부르크 지도

크 시장은 주 총리들이 돌아가면서 맡는 1년 임기의 연방 상원 의
장직도 수행한다. 함부르크는 독일의 16개 주 중에서 1인당 소득이
가장 많은 부유한 주다.

함부르크는 항구 도시다. 바다가 아닌 엘베강을 낀 함부르크는
일찍부터 국제 항구로 성장했다. 강을 끼고 있지만 로테르담과 안
트베르펜에 이어 유럽에서 세 번째, 세계에서 20위권의 항구다. 길
이 1094킬로미터의 엘베강은 체코 리젠산맥에서 발원하여 드레스

엘베강변의 함부르크 항구에 정박하고 있는 컨테이너선들

덴, 마그데부르크, 함부르크를 거쳐 쿡스하펜Cuxhaven에서 북해로
흘러간다. 대형 컨테이너선은 밀물과 썰물을 이용하여 함부르크에
들어오고 나간다.

함부르크라는 지명은 808년 프랑크 왕국의 카를 대제가 작센
농민들을 몰아내고 세운 '하마부르크Hammaburg'에서 유래했다. 함
부르크는 832년에 설치한 교구가 834년에 대교구가 되면서 문서에
처음 나타났다. 초대 대주교 안스가르Ansgar는 함부르크를 북방의
콘스탄티노플(오늘날의 이스탄불)로 만들려고 했다. 845년 바이킹족

1200년의 함부르크 역사를 전시하고 있는 함부르크 역사 박물관

이 침입하자 안스가르가 브레멘으로 피신하며 함부르크-브레멘 대
교구가 되었다.

함부르크가 항구로 발전한 것은 1189년 5월 7일 황제 프리드리
히 1세로부터 개항권을 얻으면서부터다. 엘베강을 따라 북해로 항
해할 때 관세권을 면제받았고, 1265년에는 해상 무역에서 어업권
도 인정받았다. 함부르크는 1189년에 얻은 개항권을 기념하여 해
마다 5월 첫째 주말에 엘베강에서 개항 축제를 열고 있다. 100만 명
정도 모여드는 대형 축제다.

자유시 함부르크

1803년에 교육자 쿠리오Johann Carl Daniel Curio는 "함부르크에는 귀족이나 노예가 없고, 신하도 없습니다. 우리에게는 시민이란 하나의 신분만 있고, 모두가 동등한 시민입니다"라고 말했다. '자유시Freie Stadt' 함부르크의 특징을 잘 표현한 말이다. 다른 지역에 흔히 있는 공작이나 백작 등 제후가 없었고 당연히 성城도 없다.

함부르크 상인들은 해상 무역으로 부유해졌으나 재산을 지킬 힘이 약했다. 1241년에 비슷한 처지에 있는 이웃의 뤼베크와 상호 방위 조약을 체결했다. 이 조약은 '한자 동맹Hanse'이 탄생하는 토대가 됐다(한자 동맹에 관해서는 17장 뤼베크 참조).

부유해진 함부르크 상인들이 시 행정에 참여하면서 1410년에 심문 없는 체포 금지, 조세 상한액 설정 등 시민의 권리를 강화한 '함부르크 대헌장'을 채택했다. 1510년에 함부르크는 '자유의 제국시'가 됐다. 무역과 상업의 발달로 1558년에 독일 최초의 증권 거래소가 개설되었고 1619년에는 은행도 설립됐다. 프랑크푸르트보다도 앞섰다.

30년 전쟁이 끝난 1648년에 새로 지정된 51개의 '자유시' 중에서 함부르크는 대표적인 자유시였다. 함부르크는 대외 정책과 통상 정책도 독자적으로 추진했다. 시 깃발을 내걸고 전 세계 7대양에 279개의 대표부를 운영할 정도였다. 1806년부터 8년 동안 나폴레

함부르크 시내 중심에 있는 알스터 호수. 인공 호수로 내알스터와 외알스터로 되어 있다

옹군에 점령됐던 함부르크는 1815년 빈 회의에서도 '자유시' 지위
를 유지했다.

함부르크는 가까운 덴마크와 수백 년 동안 분쟁 상태에 있었다.
1864년에 프로이센 왕국이 덴마크와의 전쟁에서 승리하여 분쟁은
종식됐다. 1943년 7월 25일~8월 3일 동안 연합군의 '고모라 작전'
으로 함부르크 시민 3만 7000여 명이 사망했고 주택 27만 7000여
채가 파손됐다. 전쟁 중에 숨진 4만 1000여 명 중에서 90퍼센트가
고모라 작전으로 사망했을 정도로 피해가 컸다. 1944년 2월에 있었
던 드레스덴 폭격보다도 더 많은 이들이 숨졌다.

함부르크의 '자유시' 지위는 500년 넘게 오늘날에도 유지되고 있다. 공식 문서에 '자유와 한자 동맹의 도시 함부르크Freie und Hanseatic Stadt Hamburg'를 사용할 정도로 '자유시'와 '한자 동맹'에 대한 긍지가 대단하다. 이러한 긍지는 자동차 번호판에도 남아 있어 이니셜 'H'가 아닌 '한자 동맹의 도시 함부르크'의 약자인 'HH'를 사용하고 있다.

세계에서 가장 오래된 '마태의 만찬'과 '아이스바인' 행사

함부르크에 식사와 관련한 독특한 두 개의 역사가 있다. 하나는 660년이 넘어 세계에서 가장 오래된 '마태의 만찬'이다. 1356년 함부르크 상인들이 예수의 제자 '마태의 날'인 2월 24일에 시 의원을 선출한 후 주요 인사를 초청하여 만찬을 한 데서 유래했다.

마태의 만찬은 오늘날에도 이어져 해마다 2월 마지막 주 금요일에 시청에서 열리며 주빈으로 외국의 정상을 초청한다. 저녁 7시에 시작하는 만찬은 중간중간에 시장과 주빈의 연설이 있어 행사는 12시쯤 끝난다. 초창기 참석자는 남성만 40명 정도였는데 1622년부터 여성도 참석한다. 오늘날은 참석자가 420여 명으로 늘어났다.

또 다른 만찬 역사는 '아이스바인에센Eisbeinessen' 행사다.

독일 대중 음식 중 하나인 자우어크라우트를 곁들인 아이스바인

1948년에 시작한 이 행사에는 전식이나 후식이 없이 글자 그대로
오직 '아이스바인Eisbein'만 먹는다. 해마다 11월 초에 '함부르크 선
박 중개인 협회' 주최로 약 4500명이 참석하는 성대한 행사다.

아이스바인은 2~3일 동안 절인 돼지 다리를 삶은 음식이다. 왜
음식 이름에 '얼음'을 뜻하는 '아이스Eis'가 들어있을까? 스키가 귀
하던 시기에 눈이 많이 내리는 산간 지방이나 농촌에서는 겨울철에
이동하기가 어려웠다. 그러자 돼지 다리뼈를 스키로 이용한 데서
유래했다고 한다.

또 다른 돼지 다리 요리인 '슈바인스학세Schweinshaxe는 그릴
음식이다. 두 음식에 자우어크라우트Sauerkraut가 따라 나온다. 양

배추를 묽은 소금물에 절여 발효시킨 후 잘게 썬 자우어크라우트는 약간 새콤한 맛이 난다. 두 음식 모두 맥주와 잘 어울린다.

헬무트 슈미트 총리

함부르크 출신 대표적인 정치인은 제5대 총리를 지낸 헬무트 슈미트Helmut Schmidt(재임: 1974~1982년)다. 그는 빌리 브란트Willy Brandt가 보좌관 귄터 기욤Günter Guillaume이 동독 간첩으로 드러나 1974년 5월 7일 사임하자 5월 16일 총리가 됐다. 이렇게 국정 공백을 최소화하면서 같은 정당에서 후임자를 선출하는 제도는 의원 내각제가 갖는 큰 장점이다.

슈미트는 1918년 12월 23일 함부르크에서 태어났다. 그는 1937년 군에 입대하여 동부 전선에서 전차 사단 장교로 복무하다가 1945년 4월에 영국군의 포로가 되었다. 전쟁이 끝나고 1946년에 사민당(SPD)에 입당했다.

35세에 연방 하원 의원에 당선되어 활동하다 43세에 함부르크 주 내무 장관이 됐다. 1962년 함부르크를 덮친 대홍수가 발생하자 슈미트는 군을 동원하며 대처했으나 사망자 315명, 주택 파손 1700채로 피해가 컸다. 그나마 그가 잘 대처하여 피해를 줄일 수 있었다. 그의 재난 대처 능력이 알려지면서 그는 유명 정치인이 되었다. 4년 후 슈미트는 연방 하원 의원으로 다시 중앙 정치 무대로 돌아왔다. 1969년 10월 브란트가 총리가 되면서 국방 장관(1969~1972년)과 재무 장관(1972~1974년)으로 지내다 총리가 되었다(브란트 총리에 관해서는 17장 뤼베크 참조).

5대 총리 헬무트 슈미트. 연방 총리실에서 촬영

슈미트는 총리 재임 8년 동안 중동 오일 쇼크로 인한 경제 위기 극복, 주요 7개국(G7) 정상 회의 창설 주도, 적군파 테러에 강력 대처 등의 업적을 남겼다. 특히 안보 문제와 관련하여 북대서양 조약 기구(NATO)에서 '이중 결의'를 이끌어냈다. '이중 결의'란 "동독과 체코에 배치된 소련 핵무기(SS-20)를 제거하기 위해 소련과 협상을 하되 철거하지 않으면 서독 등 서유럽에도 미국의 핵무기를 배치한다"라는 내용이다. 소련이 핵무기를 철거하지 않자 서독은 1983년 11월에 퍼싱 108기와 크루즈 미사일 96기를 배치했다.

1982년 9월 슈미트 정부는 위기에 처했다. 실업자가 증가하고 재정 적자가 늘어났다. 슈미트는 연정 동반자인 자민당(FDP)과 함께할 수 없다는 생각에서 의회를 해산하여 조기 총선을 하려고 했다. 그러나 자민당이 9월 17일 연정을 탈퇴했다. 10월 1일 기민/기사당과 자민당은 '건설적 불신임안'을 제의하여 기민당 대표 헬무트 콜을 후임 총리로 선출했다. 슈미트는 총리직에서 물러났다.

'건설적 불신임안'은 무엇이고 왜 만들었을까? 연방 하원이 재적 의원 과반수의 찬성으로 후임 총리를 선출하여 현직 총리를 불신임하는 제도다. 바이마르 공화국에서 현직 총리를 불신임한 후 후임자를 바로 선출하지 못해 국정이 마비되었던 사태를 방지하기 위해 만든 제도다. 의원 내각제를 채택하고 있음에도 독일의 정치를 안정시키는 중요한 제도다. 총리직에서 물러난 슈미트는 1987년까지 하원 의원으로 지낸 후 정계에서 퇴진했다.

비록 정당이 다르지만 만나서 업무를 인수인계하는 슈미트 전 총리와 콜 총리. 왼쪽에서 두 번째가 슈미트, 세 번째가 콜 총리. 1982년 10월 4일

슈미트는 총리에서 물러난 후 1983년 5월에 독일 주간 신문인 《디 차이트DIE ZEIT》의 공동 발행인이 됐다. 유럽 통합, 국제 안보, 국제 경제와 재정 문제에 관심을 기울였다. 그는 2010년 독일 최대 시사 주간지 《슈피겔》지의 여론 조사에서 독일의 정직성을 대표하는 인물 1위로 선정될 정도로 존경을 받았다. 총리 재임 시 뛰어난 국정 운영, 신뢰할 수 있는 정치인, 검소한 면이 작용했다. 다분히 학자적이기도 했던 그는 강연과 저술 활동도 활발히 하며 『현직을 떠나서』, 『인간과 권력』 등 베스트셀러도 여러 권 남겼다.

슈미트는 통일과 관련하여 "언젠가 독일 민족이 한 지붕 아래에 모이는 통일의 날이 올 것을 조금도 의심하지 않았습니다. 그러나 내 생전에 베를린 장벽이 붕괴되리라고는 전혀 생각하지 못했습니다"라며 자신의 생애에 이루기 어렵다고 보았던 통일이 됐다고 고백했다. 한반도 통일이 어려울 것으로 보는 한국인들에게 주는 의미도 있다.

슈미트는 2015년 11월 97세를 일기로 숨졌다. 함부르크 성 미카엘 교회에서 국장으로 치러졌다. 장례식에 요아힘 가우크Joachim Gauck 연방 대통령과 앙겔라 메르켈 총리가 참석했다. 독일 정부는 그의 업적을 기려 2017년 함부르크에 '연방 총리 헬무트 슈미트 재단'을 설립했다.

음악 도시, 언론 도시

함부르크는 음악 도시다. 작곡가 멘델스존(1809~1847년)과 브람스(1833~1897년)가 함부르크에서 태어났다. 뮤지컬이 장기간 공연되고 있으며, 세계적 수준의 클래식 공연장도 있다(멘델스존에 관해서는 24장 라이프치히 참조).

브람스는 20세 때 요제프 요아힘Joseph Joachim의 소개로 뒤셀도르프에서 활동하는 로베르트 슈만(1810~1856년)을 찾아갔다. 슈만은 브람스의 음악 재능을 알아보고 그가 발행하는 음악 잡지《음악 신보》에 소개하며 브람스는 유럽 음악계에 알려지기 시작했다. 이후 슈만이 자살 시도 후 병원에 입원한 어려운 상황에서 브람스는 슈만의 부인 클라라를 도와주며 좋아하게 된다. 브람스는 24세에 데트몰트 궁정 합창단에서 피아노 연주자 겸 교사로, 26세에는 함부르크 여성 합창단 지휘자로 활동했다.

독일에서 음악 활동이 여의치 않자 브람스는 29세 때인 1862년에 빈으로 떠나 징 아카데미 합창단 지휘자로 정착했다. 62세에 오스트리아 황제로부터 '예술과 과학 대훈장'을 받았다. 평생 독신으로 지냈던 그는 간암으로 1897년 64세에 빈에서 숨졌다

브람스는 교향곡 4곡을 비롯하여 〈피아노 협주곡 제1번, Op.15〉, 〈피아노 협주곡 제2번, Op.83〉, 〈대학 축전 서곡, Op.80〉, 〈독일 진혼곡, Op.45〉, 〈바이올린과 첼로를 위한 2중 협주곡 가단조,

클래식 공연장 엘프 필하모니. 함부르크의 새로운 상징이다

Op.102〉등의 작품을 남겼다. 함부르크에는 브람스 박물관도 있다.

함부르크는 뮤지컬 공연도 활발한 도시다. 뮤지컬 〈사자 왕King Lion〉은 2001년 이래 오늘날까지 25년 넘게 공연되고 있다. 2017년 1월에 엘베강가에 있던 창고 건물을 개조하여 만든 클래식 공연장 엘프 필하모니도 개관됐다. 함부르크의 새로운 상징물이다.

함부르크는 언론 도시이기도 하다. 시사 주간지 《슈피겔》과 《슈테른Stern》을 비롯하여 주간 신문 《디 차이트》가 발행되고 있다. 1947년 1월 창간된 《슈피겔》지는 매주 유료 부수 71만 부에 독자는 466만 명에 이를 정도로 독일 제1의 주간 잡지다. 한때는 100만

부 이상 발행했으나 인터넷의 영향으로 구독자가 줄어들었다. 독특한 점은 창간 당시 발행인이었던 루돌프 아우그슈타인Rudolf Augstein(1923~2002년)이 사망했음에도 그를 계속해서 발행인으로 기재하고 있다는 점이다. '시간'을 뜻하는《디 차이트》지는 1946년 2월에 창간됐다. 발행 부수는 60만 2000부다.

제1 공영 텔레비전인 아에르데(ARD)의 모든 뉴스는 수도 베를린이 아닌 함부르크에 소재한 북독일방송(NDR)에서 제작하여 전국에 방영되고 있다. 제2 공영 텔레비전 체데에프(ZDF)는 뉴스를 방송사가 있는 마인츠에서 내보내고 있다. 취재에 유리한 정치 중심지인 수도 베를린에서 뉴스 방송을 하는 것이 적합할 것도 같지만 언론인들은 오히려 정치인들과 떨어져 있어 뉴스에 공정성을 기할 수 있다고 말한다.

또 에어버스사가 있어 항공 산업이 발달했고, 만년필로 유명한 몽블랑 본사도 있다. 함부르크에는 유엔이 국제 해양 분쟁을 조정하기 위해 1996년에 설립한 유엔 국제 해양법 재판소가 있다. 엘베강 항구 부근의 세계 최대 규모의 항구 창고인 슈파이커슈타트Speicherstadt와 선박 회사의 사무용 건물 단지인 콘토르하우스 지구Kontorhausviertel는 2015년에 유네스코 세계 문화유산이 됐다.

『독일의 음식 문화사』를 쓴 하인첼만Ursula Heinzelmann에 의하면 1677년 함부르크에 독일 최초의 커피 하우스가 생겼다. 커피를 마시는 이들이 늘어나자 바흐는 1734년에 〈커피 칸타타〉를 작

독일과 오스트리아 등 일부 유럽에서 유통되는 커피는 대부분이 함부르크 항구를 통해 들어온다.
함부르크 창고 도시 슈파이커슈타트에 있는 커피 볶는 집. 커피도 마실 수 있다

곡했다. 이후 커피를 마시는 습관이 빠르게 퍼져나가 1780년경에
커피가 아침 식사에서 죽이나 수프를 대체했다고 한다. 커피 소비
가 늘어나면서 맥주와 포도주 판매가 줄어들자 커피 소비를 억제하
기 위해 커피 탐지인을 가동하기도 했다.

17

뤼베크

Lübeck

한자 동맹의 맹주이자
3명의 노벨상 수상자를 배출한 도시

주　　슐레스비히–홀스타인주
인구　21만 9044명(2023년 12월 기준)

Lübeck

뤼베크는 중세 해상 무역의 강자인 한자 동맹의 맹주였다. 발트해 연안국과 스칸디나비아 국가로 가는 해상 교통의 요지로 '북방으로의 관문'이기도 하다. 노벨상 수상자를 3명(토마스 만Thomas Mann, 빌리 브란트, 귄터 그라스Günter Grass)이나 배출했다. 독일 내 인구 순위는 36위다.

7개 탑과 북방으로의 관문 도시

뤼베크는 함부르크에서 북동쪽으로 약 75킬로미터 거리에 있다. 뤼베크는 해상 무역의 강자였던 한자 동맹의 맹주였다. 예로부

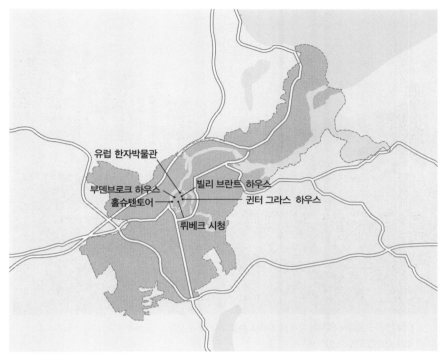

뤼베크 지도

터 발트해 연안국과 핀란드, 노르웨이, 스웨덴 등 스칸디나비아 국
가와 왕래가 잦아 '북방으로의 관문Tor zum Norden'으로 불리기
도 했다. 오늘날에도 이들 나라에 여객선이 운항하고 있다. 교회 탑
7개로 인해 '7개 탑의 도시'로도 불렸다. 중세 건축물이 잘 보존되어
있어 1987년에 도시 전체가 유네스코 세계 문화유산이 됐다.

　819년에 오늘날 뤼베크가 있는 곳에 '리우비체Liubice'(옛 뤼베
크)라는 슬라브인 거주지가 생겨났다. 이곳을 흐르는 트라베강이 발

1308년에 완공되어 역사가 오래된 뤼베크 시청. 시민들이 시청 앞 광장에서 열린 행사에 모여 즐겁게 대화를 나누고 있다

트해와 연결되어 해상 무역이 늘어나면서 상인들이 모여들었다. 그런데 어찌된 일인지 리우비체는 1138년에 사라졌다.

뤼베크는 1143년에 샤우엔부르크와 홀슈타인의 백작 아돌프 2세Adolf II가 해상 무역 상인을 보호하기 위해 슬라브인 거주지였던 리우비체에 세운 첫 항구 도시다. 뤼베크는 1160년에 해상 무역 중심 도시로 성장하며 이웃 함부르크보다도 300여 년 앞선 1226년에 '자유의 제국 시'가 됐다. 그 정도로 도시 성장이 빨랐다.

로마 제국의 도시 트리어는 물론 쾰른, 뮌헨, 로스토크 등 중세

시를 방어할 목적으로 1478년에 세운 홀슈텐토어. 가운데에 '안으로는 단결, 밖으로는 평화'를 뜻하는 "CONCORDIA DOMI FORIS PAX"가 적혀 있다. 오늘날 뤼베크의 상징이다

도시들은 외부 침략으로부터 도시를 방어하고 안전을 기하기 위해 주변에 장벽을 쌓고 중간중간에 드나드는 문을 만들었다. 뤼베크도 도시를 방어하는 장벽을 쌓으며 문 4개를 세웠다. 오늘날은 서쪽의 홀슈텐토어와 북쪽의 부르크토어 2개의 문만 남아 있다. 고깔 모양의 2개의 육중한 기둥으로 된 홀슈텐토어는 뤼베크의 상징이다. 후

기 고딕 양식으로 1464년에 착공하여 1478년에 완공했다. 뤼베크 시민들이 베를린의 브란덴부르크 문, 쾰른 대성당과 함께 독일을 대표하는 건축물이라고 자랑스러워하는 문이다.

홀슈텐토어 바깥쪽으로 "CONCORDIA DOMI FORIS PAX"라는 문구가 있다. "안으로는 단결, 밖으로는 평화"라는 뜻으로 뤼베크가 단결하여 평화를 추구한다는 의미다. 뒤편에는 "S.P.Q.L"이 있다. Senatus Populusque Lubecensis('뤼베크 시 의회와 시민'이라는 뜻이다)의 약자다. 로마 제국이 자주 쓰던 S.P.Q.R('로마 원로원과 시민을 위한 국가')에서 따온 것으로 뤼베크도 '시 의회와 시민을 위한 시'임을 표현한 것이다. 홀슈텐토어 안에는 뤼베크시의 역사를 소개하는 역사 박물관이 들어있다.

뤼베크는 1937년에 '대大함부르크 법'으로 인해 700년 넘게 유지해왔던 '자유시' 지위를 잃었다. 오늘날은 슐레스비히-홀스타인 주에 속해 있다.

해상 무역의 강자 한자 동맹의 맹주

역사적으로 뤼베크시가 갖는 가장 큰 의미는 '한자 동맹의 맹주(여왕)Königin der Hanse'였다는 점이다. 12세기부터 발트해 연안의 상인들은 400여 킬로미터나 떨어진 러시아의 노브고로트와 교역했다. 상인들은 '백색의 금'이라 불리는 귀한 소금을 뤼네베르크Lüneburg(니더작센주의 도시)에서 가져와 북유럽에 판매했다. 뤼베크는 이 해상 무역 상인들을 보호하기 위해 세워졌다.

무역 거래가 늘어나고 거래하는 물품도 많아지자, 해적들로부터 안전을 도모하고 상인들의 이익을 대변하는 조직이 필요했다. 이런 필요에서 뤼베크시와 함부르크시는 경제 협력 관계를 1241년에 조약 형태로 강화했다. 이 조약이 한자 동맹의 토대가 됐다. 1259년에 로스토크와 슈트랄준트Stralsund 등 발트해 연안 도시들이 참여하면서 동맹으로 발전했다. 상인들은 외국에서 단체를 만들며 '한자 동맹'를 사용하기 시작했다. '한자'는 '무리'를 뜻하는 고대 독일어로 14세기부터 공식적으로 사용했다. '한자 동맹'은 해상 무역의 안전과 외국에서 활동하는 상인들의 이익을 대변하기 위해 결성된 단체다.

한자 동맹 도시들은 서유럽 특산품을 러시아(노브고로트)와 노르웨이(베르겐) 등 북유럽의 특산물과 교역했다. 특히 삼각 무역이 활발했다. 뤼베크 상인들은 소금, 곡물, 모직물, 귀금속, 청어, 맥주, 포도주 등을 베르겐에 팔고, 베르겐에서 대구와 목재를 사서 런던에 팔았다. 런던에서는 양모를 사 플랑드르 지방(벨기에와 네덜란드)에 팔았다. 플랑드르에서는 모직을 가져다가 뤼베크에다 팔며 많은 이익을 남겼다.

한자 동맹에 200여 도시들이 참여했다. 뤼베크와 함부르크를 비

한자 동맹 도시들의 문장紋章. 왼쪽부터 리가, 조에스트Soest, 로스토크, 슈타데Stade, 졸링겐, 슈테틴, 슈트랄준트, 토른. 뤼베크 시청 라츠켈러Ratskeller에서

롯하여 브레멘, 베르겐, 리가, 단치히, 브뤼게, 로스토크, 오스나브뤼크, 쾰른, 베를린 등 72개 도시들이 활발하게 참여했고, 130여 도시들은 느슨한 관계를 유지했다. 한자 동맹 도시들은 1475년에 황제에 의해 '한자 동맹 도시Hansestadt'로 승격됐다. 13세기 중반에 출범한 한자 동맹은 1350~1400년의 50년 동안 최전성기를 누렸다. 런던과 베르겐에 사무소와 물품 창고를 운영할 정도였다.

한자 동맹에는 각 도시의 대표들이 참가하는 한자 동맹 의회der Hansetag도 있었다. 한자 동맹 의회는 한자 동맹의 최고 의결 기관이자 집행 기관이었다. 1356년에 첫 회의를 한 후 1669년을 마지막으로 313년 동안 172회 열렸다. 주로 맹주인 뤼베크에서 열렸다.

값비싼 모피 코트를 입은 부유한 한자 동맹 상인들. 뤼베크 유럽 한자 박물관에서

　그러면 왜 뤼베크가 한자 동맹의 맹주였을까? 발트해 연안에 위치하여 지리적으로 해상 무역에 유리하여 많은 상인이 뤼베크를 토대로 활동했기 때문이다. 또 13세기 초에 '자유시'가 되어 제후의 간섭을 받지 않고 무역을 할 수 있었던 이유도 있었다.

　한자 동맹은 15세기 들어 위기를 맞았다. 뉘른베르크와 아우크스부르크 상인들이 동서 무역 노선을 해상에서 프랑크푸르트-라이프치히-크라크프의 육로로 바꾸었다. 미주 대륙 발견으로 대서양 무역이 활발해지며 영국과 네덜란드 상인들이 부상했다. 이로 인해 한자 동맹 상인들의 이익이 줄어들었고 한자 동맹의 독점적 지위도 감소했다. 이러한 요인들로 한자 동맹은 쇠퇴하기 시작하여 1669년 한자 의회를 끝으로 사라졌다.

한자 동맹이 311년이 지난 1980년에 부활했다. 한자 동맹 도시들이 '새로운 한자 동맹Die neue Hanse(또는 Stadtebund DIE HANSE)'을 결성한 것이다. 독일(103개 도시), 폴란드(22개 도시), 네덜란드(20개 도시), 러시아(16개 도시), 라트비아(8개 도시), 영국(8개 도시), 스웨덴(4개 도시), 핀란드(2개 도시) 등 16개국 200여 도시들이 다시 모였다. 중세에 끈끈했던 유대를 생각하며 경제와 문화 면에서 협력하며 매년 돌아가면서 회의도 연다. 항공사 '루프트한자'가 한자 동맹을 이어받고 있다.

뤼베크에는 유럽 한자 동맹의 역사와 문화 관련 자료를 전시하는 '유럽 한자 박물관'도 있다. 6개국이 보관했던 1192~1547년의 한자 동맹의 서류(세관 장부와 회의 문서)가 2023년에 유네스코 세계 문서 유산이 됐다.

3명의 노벨상 수상자를 배출한 도시

뤼베크는 인구 22만 명의 크지 않은 도시이나 노벨상 수상자를 3명이나 배출했다. 이 3명은 토마스 만, 빌리 브란트, 귄터 그라스다.

독일 문학은 괴테와 실러 등 여러 문인이 출현하면서 크게 발전했다. 1901년 노벨 문학상이 처음 시상된 후 독일은 1902년에 『로마사』의 저자 테오도르 몸젠Theodor Mommsen을 시작으로 10명의 수상자를 배출했다. 몸젠은 문인이 아닌 역사학자가 노벨 문학상을 받은 유일한 인사다. 10명의 수상자 중에서 2명이 뤼베크와 인연이 있다. 토마스 만(1875~1955년)과 귄터 그라스(1927~2015년)다.

토마스 만(62세 때)

첫 번째 수상자 토마스 만은 뤼베크에서 태어났다. 만의 아버지는 뤼베크 시 의원이었으며 곡물상을 운영하는 부유층이었다. 만은 1893년(18세)에 뮌헨에 있는 보험 회사의 수습 사원으로 근무하면서 첫 소설 『호의』를 발표했다. 그리고 1901년(26세)에 발표한 『부덴부르크가家의 사람들, 한 가족의 몰락』으로 1929년에 노벨상을 받았다. 자신의 가문을 소재로 뤼베크에 사는 부유한 상인 가문이 1835~1877년의 42년 동안 4대에 걸쳐 몰락하는 과정을 담은 소설이다.

토마스 만은 소설뿐만 아니라 논문도 발표하고 강연 활동도 했다. 나치 정책을 비판했던 그는 1933년 1월 히틀러가 정권을 잡자 스위스를 거쳐 1938년에 미국으로 망명하여 나치를 계속 비판했다. 전쟁이 끝나자 1952년에 스위스로 돌아와 취리히 근교에 살았다. 그는 1949년 괴테 탄생 200주년과 1955년 실러 사망 150주년에 바이마르 국립 극장에서 강연도 했다. 1955년 5월 고향 뤼베크에 들린 후 그해 8월 80세로 숨졌다. 그의 대표작으로 노벨상 수상 작품 이외에 『마의 산』, 『토니오 크뢰거』, 『베네치아에서의 죽음』 등이 있다.

노벨 문학상을 받은 또 다른 작가는 귄터 그라스다. 폴란드의 자유시 단치히(오늘날 그단스크)에서 태어난 그라스는 제2차 세계대전이 끝난 뒤 독일로 이주했다. 뒤셀도르프와 베를린에서 디자인과 조각을 공부했으며, 문학 동인인 47그룹 회원으로 활동했다. 1986년에 뤼베크 인근에서 살았다.

그라스는 1959년에 발표한 『양철북』으로 40년 후인 1999년에 노벨상을 받았다. 세 번째 생일에 스스로 지하실 계단으로 추락하여 성장이 멈춘 주인공 오스카 마체라트를 빌려 저자가 과거를 회상하는 내용이다. 그라스가 겪은 폴란드에서의 생활, 나치의 등장, 제2차 세계대전 발발, 나치의 멸망 등 폴란드와 독일의 역사를 풀어냈다.

귄터 그라스

그동안 자신의 과거에 관해 침묵했던 그라스는 2006년에 발표한 자서전『양파 껍질을 벗기며』에서 "17세 때 나치 무장 친위대에 근무했다"라고 고백했다. 그라스의 대표작으로는『양철북』이외에 『고양이와 쥐』,『넙치』,『광야』,『게걸음으로 가다』,『나의 세기』등이 있다. 이외에도 드로잉 작품도 있다.

빌리 브란트 총리

노벨 평화상을 받은 이는 4대 총리 빌리 브란트(1913~1992년, 총리 재임: 1969~1974년)다. 뤼베크에서 태어난 브란트(어린 시절 이름은 헤르베르트 에른스트 카를 프람Herbert Ernst Karl Frahm이었다)는 홀어머니 밑에서 자랐다. 그는 이른 나이인 19세 때《뤼베크 신문》에 '빌리 브란트'라는 가명으로 기고하면서 나치에 저항하는 지하 운동을 했다. 1933년 1월 히틀러가 정권을 잡자 브란트는 노르웨이와 스웨덴으로 망명하여 나치 저항 운동을 계속했다.

뤼베크에서의 젊은 시절 빌리 브란트(왼쪽)와 총리 이후의 브란트(오른쪽)

정치 활동 중에 잠시 여유를 즐기는 브란트. 사진은 뤼베크 빌리 브란트 하우스에서

1948년에 '빌리 브란트'라는 이름으로 독일 국적을 회복한 그
는 서베를린 시 의원으로 정치를 시작했다. 1957년에 서베를린 시
장이 된 그는 1961년에 동독이 베를린 장벽을 쌓는 것을 보았다.
1961년에 총리 후보로 총선에 나섰으나 실패했다. 1964년 사민당
대표가 되며 1965년 총선에 다시 총리직에 도전했으나 실패했다.
1966년 에르하르트Ludwig Erhard가 총리직에서 물러나고, 기민/
기사당과 사민당이 대연정을 구성하자 브란트는 외무 장관(1966~
1969년)을 지냈다.

브란트는 1969년 9월 총선에 다시 총리 후보로 나섰다. 사민당은 지난 총선보다 3.4퍼센트 더 많은 42.7퍼센트를 얻었으나 기민/기사당에 이어 제2당이었다. 그러나 브란트는 기민하게 자민당과 연정을 구성하여 10월에 총리가 됐다.

브란트는 '신新 동방 정책die neue Ostpolitik'을 추진하여 소련, 폴란드, 체코와 조약을 체결하며 유럽의 긴장을 완화했다. 그는 '접근을 통한 변화Wandel durch Annäherung'를 내걸며 동독과도 관계 개선을 추진했다. 1970년에 동독 총리 빌리 슈토프Willi Stoph와 분단 이후 최초로 두 차례 정상 회담을 했으나 성과는 없었다. 유럽의 긴장을 완화한 공로로 1971년에 노벨 평화상을 받았다(동·서독 정상 회담 내용은 27장 에르푸르트 참조).

브란트의 노력으로 1972년 12월에 동·서독 기본 조약이 체결됐다. 이 조약에 따라 동·서독은 유엔에 동시 가입하고 상주 대표부도 교환했다. 그러나 자신의 보좌관이 동독 간첩으로 판명되면서 1974년 5월에 사임했다. 총리에서 퇴진했으나 그는 연방 하원 의원으로, 또 당 대표직도 1987년까지 유지하며 정치 일선에서 활동했다. 이로 인해 후임 슈미트 총리는 당 대표직을 갖고 있지 않아 총리직을 수행하는 데 어려움이 있었다.

브란트는 1992년 10월 라인강변의 작은 도시 웅켈Unkel에서 79세를 일기로 숨졌다. 장례식은 제국 의회 의사당에서 열렸다. 그는 베를린 발트프리트호프에 잠들어 있다.

뤼베크에는 노벨상을 받은 토마스 만, 귄터 그라스와 빌리 브란트의 발자취를 볼 수 있는 기념관이 있다.

18

킬

Kiel

발트해 연안의 최대 도시

주   슐레스비히-홀슈타인주
인구   24만 8873명(2023년 12월 기준)

Kiel

킬은 '피요르드의 홀스텐 도시'를 뜻한다. 킬은 슐레스비히-홀슈타인주의 수도로 이 책이 다루는 30개 도시 중에서 가장 북쪽에 있다. 킬은 1918년 11월 혁명의 도화선이 됐던 '킬 수병의 반란'이 일어났던 도시다. 독일 내 인구 순위는 30위다.

홀슈타인 공작이 지배했던 킬

발트해 연안에서 가장 큰 도시 킬은 함부르크에서 북쪽으로 약 90킬로미터 거리에 있다. 만灣과 해변의 길이가 17킬로미터나 되어 킬은 예전에 '피요르드의 홀스텐 도시'로 불렸다. 이러한 자연 환

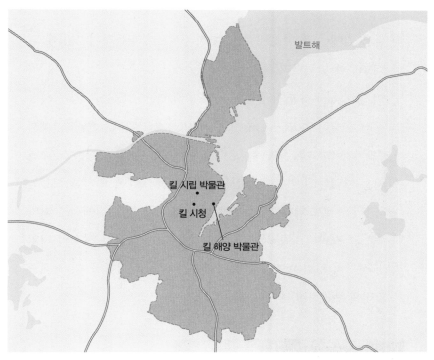

킬 지도

경을 살려 킬은 오늘날 '킬. 보트 타기. 도시.Kiel, Sailing, City'라는
표어를 내걸고 도시를 알리고 있다.

　킬의 만 지역은 9세기 초 카를 대제의 프랑크 왕국에 속했다가
홀슈타인 공국에 편입됐다. 샤우엔부르크Schauenburg와 홀슈타인
의 공작 가문이 1235년에 킬을 세웠다. 킬은 7년 후 1242년에 도시
권한을 얻으며 발전하기 시작했다. 킬은 1283년에 한자 동맹의 도
시가 됐다. 그러나 다른 한자 동맹 도시, 덴마크 왕, 홀슈타인 제후

의 삼자 간에 이권 분쟁에 휘말려 적극적으로 활동하기 어렵게 되자 1518년에 탈퇴했다.

이 당시 킬에게 한자 동맹보다 더 중요했던 것은 돈과 자본 시장인 킬러 움슐라크Kieler Umschlag(킬 시장. '움슐라크'는 '봉투'의 의미이나 중세 독일어로 교환, 사업, 무역, 시장을 뜻했다)였다. 킬 시장은 1469년에 처음 열렸는데 귀족과 상인들 간의 금전 거래에 외지인들도 참가하면서 축제로 확대됐다. 1년에 한 번 열리는 킬 시장에서는 쇠와 나무로 된 깃발이 니콜라이 교회에 걸렸다. 이 깃발은 시장의 치외법권, 시장의 평화와 자유를 보장한다는 것을 의미했다. 이 축제는 1975년에 부활하여 해마다 열리고 있다.

킬 시장이 열릴 때 니콜라이 교회 탑에 걸었던 깃발. 나무와 쇠로 되어 있다. 킬 바르레베르거 호프 시립 박물관 소장

러시아 황제를 배출한
슐레스비히-홀슈타인-고토르프 공국

킬은 1544년에 덴마크 왕 크리스티안 3세Christian III가 이복동생 아돌프Adolf와 요한Johann 공작에게 분봉分封한 슐레스비히-홀슈타인-고토르프Schleswig-Holstein-Gottorf 공국에 속했다. 이 공국의 공작 크리스티안 알브레히트Christian Albrecht가 1665년에 세운 대학이 크리스티안-알브레히트 킬 대학이다.

역사적으로 독일의 두 공국이 외국의 황제와 왕을 배출했다. 그 하나가 러시아 황제를 배출한 슐레스비히-홀슈타인-고토르프 공국이고, 또 다른 공국은 영국 왕을 배출한 하노버 공국이다(영국 하노버 왕조에 관해서는 22장 하노버 참조). 1762년에 공작 카를 프리드리히Karl Friedrich의 아들 울리히Karl Peter Ulrich가 러시아 여제 엘리자베타Elisabeth Petrovna의 뒤를 이어 황제 표트르 3세Peter III(재위: 1762년 1월~7월)가 됐다.

울리히는 어떻게 러시아 황제가 될 수 있었을까? 아버지 카를 프리드리히가 표트르 대제의 딸과 결혼하여 표트르의 외손자였기에 가능했다. 프로이센 왕 프리드리히 2세(대제)를 좋아했던 표트르 3세는 7년 전쟁(1756~1763년)에서 이탈하면서 위기에 처한 프리드리히 2세에게 큰 도움을 줬다. 불행하게도 그는 6개월 만에 아내에게 쫓겨났다. 아내이자 후임인 예카테리나Ekaterina는 1773년에 홀슈타인 영토에서 고토르프 가문의 몫을 떼어 내 덴마크 왕에게 주었다. 덴마크 왕은 홀슈타인 공작의 자격으로 다시 킬을 지배했다.

킬의 역사는 북쪽의 덴마크와 얽혀 있다. 1460년부터 덴마크 왕이 킬을 지배했으나, 그가 홀슈타인 공작도 겸하고 있어 킬은 신성 로마 제국의 일원이었다. 1806년 신성 로마 제국 멸망 후 킬은 9년 동안 덴마크 영토였다. 1815년 킬은 독일 연방의 일원이 됐으나 덴마크 왕이 계속 지배했다. 비스마르크가 독일을 통일하는 과정에서 프로이센 왕국은 1864년에 오스트리아와 함께 덴마크와의 전쟁에서 승리하며 슐레스비히-홀슈타인을 공동으로 차지했다. 2년 후인 1866년에 프로이센이 오스트리아와의 전쟁에서 승리하면서 킬과 슐레스비히-홀슈타인을 단독으로 차지했다. 이 지역은 계속해서 독일 영토가 되었다.

독일의 오랜 꿈 북해-동해 운하 개통

독일이 북해와 발트해 두 바다를 끼고 있으나 유틀란트반도가 가로막고 있어 한쪽에서 다른 쪽으로 가려면 520킬로미터를 돌아가야 했다. 두 바다를 운하로 연결하는 것이 독일의 오랜 꿈이었다.

마침내 1895년에 '빌헬름 황제 운하'(1948년에 '북해-동해 운하Nord-Ostsee-Kanal'가 되었다)가 완공되어 두 바다를 연결했다. 북해 연안의 엘베강 하구 브룬시뷔텔Brunsbüttel에서 시작하여 발트해의 킬까지 연결되는 길이 98킬로미터의 운하다. 이 운하는 경제적으로는 물론 군사적으로도 매우 유용한 운하다.

11월 혁명의 도화선이 된 '킬 수병의 반란'

킬은 1865년에 프로이센 왕국의 해군 기지가 됐다. 황제 빌헬름 2세Wilhelm II는 독일 제국 수립 25주년인 1896년 1월에 "독일의 미래는 바다에 있다"라며 '군함 건조 정책'을 추진했다. 독일은 곧 영국에 이어 세계 2위의 해군국이 됐다. 킬은 주요 해군 기지로 성장했다. 킬 해군 기지에서 제1차 세계대전 말기에 1918년 11월 혁명이 촉발됐다.

전쟁이 길어지면서 전쟁에 대한 피로감이 쌓이고 보급이 원활하지 않아 해군 수병들은 불만이 쌓였다. 무엇보다도 그들은 독일이 전쟁에서 승리하기가 어렵다고 생각했다. 1918년 10월 29일 밤 빌헬름스하펜Wilhelmshaven 해군 기지에서 300여 수병들이 전함 승선을 거부하며 탈영하는 사건이 발생했다. 11월 3일에는 킬의 해군 수병들도 영국 해군과의 전투에 반대하며 전함에 승선하지 않았다. 그들은 '평화와 빵'을 요구하며 반란을 일으켰다. 다음 날 노동자들과 합세하여 킬 중심부를 장악하며 노동자-군인 위원회를 구

1943년 9월에 투입되어 적함 1척과 적 상선 4척을 침몰시킨 독일 잠수함 U995. 전쟁 후 노르웨이 해군이 훈련용으로 사용했다. 1971년에 돌려받아 전시하고 있다. 킬 근교 라보에Laboe

성했다. 이를 '킬 수병의 반란'이라고 한다.

킬 수병의 반란은 수도 베를린과 독일 전역으로 번지면서 11월 혁명으로 확대됐다. 사태가 악화되자 황제 빌헬름 2세는 11월 9일 하야한 후에 네덜란드로 망명했다. 독일 제국은 붕괴됐고 공화국 수립에 대한 요구가 높았다. 1919년 바이마르 헌법이 제정되고, 바이마르 공화국이 수립됐다(바이마르 공화국은 28장 바이마르 참조).

킬은 제2차 세계대전 중에도 연합군 폭격으로 80퍼센트 이상이 파괴되었고, 킬 만에 정박된 350여 척의 선박이 폭격으로 물에 잠기는 등 큰 피해를 입었다. 오늘날 킬은 북해 연안의 빌헬름스하펜과 함께 독일의 주요 해군 기지다. 이 기지에서 잠수함도 건조한다. 한국의 잠수함 기술도 이곳에서 시작됐다.

세계 최대의 요트 대회 킬 주간 행사

1882년 킬 만에서 처음으로 20여 척의 요트가 참가한 경기가 열렸다. 2년 후에는 여러 선박이 항해하고, 이어 요트 경기도 열리며 축제로 발전됐다. 이 축제는 1889년에는 황제 빌헬름 2세가 참석할 정도로 커졌다. 이 축제는 1894년에 킬 주간Kieler Woche이란 이름이 붙여져 오늘에 이르고 있다. 1936년 베를린 올림픽과 1972년 뮌헨 올림픽의 요트 종목이 킬에서 열렸다.

세계에서 가장 큰 요트 대회와 해상 축제가 열리는 킬 주간 행사는 뮌헨의 옥토버페스트, 칸 국민 축제(슈투트가르트 부근 칸슈타트Cannstatt에서 열리는 축제)와 함께 독일 내 큰 국민 축제 중 하나다. 해마다 6월에 열리는 킬 주간 축제는 2024년에 130주년 행사를 했다.

19

로스토크

Rostock

한자 동맹의 도시, 대학 도시

주   메클렌부르크–포어포메른주
인구   21만 795명(2023년 12월 기준)

Rostock

발트해 연안의 도시 로스토크는 한자 동맹과 대학 도시였다. 주산업이었던 선박 건조 산업이 쇠퇴하면서 오늘날은 관광 산업과 서비스 산업이 주를 이루고 있다. 독일 내 인구 순위는 39위이나 메클렌부르크-포어포메른주에서는 가장 많다.

항구 도시

항구 도시 로스토크는 함부르크에서 약 190킬로미터 거리에 있다. 여객선은 물론 크루즈선, 화물선도 운항하는 큰 항구다. 로스토크는 시내 한가운데를 흐르는 바르노프강 좌우로 바르네뮌데까지

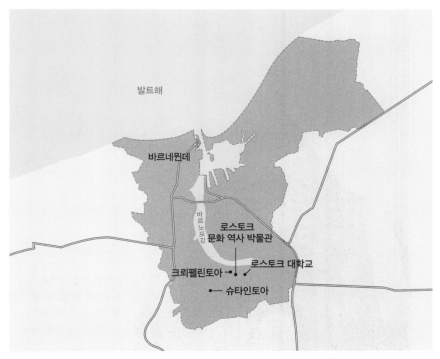

로스토크 지도

16킬로미터 길게 펼쳐져 있다. 로스토크는 바르노프강이 이곳에서 갈라지는 것을 의미하는 슬라브어 라스토쿠Rastokǔ에서 나왔다.

8세기에 바르노프강 오른쪽에 슬라브계 수공업자들이 거주했다. 1161년에 덴마크 왕 발데마르 1세Valdemar I가 이 슬라브인의 거주지를 파괴하고 로스토크를 세웠다. 작센과 바이에른의 하인리히 사자 공작이 1167년에 로스토크를 정복한 후 바르노프강 왼쪽에도 수공업자와 상인들이 거주하면서 도시의 면모를 갖추기

로스토크 중앙역에서 도심지로 들어가는 곳에 세워진 슈타인토아. 중앙에 "너의 장벽 안에는 단결과 공공의 행복이 지배하느니라"라는 문구가 있다

시작했다. 로스토크가 문서에 처음 나타난 것은 도시 권한을 얻은 1218년이다.

14세기에 니콜라이 교회, 마리엔 교회, 야곱 교회가 세워지면서 로스토크는 더 커졌다. 커진 도시를 방어하기 위해 16세기에 장벽을 쌓고 이 장벽 사이로 슈타인토아, 크뢰펠린토아, 묑겐토아, 쿠토아 등 4개의 문을 세웠다. 오늘날에도 이 당시 세운 장벽의 3분의 1 정도와 4개의 문이 남아 있다.

1577년에 돌로 지은 슈타인토아는 중심지로 들어가는 관문이었다. 이 문에는 "너의 장벽 안에는 단결과 공공의 행복이 지배하느니라SIT INTRA TE CONCORDIA ET PUBLICA FELICITAS"라는 라틴어 문구가 있다. 뤼베크의 홀슈텐토어에도 있는 '단결CONCORDIA'을 슈타인토아에서도 강조하고 있다. 로스토크는 무역권, 바르노프강 하류의 어업권, 발트해로의 항해권을 얻으며 항구로 발전했다.

한자 동맹 도시, 대학 도시

로스토크는 한자 동맹 도시였고 설립 600년이 넘는 대학이 있는 대학 도시다. 육로와 해상 교통이 교차하는 곳에 있어 일찍부터 무역과 수공업이 발달했다. 이로 인해 로스토크는 1283년에 한자 동맹에 가입했다. 상인들은 베르겐, 리가(오늘날 라트비아의 수도)와 비스뷔(스웨덴 고트란트주 수도)와 면직물, 소금, 곡물, 맥주를 거래했다. 로스토크가 자체 생산하여 수출했던 유일한 품목은 맥주였다. 독일 맥주는 일찍부터 외국에서도 인기가 있었다. 로스토크는 1669년에 마지막으로 열린 한자 의회에도 참석할 정도로 한자 동맹에서 적극적으로 활동했다.

한자 동맹이 전성기였던 14세기에 로스토크도 번영을 누렸다. 1325년에 동전 주조권을 얻었고 1358년에는 재판권도 행사했다.

13세기에 착공했던 4개의 교회와 수도원을 세웠고 시청사도 새로 단장했다. 이 당시 유행했던 붉은 벽돌로 지은 고딕 양식의 건물이 오늘날에도 다수 남아 있다. 주산업이었던 해상 무역과 맥주 산업이 활기를 띠면서 이주자들이 몰려들어 1500년에 인구가 1만 2000명으로 늘어났다.

1419년 로스토크에 발트해 지역에서 최초로 대학이 설립됐다. 신성 로마 제국 내는 물론 발트해 지역과 스칸디나비아 국가의 학생들도 유학을 왔다. 이로 인해 로스토크는 '북방의 등대'로 불리며 200여 년 동안 발트해 지역에서 학문과 문화적으로 지도적인 역할을 했다. 이 당시 로스토크에서 명망 있는 인사들은 대학 교수와 법률 고문이었다. 로스토크는 '자유의 제국 시'가 되려고 했으나 재판권과 조세 납부와 관련한 영주들의 권리가 인정되면서 좌절되었다.

로스토크의 문화와 역사를 전시한 로스토크 문화 역사 박물관이 있다. 1270년에 마르가레테Margarete 덴마크 여왕이 세운 성 십자 수도원에 들어선 박물관이다. 로스토크의 역사와 문화는 물론 16~19세기 네덜란드 회화, 렘브란트의 그래픽, 20세기 조각품, 종교 예술 및 공예 작품도 전시하고 있다.

로스토크처럼 독일 도시들은 수도원, 성, 장벽 출입문 등 옛 건물을 개조하여 박물관으로 사용하고 있다. 수도원(뉘른베르크, 로스토크), 성 또는 제후의 관저(자르뷔르켄, 슈투트가르트, 아우크스부르크, 뮌헨, 킬, 드레스덴), 도시 장벽의 출입문(트리어, 뤼베크, 하노버) 등을 역사와

1419년에 설립되어 '북방의 등대' 역할을 했던 로스토크 대학. 왼편에 로스토크에서 태어나 1813년 라이프치히 전투와 1815년 워털루 전투에서 큰 공을 세운 프로이센 왕국의 블뤼허 Gebhard Leberecht von Blücher 제후의 동상이 있다

1270년에 세워진 성 십자 수도원에 들어선 로스토크 문화 역사 박물관

문화 박물관으로 활용하고 있다.

선박 건조 도시에서 관광과 서비스 산업 도시로

16세기 종교 개혁의 와중에서 페트리 교회 등 4개의 가톨릭 교회는 1531년에 시의 허락을 받아 개신 교회로 전향했다. 대학과 성 십자 수도원 등은 가톨릭을 고수했다. 그러나 1552년 메클렌부르크의 공작 요한 알브레히트 1세Johann Albrecht I가 강제로 모든 수도원을 폐쇄하면서 시 전체가 개신교 지역이 되었다.

개신교 지역이 된 로스토크는 30년 전쟁 중이던 1625년에 개신교 측을 지원한 덴마크 왕이 패하면서 큰 피해를 입었다. 1630년에 로스토크가 개신교 측을 지원하기 위해 참전한 스웨덴군을 지원하자 황제와 가톨릭군이 주둔했다. 1631년에 스웨덴군이 황제군을 몰아내고 주둔하며 병사들의 폭력과 약탈에 시달렸다. 이로 인해 해상 무역은 크게 줄어들었고 스웨덴이 관세까지 부과하여 로스토크는 큰 어려움을 겪었다. 스웨덴의 지배는 1788년 로스토크가 메클렌부르크 공작의 도시가 되며 끝났다.

30년 전쟁의 참상에서 벗어나자 1677년 큰 화재가 발생하여 로스토크는 초토화됐다. 주택 700여 채 등 도시의 3분의 1이 파괴되었고, 주요 산업 시설인 200여 개의 맥주 공장은 100개도 남지 않왔다. 1500년에 1만 2000여 명이었던 인구는 전쟁, 페스트, 화재로 크게 줄어 5000여 명만 남았다. 100여 년이 지난 1773년에서야 9000명으로 늘어났다.

18세기 말 해상 수송이 증가하며 로스토크는 다시 번영하였다. 맥아와 맥주보다는 곡물 수송이 더 많았다. 1806년 프랑스군의 점령으로 주민들의 생활 여건은 크게 나빠졌다. 나폴레옹이 내린 '대륙 봉쇄령'(1806년 10월~1809년 초)으로 영국과 무역 거래와 선박 운항이 금지되었기 때문이다. 1820년경부터 선박 건조와 해상 교통이 중요해지면서 발트해를 운항하는 대형 상선들이 주로 로스토크 조선소에서 건조됐을 정도로 선박 건조 산업이 활기를 띠었다. 19세기 중반 로스토크 인구는 약 3만 명으로 증가했다. 로스토크 근교 바르네뮌데는 1821년 이후 독일 내 주요 해상 휴양지가 되었다.

1949년 수립된 동독에서도 로스토크는 선박 건조와 해상 교통의 중심지였다. 1990년 통일 이후 로스토크는 메클렌부르크-포어포메른주의 수도를 두고 슈베린Schwerin과 경합했으나 실패했다. 수백 년 동안 로스토크의 주요 산업이었던 선박 건조 산업은 경쟁력 약화로 쇠퇴했다. 오늘날은 관광과 서비스 산업이 주를 이루고 있다. 2018년에 시 탄생 800주년과 대학 설립 600주년을 기념했다. 통일 이후 1991년에 시작한 '한자 자일Hanse Sail' 행사는 발트해 연안의 큰 해상 축제로 자리 잡았다.

국제법의 아버지 그로티우스와 블뤼허 제후

로스토크에서 숨진 국제법의 아버지 그로티우스

로스토크와 관련 있는 인사가 둘 있다. 그 한 명이 로스토크에서 숨진 '국제법의 아버지' 후고 그로티우스 Hugo Grotius(1583~1645년)다. 네덜란드 델프트에서 태어난 그로티우스는 1613년에 로테르담 주지사가 됐다.

그로티우스는 1619년에 엄격한 칼뱅주의(프랑스 신학자 장 칼뱅 Jean Calvin이 내세운 개신교의 일파로 네덜란드에서 영향력이 컸음)에 반대하여 종신형을 선고받았으나 아내의 도움으로 가까스로 탈출했다. 이 당시 네덜란드는 스페인의 지배를 받고 있었다. 여러 전쟁을 겪은 그는 1625년에 정당한 전쟁의 범위를 설정한 대표작인 『전쟁과 평화의 법』을 냈다.

스웨덴 국왕을 위해 일하면서 1635년부터 주프랑스 스웨덴 대사를 지냈다. 1645년 스웨덴에서 프랑스로 가던 중 배가 난파되어 로스토크에서 숨졌다. 로스토크 시청 가까이 한 주택에 그로티우스

의 얼굴이 담긴 동판이 부착되어
있다.

또 다른 인사는 블뤼허(1742~
1819년) 제후다. 당시 스웨덴령
이었던 로스토크에서 태어난 그
는 14세에 스웨덴군에 입대했다.
31세에 군을 떠나 농사를 짓다가
45세에 다시 프로이센군에 복귀
했다.

블뤼허는 1813년 라이프치히
전투에서 승리한 후 1814년에 프
랑스 파리까지 진격했다. 나폴레
옹이 엘바섬으로 유배된 후 발슈
타트 대공의 작위를 받았다. 나폴

로스토크 출신으로 라이프치히 전투와 워털
루 전투에서 나폴레옹을 몰아낸 블뤼허 제후
동상

레옹이 엘바섬을 탈출하자 블뤼허는 군에 복귀하여 1815년 워털루
전투에서 웰링턴Arthur Wellesley Wellington 장군과 함께 나폴레옹
이 이끄는 프랑스군을 물리쳤다. 그의 공을 기리는 동상이 로스토
크 대학 앞 정원에 있다. 대문호 괴테는 블뤼허 장군과 웰링턴 장군
을 고대의 장군들과 어깨를 나란히 할 수 있는 인물이라며 그들의
공을 높이 여겼다.

동독 출신 첫 연방 대통령 가우크

동독 출신으로 처음으로 연방 대통령을 지낸 이가 있다. 바로 로스토크에서 태어난 요아힘 가우크(1940년~) 목사다. 가우크는 동독 공산 체제에서 목사로서 인권 운동가로 활동했다. 그는 1989년 가을 베를린 장벽이 무너지는 전환기에 마리아 교회에서 정권에 저항하는 예배를 주도했다. 통일이 된 후 슈타지(동독 국가 안전부)의 비밀 문서를 다루는 '슈타지 문서 관리청' 책임자로 10년 동안 활동했다. 2012년부터 5년 동안 연방 대통령을 지냈다.

정당 활동을 하지 않았던 가우크가 어떻게 연방 대통령이 될 수 있었을까? 2012년 2월 17일 크리스티안 불프Christian Wulff 연방 대통령(재임: 2010년 6월 30일~2012년 2월 17일)이 갑작스럽게 사퇴했다. 불프는 니더작센주 총리로 재직하던 2008년에 주택 자금을 융자받는 과정에서 직권을 남용했다는 비판이 거세지자 사임했다. 그러나 그는 나중에 무죄 판결을 받았다.

가우크는 2010년 대통령 선거에서 야당인 사민당과 녹색당의 후보로 출마했으나 불프에게 패했다. 대통령으로 재임하던 불프가 갑자기 중도 사퇴하자 사민당과 녹색당이 그를 후보로 추대했고 기민/기사당도 동조했다. 가우크는 2012년 3월 18일 연방 대통령에 당선됐다(독일 연방 대통령은 국민이 아닌 하원 의원 전원과 하원 의원 수와 동수로 구성되는 연방 회의에서 선출된다). 가우크는 5년 임기를 마치고

한·독 수교 130주년 기념 행사 겸 한·독 포럼에서 연설하는 가우크 연방 대통령. 2013년 6월 21일, 고슬라 황제궁에서

동독 공산 정권의 통치에서 벗어나 자유로운 노년의 삶을 즐기고 있는 로스토크 시민들. 로스토크 대학교 앞 식당에서

연임을 할 수 있었으나 대통령직을 다시 수행하기에는 나이가 많다며(당시 77세) 고사하고 단임으로 임기를 마쳤다.

가우크 대통령은 이례적으로 2013년 6월 21일 니더작센주 고슬라Goslar 황제 궁에서 열린 한·독 수교 130주년 기념 행사와 한·독 포럼에 참석하여 한국과 독일 관계를 주제로 축사를 하기도 했다.

통일 이후 동독 지역은 경제적으로 어려움을 겪고 있다. 로스토크가 속한 북부의 메클렌부르크-포어포메른주의 경제 사정은 더 어렵다. 통일 이후 다른 동독 지역 주들과 마찬가지로 이 지역에서도 젊고 능력 있는 이들이 떠나고 있고, 인구 감소와 고령화 등으로 어려움을 겪고 있다. 그럼에도 불구하고 시민들은 공산 독재의 억압과 감시에서 벗어나 자유로운 생활을 즐기고 있다.

20

브레멘

Bremen

「브레멘 도시 음악대」의 도시

주	브레멘주
인구	55만 7026명(2023년 12월 기준)

Bremen

브레멘은 자유의 한자 동맹 도시다. 그림 형제의 동화 「브레멘 도시 음악대」로 잘 알려졌다. 브레머하펜Bremerhaven과 함께 브레멘주를 구성하고 있다. 독일 내 인구 순위는 11위다.

자유의 한자 동맹 도시

브레멘은 함부르크에서 약 120킬로미터 거리에 있다. '자유의 한자동맹 도시Freie Hansestadt' 브레멘은 브레머하펜과 함께 브레멘주를 형성하고 있는 '2개 도시의 도시 국가'다. 브레멘은 함부르크나 베를린과 같이 시이면서 주이기도 하다. 동화 「브레멘 도시 음

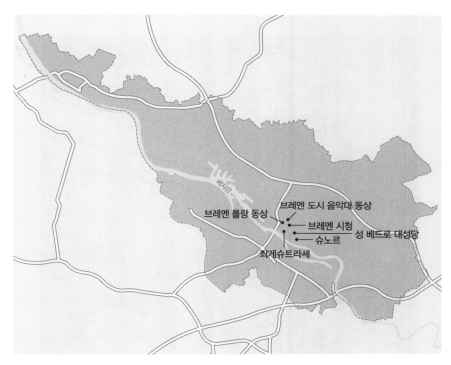

브레멘 지도

악대」의 동상은 브레멘의 마스코트다.

　브레멘은 782년 문서에 처음 나타났다. 787년 프랑크 왕국의 왕 카를의 지시로 주교구가 설치됐다. 845년에 함부르크의 대주교 안스가르가 바이킹족을 피해 오면서 함부르크-브레멘 대주교구가 됐다. 888년에 브레멘은 시장 개설권을 얻은 후 965년에는 관세권, 동전 주조권, 재판권도 얻었다. 1035년에는 가을 시장 개설권도 얻었다. 가을 시장은 '브레멘 자유 시장'으로 오늘날에도 해마다 10월

중앙역에서 도심지로 들어가는 길에 있는 '죄게슈트라세'(돼지 거리). 13세기 이래 이 거리에 있던
빵 가게와 맥주 양조장에서 나오는 음식 찌꺼기로 돼지를 기르며 '돼지 거리'가 됐다

에 열리고 있다.

　1186년에 브레멘은 '자유의 제국 시'가 됐다. 황제 프리드리히
1세는 "브레멘에서 1년 이상 거주한 자는 '자유인'이며 브레멘 이외
에 어떤 영주의 지배도 받지 않는다"라고 했다. 이로 인해 "도시의
공기는 자유롭게 한다Die Stadtluft macht frei"라는 속담이 생겨났

다. 제후나 영주가 다스리는 지역보다 도시의 생활이 더 자유롭다는 뜻이다.

1258년에 브레멘은 한자 동맹에 가입했다. 플랑드르, 영국, 스칸디나비아 지역의 도시들과 무역으로 상인들이 부유해지고 경제적으로, 정치적으로 강해졌다. 상인들이 강해지면서 브레멘은 1366년에 대주교의 지배에서 벗어났다.

부를 축적한 브레멘은 16세기 후반부터 문화적으로도 풍요로워졌다. 1600년에 상인 조합 건물인 '쉐팅'을 세우면서 브레멘은 오늘날의 모습을 띠게 됐다. 1646년에 황제 페르디난트 3세Ferdinand는 '린츠 문서'에서 브레멘이 '자유의 제국 시'임을 재차 승인했다. 이 문서로 대주교로부터 쟁취한 브레멘의 독립성이 공식적으로 인정됐다.

30년 전쟁 중에 브레멘은 중립을 지키려고 했으나 부유한 브레멘을 차지하기 위해 황제군, 개신교 측, 스웨덴이 충돌했다. 30년 전쟁 후 브레멘은 스웨덴의 지배를 받았으나 1815년 빈 회의에서 '자유시'를 유지하여 오늘날까지 이어지고 있다.

15~16세기에 조성되어 브레멘에서 가장 오래된 슈노르 지역은 관광객이 즐겨 찾는 명소다. 2023년에 '유네스코 문학 도시UNECSCO City of Literature'가 됐다.

전 세계 시청사 중에서 유일하게 유네스코 세계 문화유산인 브레멘 시청사. 청사 전면의 2층 창문 사이로 황제 카를 대제와 7명의 선제후상이 있다. 왼쪽에 '브레멘 롤랑Bremer Roland상'이 있다

전 세계 유일 유네스코 세계 문화유산인 시청사

600년이 넘는 브레멘 시청사는 전 세계 시청사 중에서 유일한 유네스코 세계 문화유산이다. 1405년에 공사를 시작하여 1408년에 고딕 양식으로 완공했다. 200년이 지난 1612년에 다시 베저Weser

르네상스 양식으로 증축하여 현재의 모습을 하고 있다.

청사 건물 전면에 8개의 조각상이 있다. 황제와 7명의 선제후로 왼쪽부터 카를 대제, 마인츠 선제후, 트리어 선제후, 쾰른 선제후, 보헤미아 왕, 팔츠 선제후, 작센 선제후, 브란덴부르크 선제후다. 신성 로마 제국과의 연대 의식을 표현하면서 브레멘이 '자유의 제국시'임을 강조하기 위한 것이다.

브레멘 시청사의 자랑이 있다. 시청사 지하 식당인 라스켈러Ratskeller다. 공사를 시작한 1405년에 문을 연 식당으로 독일 내 13개 와인 재배지에서 생산된 650여 종의 와인을 맛볼 수 있다. 또 브레멘의 특산 요리인 랍스카우스(선원용 스튜 요리)와 크닙(곡물에 고기를 섞어 만든 소시지의 일종)도 있다.

브레멘의 상징 롤랑상

시청 앞 광장에 거대한 석상이 있다. 브레멘의 상징이자 자유와 권리의 수호자인 '브레멘 롤랑상'이다. 롤랑상은 브레멘에게 시장 개설권, 무역권, 자유권을 준 신성 로마 제국 황제의 대리인으로 서 있다. 원래 나무로 되었는데 1366년 브레멘이 대주교의 지배에서 벗어난 데 대해 화가 난 대주교의 시종이 태워 버리자 1404년에 돌로 된 롤랑상을 다시 세웠다. 롤랑상은 받침대로부터 총 높이 10.21미터

브레멘의 상징인 브레멘 롤랑상. 독일 내 26개 롤랑상 중에서 가장 크다

(롤랑 상 자체는 5.55미터)로 독일 중세의 입석상 중에서 가장 크다. 마그데부르크와 할레Halle 등 독일에 26개의 롤랑상이 있다.

롤랑이 누구이기에 여기에 서 있을까? 프랑크 왕국의 왕 카를의 용사 12명 중 한 명으로 카를의 조카 또는 사촌으로 추정된다. 사라고사(오늘날 스페인 북동부 아라곤 지방) 지역을 정복한 카를은 778년 8월 피레네산을 넘어 귀국하고 있었다. 후위 부대를 이끌던 롤랑은 바스크인Vascos(피레네산맥 서부 지방 스페인과 프랑스에 걸쳐 사는 민족)의 매복에 걸려 싸우다 위급함을 알린 후 숨졌다. 전위 부대와 함께 앞서가던 왕 카를이 되돌아와 복수했다. 롤랑의 죽음은 11세기 말~12세기 초 프랑스 최초의 서사시「롤랑의 노래」로 알려졌다.

롤랑상은 여러 장비를 두르고 있다. 사슬로 된 갑옷, 가죽 속옷(갑옷 속에 입는 옷), 갑옷, 다리 보호대 등 여러 장비와 긴 곱슬머리 모습의 롤랑의 자태는 기사도의 품위를 보여 준다. 대검을 위로 들어 올린 것은 기사의 상징이자 도시 정의의 수호자임을 나타낸다. 롤랑은 제국의 상징인 쌍독수리 문양의 방패를 들고 있다. 자유시를 위해 오랫동안 투쟁해 온 브레멘의 표시다. 방패에는 다음과 같은 글이 있다.

"카를 대제와 여러 제후들이 이 도시에 부여한 자유를 브레멘에게 공표하노라. 이에 대해 신께 감사하며 이는 나의 생각이다."

브레멘 롤랑상은 2004년에 유네스코가 독일 내 26개 롤랑상 중에서 대표적이고 아름다운 상으로 지정한 세계 문화유산이다.

「브레멘 도시 음악대」와 그림 형제

브레멘이 오늘날과 같이 알려진 데에는 그림 형제 동화의 힘이 컸다. 동화는「브레멘 도시 음악대」다. 이 동화의 주인공은 나이 들어 쓸모없게 된 당나귀, 개, 고양이, 수탉 네 동물이다.

나이가 들어 쓸모없게 되어 팔리게 된 당나귀는 집을 나와 브레멘에서 도시 음악가가 되기 위해 길을 나섰다. 당나귀는 브레멘으로 가는 길에 역시 집을 나온 개, 고양이, 수탉을 차례로 만나 이들에게 브레멘에서 음악가가 되자고 권유한다. 네 동물은 브레멘으로 가던 중에 날이 저물어 잠을 자기 위해 숲속으로 들어갔다. 잠을 자려던 그들은 멀리 외딴집에서 도둑들이 산해진미를 차려 놓고 먹는 것을 보고는 그들을 혼내 쫓아내고 음식을 배불리 먹었다. 먹을 것이 있고 잠잘 곳이 있게 된 동물들은 음악가가 되는 것을 그만두고 숲속의 집에서 지낸다는 이야기다.

동화에 나오는 네 동물은 지배자를 위해 일하다가 힘이 없어 쓸모없게 된 하층민을 대변한다. 그들이 기지로 고난과 역경을 이겨내고 새로운 생활을 한다는 교훈을 담고 있다. 1953년에 동화의 주인공인 당나귀, 개, 고양이, 수탉으로 이루어진 「브레멘 도시 음악대」 동상을 시청사 왼쪽에 세웠다. 브레멘에 오는 이들이 꼭 찾는 명소가 됐다.

이 동화를 지은 이는 언어학자 야고프 그림(1785~1863년)과 빌헬름 그림Wilhelm Grimm(1786~1859년) 형제다. 프랑크푸르트 인근 하나우Hanau에서 태어난 그림 형제는 형 야고프가 11세 때 아버지가 세상을 떠나 어렵게 지냈다. 고모의 도움으로 카셀Kassel에서 학교를 다녔고 이어 마부르크Marburg(헤센주 도시) 대학에서 공

「브레멘 도시 음악대」 동화에 나오는 네 마리 동물상. 집을 나왔으나 즐거운 모습이다

부했다.

그림 형제는 단어의 어원과 연관성을 찾으면서 독일어의 고대 뿌리를 연구하였다. 이와 함께 방언을 연구하면서 각 지방에 전해 오는 전래 동화와 민담을 수집하였다. 수집한 전래 동화와 민담을 토대로 그림 형제는 20대 때인 1812년에 『어린이와 가정 동화』를 펴냈다. 이후 1858년까지 일곱 차례에 걸쳐 총 210편의 동화를 펴

냈다. 「브레멘 도시 음악대」는 1819년에 출간된 제1권의 개정판에 들어 있다.

그림 형제의 동화집에 수록된 주요 작품으로는 「백설공주」, 「헨젤과 그레텔」, 「개구리 왕자」, 「라푼첼」, 「피리 부는 사나이」 등이 있다. 그림 형제의 동화에는 프랑스에 점령되었던 독일의 정치적 상황과 미래에 관한 희망과 공포가 담겨 있다. 그림 형제의 동화에 공통점이 있다. 이야기가 펼쳐지는 곳이 숲이라는 점이다. 울창하여 무섭기도 한 숲은 주인공이 악을 만나는 곳이고 악을 퇴치하는 곳이기도 하다.

숲은 서기 9년에 헤르만이 로마군을 무찔러 독일을 지켜 낸 곳으로 독일인에게 친근하다. 독일 숲의 면적은 전 국토의 32퍼센트다. 침엽수가 60퍼센트로 40퍼센트인 활엽수보다 약간 많다. 침엽수 중에서 소나무속이 22퍼센트, 가문비나무속이 21퍼센트다. 활엽수 중에서는 너도밤나무속이 17퍼센트, 참나무가 12퍼센트로 주를 이루고 있다.

동화가 인기를 얻자 동화 가도인 '메르헨슈트라세Märchenstrasse'가 생겨났다. 그림 형제가 태어난 하나우에서 시작하여 브레멘까지 길이 약 600킬로미터의 가도다. 동화 가도에는 그림 형제가 오랫동안 살았던 카셀과 「피리 부는 사나이」의 고장 하멜른Hameln 등 40여 도시들이 있다. 그림 형제의 동화는 전 세계 160개 언어로 번역되어 출간될 정도로 가장 많이 읽히고 있는 작품이다.

그림 형제의 진정한 업적은 독일어 사전을 편찬하여 독일어 발전에 기여한 데 있다. 1837년에 괴팅겐 대학교 교수로 재직하던 그림 형제는 다른 5명의 교수와 함께 하노버 국왕 에른스트 아우구스트 1세Ernst August I의 헌법 무효 조치에 반대하다가 파면되었다. 이들을 '괴팅겐의 7인'이라고 한다. 파면된 그림 형제는 1838년에 프로이센 왕국의 초청으로 베를린으로 이주했다. 1841년에 베를린 왕립 과학 아카데미 회원이 되고 베를린 대학교에서 강의도 했다.

형 야고프 그림은 1848년에 프랑크푸르트 국민 의회 의원으로 입헌 민주 헌법 제정에도 참여했다. 그림 형제는 1822년에 『독일어 문법』 3권과 1854년에 『독일어 사전』 3권(A부터 E까지)을 출간했다. 그림 형제가 떠난 이후에도 언어학자들이 연구를 계속하여 1961년까지 『독일어 사전』 32권을 완성했다.

그림 형제는 카셀 도서관에 이어 괴팅겐 대학과 베를린에서 함께 지낼 정도로 우애가 남달랐다. 몸이 약했던 동생이 먼저 세상을 떠났다.

그림 형제의 업적을 기려 통일 이후 1992년 10월에 발행된 1000마르크 화폐에 그림 형제가 들어 있었다(오늘날은 사용하지 않는다). 2009년에 문을 연 베

그림 형제가 들어간 1000마르크 화폐 앞면. 뒷면에는 독일어 사전과 베를린 왕립 도서관이 들어 있다. 1992년 10월 27일 처음 발행됐다

그림 형제의 동화와 언어의 세계를 전시한 그림벨트 박물관. 카셀 소재

를린 훔볼트 대학교의 도서관은 그림 형제의 이름을 따서 '야고프–빌헬름 그림 첸트룸Jakob-und-Wilhelm-Grimm-Zentrum'으로 불린다. 카셀에는 그림 형제 동화의 세계를 알 수 있는 '그림 벨트Grimm Welt(그림의 세계) 박물관'이 있다.

독일어가 오늘날과 같이 발전하기까지 4인의 노력이 있었다. 라틴어 성경을 일상 독일어로 번역한 종교 개혁가 마르틴 루터, 많은 소설과 시를 써 독일 문학을 세계 문학의 반열에 올려놓은 괴테, 그리고 독일어 문법과 사전을 편찬한 그림 형제다.

6부

중북부 지역
도시들

6부에서는 노르트라인-베스트팔렌주의 뮌스터와 니더작센주
수도인 하노버를 돌아본다. 뮌스터는 독일 역사는 물론 세계사
에도 중요한 30년 전쟁을 끝낸 베스트팔렌 조약이 체결된 도시
다. 하노버는 영국 하노버 왕조를 배출한 하노버 선제후국과 하
노버 왕국의 수도였다.

21

뮌스터

Münster

30년 전쟁을 종식시킨 평화의 도시

주   노르트라인-베스트팔렌주
인구   32만 2904명(2023년 12월 기준)

Münster

가톨릭 도시인 뮌스터는 30년 전쟁을 끝낸 베스트팔렌 조약이 체결된 곳이다. 대학 도시기도 한 뮌스터의 독일 내 인구 순위는 20위다.

가톨릭 도시

6세기경 오늘날 뮌스터 대성당이 있는 돔 광장에 작센족이 거주지를 형성하여 살았다. 뮌스터는 793년에 전도사 리우트게르Liudger(독일어 이름은 루트게루스Ludgerus)가 세운 '모나스테리움Monasterium'(수도원을 의미한다)으로 문서에 처음 나타났다.

799년에 교황 레오 3세는 프랑크 왕국의 카를 대제의 지원으로

뮌스터 지도

뮌스터에 주교좌를 설치했다. 1170년에 뮌스터는 도시 권한을 얻어 시장을 개설했다. 1270~1280년경에 대성당 주위로 장벽을 세워 장벽 안에 거주하는 기독교인들에게는 병역 등 의무가 면제되었다. 이 치외 법권 장벽 일부가 오늘날에도 남아 있다. 1358년에 한자 동맹에 가입한 뮌스터는 베스트팔렌 지역의 맹주였을 정도로 열성적으로 활동했다. 수공업자들도 많던 수공업 도시이기도 했다.

종교 개혁의 혼란 속에 1534년 9월 뮌스터에서 개신교도인 얀

치온 왕국을 세운 3명
의 주모자를 처형한
후 시신을 담았던 철
제 바구니 3개가 오늘
날에도 뮌스터 성 람
베르티 성당 시계탑
위에 걸려 있다

반 라이덴Jan van Leiden이 '치온Zion 왕국'을 세워 왕위에 오른 사
건이 일어났다. 다음해 6월 폰 발테크Franz von Waldeck 주교가 군
대를 동원하여 이 왕국을 해산시키고 얀 반 라이덴 등 주모자 3명
을 처형했다. 경고 차원에서 이들 시신을 3개의 철제 바구니에 담아
성 람베르티 성당의 탑에 걸어 놓았다. 바구니 3개는 오늘날에도 이
성당 시계탑에 걸려 있다.

1648년 10월 24일 뮌스터에서 30년 전쟁을 끝낸 베스트팔렌

중세에 상점들은 이런 간판을 만들어 밖에 걸었다. 글을 못 읽는 이들이 멀리서도 어떤 상점인지 알 수 있도록 하기 위해서다. 전통으로 오늘날에도 걸고 있다(뮌스터의 한 맥주 집)

조약이 체결됐다. 이 조약은 10월 25일 이웃 도시 오스나브뤼크(니더작센주의 도시)에서 공포됐다. 뮌스터는 1815년 빈 회의 후 프로이센 왕국에 편입되어 1946년까지 베스트팔렌주의 수도가 됐다. 오늘날은 노르트라인-베스트팔렌주의 대학 도시다.

종교 전쟁을 끝낸 베스트팔렌 조약

마르틴 루터가 종교 개혁을 주장한 이후 루터를 지지하는 제후와 자유시들은 황제와 가톨릭과 오랫동안 갈등 관계에 있었다. 1555년에 아우크스부르크 종교 화의로 갈등이 일부 해소되었지만 황제와 가톨릭교도들은 개신교를 계속 탄압했다.

1618년 프라하 왕궁에서 보헤미아 개신교 의원들이 왕 페르디난트 2세의 신하 3명을 창문 밖으로 던진 '프라하 창문 투척 사건'을 계기로 30년 전쟁이 일어났다. 신성 로마 제국 내의 독일인들 간의 전쟁은 여러 나라가 참전하며 유럽의 주도권을 잡기 위한 국제전으로 확대되었다. 덴마크, 스웨덴, 프랑스가 개신교 측을, 스페인이 황제와 가톨릭 측을 각각 지원했다. 프랑스는 가톨릭 국가이나 합스부르크가의 세력 확대를 견제하기 위해 개신교 측을 지원했다 (30년 전쟁은 13장 뮌헨 참조).

전쟁 발발 20년째인 1637년에 황제가 된 페르디난트 3세(재위: 1637~1657년)는 전쟁을 조속히 끝내고자 했다. 그러나 1641년에 프랑스와 스웨덴이 동맹 관계를 무기한 연장하면서 페르디난트 3세의 시도는 무산되었다.

다행히 덴마크의 중재로 1641년 10월에 자유시 함부르크에서 프랑스와 스웨덴은 황제 측과 협상을 시작하여 12월에 예비 평화조약에 합의했다. 본 회담을 뮌스터와 오스나브뤼크 두 곳에서 갖기로 했다. 왜 한 도시가 아닌 두 도시를 선정했을까? 우선 가톨릭과 개신교의 두 도시여야 했다. 또 원활한 협상을 위해 두 도시 간 거리가 가까워야 했다. 이 두 조건을 갖춘 곳이 가톨릭교도가 다수인

1648년 5월 15일 뮌스터 시청에서 '뮌스터 평화'에 대해 맹세하는 스페인과 네덜란드 대표들. 네덜란드 화가 헤라르트 테르보르흐Gerard Terborch의 작품이다

뮌스터와 개신교도가 우세한 오스나브뤼크였다. 두 도시 간의 거리는 약 50킬로미터로 가까웠으며, 전쟁의 피해를 거의 입지 않아 대표단이 머무르기도 좋았다.

유리한 입장을 차지하려는 양측의 입장으로 협상은 3년이 지난 1644년에서야 시작됐다. 협상은 두 도시에서 진행됐다. 뮌스터에서는 황제 측, 가톨릭과 스페인이 한편이 되어 프랑스와 협상했다. 또 스페인은 네덜란드와 독립 문제(네덜란드는 독립을 위해 스페인과 전쟁 중이었다. 80년 전쟁이라고도 한다)도 협상했다. 오스나브뤼크에서는 황제 측이 개신교, 스웨덴과 프랑스 대표를 상대로 협상했다.

대표단이 체류하는 장소도 달랐다. 황제와 가톨릭 측 대표들은 뮌스터에서, 개신교 측 대표들은 오스나브뤼크에서 각각 머물렀다. 회담 참가자들은 중립 지대로 선포된 뮌스터와 오스나브뤼크를 연결하는 도로를 오가며 신속히 정보를 교환했다.

5년 동안 어려운 협상 끝에 1648년 5월 15일 뮌스터 시청에서 스페인과 네덜란드가 네덜란드 독립 전쟁을 끝내는 평화 조약을 체결했다. 8월 6일에는 오스나브뤼크에서 황제 측과 제국의 제후들

오스나브뤼크 시청의 모습. 1648년 10월 24일 뮌스터 시청에서 서명된 베스트팔렌 조약은 10월 25일 이 오스나브뤼크 시청에서 공포됐다

및 스웨덴 간에 베스트팔렌 조약에 관한 합의가 이루어졌다. 이 조약안에 10월 24일 뮌스터 시청에서 신성 로마 제국 황제 페르디난트 3세, 프랑스 국왕 루이 14세와 협상 대표자들이 서명했다. 이 조약은 다음 날 10월 25일 오스나브뤼크 시청에서 공포되었다. 이로써 30년 전쟁과 네덜란드 독립 전쟁이 끝났다.

30년이란 장기간 전쟁으로 인해 신성 로마 제국은 큰 피해를 입었다. 전쟁 중의 살상 이외에 약탈, 굶주림, 살인, 추방 등으로 제국에서만 700~800만 명이 숨졌다. 주된 전쟁터였던 신성 로마 제국 영토 대부분이 황폐화됐다.

뮌스터와 오스나브뤼크 시청사는 베스트팔렌 조약 체결 장소로서의 의미를 부여받아 유럽 의회로부터 2005년에 '유럽 문화 유산'의 라벨을 받았다.

베스트팔렌 조약의 주요 내용

첫째, 신성 로마 제국의 연방 제후들은 영토에 대한 완전한 주권은 물론 외교권과 조약 체결권을 갖게 되었다. 다만 황제와 제국을 상대로 한 전쟁은 금지되었다. 이로 인해 황제의 권한은 줄어들었고 제후들의 권한은 강해졌다. 100개가 넘었던 '자유의 제국 시'는 51개로 줄었다.

둘째, 군주에게 종교를 선택할 수 있도록 한 아우크스부르크 종교 화의가 재확인되었다. 다만, 군주가 종교를 바꾸어도 주민들은 자신의 종교를 바꾸지 않아도 됐다. 칼뱅교도에게도 루터교도와 동등한 권리가 인정되었다.

셋째, 스페인의 지배를 받았던 네덜란드와 신성 로마 제국에 속했던 스위스는 독립 국가가 되었다. 스웨덴은 신성 로마 제국에 속한 서부 포메른, 브레멘, 비스마르Wismar, 베르덴Verden의 주교령을 지배하게 되었다.

넷째, 프랑스는 1552년에 점령했던 신성 로마 제국의 알자스 중남부 지방의 메스, 툴, 베르됭 주교령에 대한 영유권을 인정받았다. 스트라스부르크도 차지했다.

다섯째, 국제법의 탄생이다. 제국 내 모든 법, 권한, 결의와 교황의 권한은 이 조약에 따라야 했다. 즉, 베스트팔렌 조약이 이들 법보다도 우위에 있는 것이다. 30년 전쟁 중에 폐위되었던 팔츠 궁중백의 선제후 지위가 복원됐다. 선제후는 8명이 됐다.

베스트팔렌 조약은 금인칙서, 아우크스부르크 종교 화의와 함께 신성 로마 제국의 헌법이 되었다. 제후와 자유시들은 황제의 간섭에서 다소 벗어나게 되었으며, 황제와 교황의 영향력은 줄어들었다. 이로 인해 신성 로마 제국도 약화되었다. 30년 전쟁으로 인한 피해가 너무나 컸으나 베스트팔렌 조약이란 국제법 탄생에 기여했다.

평화의 홀 "평화는 최고의 선이다"

시청사는 12세기 후반에 세워졌으나 베스트팔렌 조약에 참여한 이들의 초상화가 걸려 있는 회의실은 1577년에 너비 10미터 높이 15미터 크기에 르네상스 형식으로 목재로 만들어졌다. 1648년 5월 15일 네덜란드 독립 전쟁을 끝낸 조약이 체결되면서 '평화의 홀'로 불렸다.

평화의 홀 벽에는 황제 페르디난트 3세, 프랑스 국왕 루이 14세, 스페인 국왕 펠리페 4세Felipe IV를 비롯하여 독일 선제후, 프랑스, 스페인, 스웨덴, 네덜란드 대표 등 37명의 초상화가 걸려 있다. 뮌스터시는 이 초상화를 조약을 체결한 다음 해인 1649년에 제작하여 걸었다. 조약 체결을 기념하는 "Anno 1648. Pax optima rerum, 24.Oct"(평화는 최고의 선이다. 1648년 10월 24일)라는 글이 남쪽 벽 굴뚝에 새겨져 있다. 시청사는 1944년에 파괴되었으나 귀중품을 미리 안전한 곳으로 옮겨 놓아 피해가 크지 않았다.

뮌스터시는 베스트팔렌 조약 체결을 기념하여 2년마다 평화

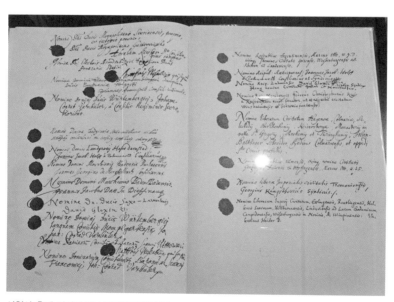

시청사 홀에 전시된 베스트팔렌 조약 사본

의 홀에서 유럽과 세계 평화에 기여한 인사 또는 단체에게 '베스트 팔렌과 리페를 위한 경제 협회상'을 시상하고 있다. 코피 아난Kofi Atta Annan 전 유엔 사무총장(2008년), 헬무트 슈미트 전 독일 총리 (2012년), 에마뉘엘 마크롱Emmanuel Macron 프랑스 대통령(2024년) 등이 수상했다. 상금은 10만 유로다.

1648년에 베스트팔렌 조약을 체결했던 당사국 대표들이 1998년 10월 24일에 이 홀에 모여 조약 체결 350주년을 기념했다. 2022년 11월 3일~4일에는 이 평화의 홀에서 주요 선진국 협의체인 G7 외무 장관 회의가 열렸다.

독일 통일로 가는 길목에서 만난
독일-소련 외무 장관

1990년 6월 18일 서독 외무 장관 한스 디트리히 겐셔Hans - Dietrich Genscher(재임: 1974~1992년)는 뮌스터에서 소련 외무 장관 에두아르트 셰바르드나제Eduard Amvrosiyevich Shevardnadze(재임: 1985~1990년)와 만났다. 독일 통일에 따른 대외적인 문제를 협의하기 위해서였다.

1989년 11월 9일 베를린 장벽이 붕괴된 후 독일은 통일을 추진했다. 그러나 고르바초프 소련 공산당 서기장은 "두 개의 독일을 원했던 역사적 사실을 인위적으로 해결해서는 안 된다"라며 통일에 반대했었다. 다음 해 1990년 2월 10일 모스크바에서 열린 정상 회담에서 고르바초프 서기장은 헬무트 콜 서독 총리에게 "소련은 독일 통일을 원칙적으로 반대하지 않는다"라며 찬성으로 돌아섰다.

그럼에도 독일과 소련 간에는 '통일된 독일의 북대서양 조약 기구(NATO) 잔류 문제', '통일된 독일과 폴란드 간의 국경선 문제', '동독 주둔 34만 소련군의 철수 문제' 등 해결해야 할 문제들이 많았다. 핵심 문제는 통일된 독일의 나토 잔류 문제였다. 소련은 나토에 잔류하지 않아야 한다고 주장한 반면 독일과 미국은 통일된 독일이 나토에 잔류해야 한다는 입장이었다.

두 장관의 뮌스터 만남은 1990년 3월 21일 나미비아 회담 이후 1990년에만 여덟 번째였다. 그 정도로 해결할 문제가 많았고, 해결도 쉽지 않았다. 이후 여러 회담을 거쳐 헬무트 콜 총리는 1990년 7월 15일~16일 모스크바와 코카서스에서 고르바초프 소련 공산당 서기장과의 회담에서 미해결 문제들을 타결했다.

22

하노버

Hannover

영국 하노버 왕조를 연 도시

주   니더작센주
인구   54만 8186명(2023년 12월 기준)

Hannover

하노버는 하노버 선제후국과 하노버 왕국의 수도였다. 하노버 선제
후는 영국의 '하노버 왕조'(1714~1837년)를 열었다. 박람회 도시이
기도 한 하노버는 해마다 세계 최대 규모의 산업 박람회를 개최하
고 있다. 독일 내 인구 순위는 13위다.

과학자 라이프니츠가 활동한 도시

하노버는 뮌스터에서 동쪽으로 약 190킬로미터 거리에 있다.
라이네강의 범람을 막기 위해 쌓은 높은 둑 아래에 거주지가 형성
되면서 생겨났다. 하노버라는 지명은 '높은 강둑'을 뜻하는 호노베

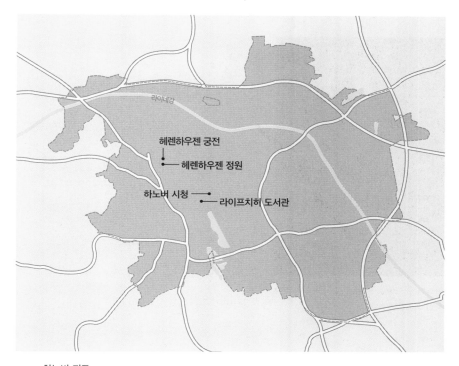

헤렌하우젠 궁전
헤렌하우젠 정원
하노버 시청
라이프치히 도서관
라이네강

하노버 지도

레Honovere에서 유래했다. 1150년경에 힐데스하임 문서에 '비쿠스 하노베레Vicus Hanovere('하노버 장터'를 의미한다)'로 처음 나타난 하노버는 1241년에 도시 권한을 얻으며 발전하기 시작했다.

하노버는 13세기에 한자 동맹에 가입하여 한자 동맹 도시들과 교역하며 15세기에 이미 경제적으로 번영했다. 16세기 후반 들어 대서양 무역의 번성, 영국과 네덜란드 상인들의 활동 등으로 한자 동맹이 쇠퇴하자 하노버는 1620년경에 동맹에서 탈퇴했다. 1533년

하노버 궁정에서 활동한 철학자이자 과학
자인 라이프니츠

에 하노버는 주민들의 의사에 따라 개신교를 택했다.

30년 전쟁이 한창이던 1636년에 벨프 가문의 브라운슈바이크-뤼네부르크Braunschweig-Lüneburg 공작 게오르크Georg는 궁정을 브라운슈바이크에서 하노버로 옮겼다. 이로 인해 브라운슈바이크-뤼네부르크의 공작은 주로 '하노버 공작'으로 불렸다.

하노버 공작은 한 과학자의 노력으로 1692년에 황제를 선출하는 선제후가 됐다. 바로 철학자, 수학자이자 과학자인 라이프니츠Gottfried Wilhelm Leibniz(1646~1716년)다. 30세부터 공작 요한 프리드리히Johann Friedrich의 궁정 고문관이자 도서관 책임자로 일하던 라이프니츠는 벨프 가문의 고문서를 연구하던 중에 12세기에 작센의 하인리히 사자 공작이 갖고 있던 선제후의 권리가 몰수되었음을 밝혀냈다. 이로 인해 하노버 공작은 1692년에 신성 로마 제국의 아홉 번째 선제후가 되었다.

하노버시는 라이프니츠의 이러한 공적을 기려 2006년에 주립 도서관과 대학교를 그의 이름을 따서 변경했다. 라이프니츠 도서관이 보존하고 있는 라이프니츠의 서신과 '황금 편지Goldner Brief'는 유네스코 세계 기록 유산이 됐다.

과학자 라이프니츠의 이름을 딴 '라이프니츠 협회(연구소)Leibniz Gemeinschaft'는 오늘날 독일 4대 연구소(막스 플랑크Max Planck 연구소, 프라운호퍼Joseph von Fraunhofer 연구소, 헬름홀츠Hermann von Helmholtz 연구소, 라이프니츠 연구소) 중 하나다. 자연 과학, 생태학은 물론 경제학, 사회 과학과 인문학을 중점으로 연구하는 연구소다. 베를린에 본부가 있고 본과 브뤼셀에 지부가 있다.

영국 '하노버 왕조'를 연
하노버 선제후와 '괴팅겐의 7인'

독일의 제후가 외국의 왕이나 황제가 된 사례가 두 번 있었다. 첫 번째는 1714년에 하노버 선제후 게오르크 1세Georg I가 영국 왕 조지 1세George I(재위: 1714~1727년)가 된 사례다. 두 번째는 슐레스비히-홀슈타인-고토르프 공작의 아들 울리히가 1762년에 러시아 황제 표트르 3세가 됐다(18장 킬 참조).

선제후 게오르크 1세는 어떻게 영국 왕이 될 수 있었을까? 영국 왕 제임스 1세James I(재위: 1567~1625년)의 딸 엘리자베스Elizabeth와 팔츠 선제후 프리드리히 5세(30년 전쟁 초기인 1619년에 보헤미아 왕이 되어 백산 전투에서 황제에게 패해 네덜란드로 망명했다)는 딸 조피Sophie를 낳았다. 조피가 하노버 공작과 결혼하여 난 아들이 선제후 게오르크 1세였다. 어머니 조피와 아들 게오르크 1세는 영국 왕위 계승자가 됐다. 그런데 1714년에 조피에 이어 여왕 앤Anne(재위: 1702~1714년)마저도 숨졌다. 유일한 왕위 계승자인 게오르크 1세가 왕위에 올라 영국 하노버 왕조의 시조가 된 것이다.

100년 후인 1814년에 하노버에 경사가 있었다. 하노버 공국이 1813년에 나폴레옹을 몰아낸 라이프치히 전투에 참전한 공이 인정되어 빈 회의에서 '하노버 왕국'이 된 것이다. 영국 왕이 하노버 왕을 겸임한 동군연합同君聯合이었다.

1837년에 영국 왕 윌리엄 4세William IV(재위: 1830~1837년)가 정실 자녀가 없이 죽자, 동생 켄트 공작 에드워드Edward의 장녀인 빅토리아Victoria가 왕위에 올랐다. 이로써 5대 123년 동안 내려왔던 하노버 왕조는 단절됐다. 그러나 여성의 왕위 계승을 금지하는 '살리카 법'으로 인해 그녀는 하노버 왕은 되지 못했다. 윌리엄 4세의 동생 에른스트 아우구스트 1세Ernst August I가 하노버 왕위에 올랐다.

왕이 된 아우구스트 1세는 그가 즉위하기 전에 제정된 헌법에 이의를 제기하며 헌법의 효력을 정지시켰다. 그러자 괴팅겐 대학 교수 달만Friedrich Christoph Dahlmann은 이 헌법을 지지하며 왕에게 충성을 거부했다. 달만의 주장에 괴팅겐 대학 교수 6명이 동조했다. 동화 작가로 유명한 그림 형제도 있었다.

왕은 이들을 교수직에서 파면하고 3명을 추방했다. 이들을 '괴팅겐의 7인Göttinger Sieben'이라고 부른다. 이 '괴팅겐의 7인' 중에서 달만, 야고프 그림, 알브레히트Wilhelm Eduard Albrecht, 게르비누스Georg Gottfried Gervinus는 1848년 프랑크푸르트 국민 의회가 추진했던 헌법 제정에 참여하는 등 대부분이 학문 활동을 계속했다 (국민 의회 내용은 9장 프랑크푸르트 참조).

하노버 왕국은 출범 52년만인 1866년에 사라졌다. 통일을 추진하던 프로이센 왕국은 1866년에 오스트리아와 싸웠다. 바이에른 왕국, 작센 왕국 등 독일 연방의 회원국들은 오스트리아 편에 서서 프로이센과 싸웠다. 하노버 왕국의 게오르크 5세Georg V도 오스트

아우구스트 1세가 헌법 효력을 정지시키자 이에 이의를 제기한 괴팅겐 대학 교수 7명을 기리기 위한 '괴팅겐의 7인' 동상

리아 편에서 싸웠다. 그러나 전쟁 발발 7주 만에 프로이센이 승리했다. 프로이센은 응징 차원에서 하노버 왕국을 해체하고 수도 하노버를 병합해 버렸다. 왕국이 사라지면서 하노버는 프로이센 왕국의 주 수도로 몰락했다. 역시 오스트리아를 지지한 프랑크푸르트도 '자유시' 지위를 박탈당했다. 제2차 세계대전 후 하노버는 니더작센 주 수도가 되었다.

유대인 학살의 전환점 '제국 학살의 밤'

나라마다 자랑스러운 역사가 있고 또 부끄러운 역사도 있다. 독일의 부끄러운 역사는 나치의 유대인 학살과 박해, 그리고 외국인을 강제 노동에 동원한 일이다. 1933년 1월 30일 히틀러가 수상으로 임명되면서 나치의 유대인 박해가 본격화되었다.

나치는 1935년에 '뉘른베르크 법'을 제정하여 유대인을 경제 활동에서 완전히 제외하여 삶의 토대를 없애려고 했다. 1938년부터 유대인을 무역과 학문에서 몰아내기 위해 유대인 소유물과 기업을 몰수하기 시작했다. 이는 시작에 불과했다.

유대인 박해는 1938년 11월 9일 밤에서 10일 새벽에 일어난 '제국 학살의 밤Reichspogromnacht'(라힉스포그롬나흐트. 유대 교회당과 상점 유리창의 깨진 유리 조각들이 거리에 넘쳐나 수정처럼 반짝였다고 하여

'수정의 밤'이라고 하나 '제국 학살의 밤'이란 용어를 더 널리 쓰고 있다)이 전환점이 됐다. 제국 학살의 밤 사건은 독일 내 유대인에 대한 나치의 조직적인 폭력 행위였다. 이 사건은 왜 일어났으며 하노버와는 어떤 관련이 있을까?

이 사건은 나치가 1938년 10월 말 폴란드에서 이주해 온 유대계 폴란드인들 중에서 체류 비자가 없는 이들을 추방한 것이 발단이 됐다. 독일 전역에서 1만 7000여 명의 유대계 폴란드인들이 추방됐다. 이 추방은 예고 없이 갑작스럽게, 또 폭력적으로 이루어졌다. 하노버에서 추방된 484명의 유대인 중에 그린즈판Grynszpan 가족이 있었다.

파리에 살던 17세의 그린즈판의 아들은 가족이 추방된 것을 알고는 11월 7일 파리 주재 독일 외교관을 권총으로 쐈다. 이틀 후인 11월 9일 밤 이 외교관이 숨지자 나치 선전 장관 괴벨스가 보복을 예고했다. 이날 밤 독일 전역에서 나치 돌격대(SA)가 앞장서고 나치당원들도 가담하여 7500여 개의 유대인 상점과 주택을 약탈하고 불 질렀다. 1400여 개의 유대 교회당도 불태웠다. 유대인 300여 명을 살해했으며 2만 5000여 명을 다카우Dachau와 부헨발트 강제수용소에 수용했다. 이들 중 수백 명이 처형됐다. 이를 '제국 학살의 밤'이라고 한다. 제국 학살의 밤은 유대인의 삶을 조직적으로 말살하는 행동의 시작이었다.

나치는 더 나아가 1942년 1월 20일 베를린 교외 반제Wannsee

호수가의 회의(반제 회의)에서 '유대인 문제 최종 해결'을 협의했다. 유럽 내 유대인을 아우슈비츠, 소비보르 등 강제 수용소에 수용하여 집단 학살을 추진했다.

박람회의 도시

1920년대에 하노버는 화가 쿠르트 슈비터스Kurt Schwitters(1887~1948년)가 활동하며 신문물의 전진 기지가 됐다. 슈비터스의 다다이즘, 그가 1923년에 출간한 잡지 《메르츠MERZ》와 그가 설립한 '추상적 하노버 그룹'은 세계적인 명성을 얻을 정도로 인기를 누렸다.

하노버는 박람회의 도시다. 24개의 전시 홀이 있는 하노버 박람회장은 세계에서 두 번째로 크다. 해마다 주빈국을 선정하여 여는 하노버 산업 박람회는 세계 최대 산업 박람회다. 2000년에 하노버에서 독일에서 처음으로 '인간, 자연, 기술'이라는 주제로 세계 박람회(EXPO)를 개최했다. 참가국 155개국에 관람객은 1800만 명에 그쳐 목표에는 미치지 못했다.

1955년에 '사격 도시' 칭호를 받은 하노버는 해마다 세계 사격 대회를 열고 있다. 2014년에는 '유네스코 음악 도시UNESCO City of Music'가 됐다.

하노버의 상징 하노버 시청. 1903년에 열린 준공식에 황제 빌헬름 2세도 참석했다

7부

동부 독일 지역 도시들

7부에서는 동부 독일 지역의 6개 도시를 돌아본다. 작센주의 드레스덴과 라이프치히, 작센–안할트주의 마그데부르크와 할레, 튀링겐주의 에르푸르트와 바이마르다. 이 도시들은 작센 왕국과 바이마르 공국의 도시로 역사는 물론 문화 유적이 풍부한 지역이다. 분단 시기에는 동독에 속했던 도시들이다.

23

드레스덴

Dresden

보물 왕국 작센 왕국의 수도

주　　작센주
인구　56만 6222명(2023년 12월 기준)

Dresden

드레스덴은 작센 공국, 작센 선제후국, 작센 왕국의 수도였으며 오늘날은 작센주의 수도다. 츠빙거Zwinger, 렌지덴츠슐로스(왕궁), 젬퍼 오페라 하우스, 프라우엔 교회 등의 건축물이 있다. 왕궁에는 작센 왕국의 보물을 전시하는 5개의 박물관이 있다. 독일 내 인구 순위는 12위다.

작센의 수도

드레스덴은 작센 공국을 시작으로 작센 왕국의 수도에 이르기까지 800년이 넘는 오랜 역사를 간직한 도시다. 츠빙거, 레지덴츠슐

18세기 중엽 프라우엔 교회와 노이마르크트 광장. 제후의 마차 행렬이 지나가자 한 백성이 경의를 표하고 있다. 베르나르도 벨로토Bernardo Bellotto 작품, 드레스덴 게멜데갈레리 알테마이스터 미술관 소장

로스(왕궁), 프라우엔 교회, 젬퍼 오페라 하우스 등을 비롯하여 진귀한 보물과 예술품이 풍부한 박물관과 미술관도 있는 문화 도시다. 바로크 양식과 지중해풍의 건축물, 엘베강 계곡의 아름다운 경관, 다소 온화한 기후로 인해 드레스덴은 '엘베강 유역의 피렌체'로도 불린다.

10세기 초 하인리히 1세Heinrich I(재위: 919~936년)가 엘베강 유역에 살던 슬라브족을 몰아내자 독일인들이 이주하기 시작했다. 그는 프랑크 왕 콘라트 1세Konrad I의 뒤를 이었으나 프랑크족이 아닌 작센Sachsen 출신의 첫 독일 왕이다. 그로부터 동프랑크 왕국이 아닌 독일 왕국으로 부른다. 그의 아들이 신성 로마 제국의 초대 황

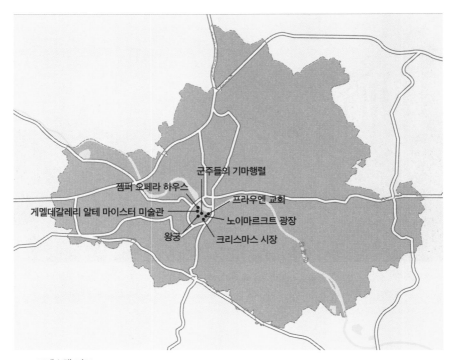

드레스덴 지도

제 오토 1세다.

12세기에 마이센Meißen의 변경백邊境伯(국경을 방어하기 위해 설치한 변경 주의 제후)이 엘베강가에 조그만 성을 세우면서 상인 거주지가 형성됐다. 드레스덴은 1206년에 드레스데네Dresdene('강변 속에 사는 사람'들이라는 뜻이다)로 문서에 처음 나타났으며 1403년에 도시 권한을 얻었다.

1464년에 작센 선제후 프리드리히 2세Friedrich II가 죽자 두 아들이 21년 동안 공동으로 통치했다. 1485년에 형제는 분열했다. 형 에른스트Ernst(재위: 1464~1486년)는 수도 비텐베르크에서 작센 선제후국을, 동생 알브레히트Albrecht는 드레스덴을 수도로 작센 공국을 각각 다스렸다. 에른스트계는 루터의 종교 개혁을 지지했다. 1521년 보름스 제국 의회에서 루터를 보호한 이가 에른스트 선제후의 아들 프리드리히 3세Friedrich 현공賢公이었다(8장 보름스 참조). 드레스덴은 공국의 수도가 되며 발전하기 시작했다.

1547년 작센의 지배자가 '에른스트계'에서 '알브레히트계'로 바뀌었다. 선제후 요한 프리드리히 1세Johann Friedrich I(재위: 1532~1547년)가 황제와 가톨릭을 상대로 싸운 슈말칼덴 전쟁에서 패해 선제후 지위를 박탈당했기 때문이다. 황제 편에서 싸운 작센 공작 모리츠Moritz(알브레히트계)가 선제후가 됐다. 드레스덴은 선제후국의 수도가 되며 경제와 문화도 발전했다(슈말칼덴 전쟁은 12장 아우크스부르크 참조).

17세기 30년 전쟁에 시달렸던 드레스덴은 페스트(흑사병)와 굶주림으로도 큰 피해를 입었다. 드레스덴은 폴란드 왕을 겸한 아우구스트 2세August II 재위 시기인 18세기 전반에 문화적으로나 예술적으로 황금기를 누렸다. 1694년에 작센 선제후가 된 그는 1697년에 폴란드 왕이 되면서 폴란드 왕의 칭호 '아우구스트 2세'로 불린다.

작센 선제후국은 오스트리아 왕위 계승 전쟁(1740~1747년: 황제 카를 6세Karl VI가 죽은 후 마리아 테레지아가 합스부르크 왕가를 계승하자 여

성의 왕위 계승을 금지하는 '살리카 법'을 위반했다며 벌인 전쟁)과 오스트리아가 빼앗긴 슐레지엔을 되찾기 위해 벌인 7년 전쟁(1756~1763년)에서도 프로이센군에 점령되어 불에 타고 파괴되는 수모를 겪었다. 한때 왕국의 수도였던 드레스덴은 지방의 도시로 전락했다.

작센 최고의 군주, '강건왕' 아우구스트 2세

드레스덴의 상징인 프라우엔 교회에서 가까운 골목길(아우구스투스슈트라세)에 들어서면 왼쪽에 벽화가 있다. 작센을 지배했던 베틴 Wettin 가문의 역대 군주 35명을 담은 '제후들의 기마행렬' 벽화다. 벽화에는 통치자 이외에 작센을 빛낸 59명의 과학자, 예술가, 수공

작센을 지배했던 군주들의 기마행렬. 베틴 가문 군주들의 이름과 재위 기간을 표시했다

업자, 군인, 농부, 어린이들과 45마리의 말과 개도 있다. 베틴 가문 탄생 800주년을 기념하여 1876년에 길이 101미터, 폭 10.5미터의 크기로 제작됐다. 세월이 흐르며 훼손되자 1904년과 1907년 두 차례에 걸쳐 20.5센티미터 크기의 정사각형 타일 2만 4000개로 다시 제작했다.

작센 최고의 군주는 폴란드 왕을 겸했던 강건왕 아우구스트 2세다. 1670년 5월 선제후 요한 게오르크 3세Johann Georg III의 아들로 태어난 그는 1694년에 형이 죽자 24세에 선제후(재위: 1694~1733년)가 됐다. 왕이 되고자 했던 그는 폴란드 왕이 선출되는 점을 이용하여 왕(재위: 1697~1706년, 1709~1733년)이 됐다. 폴란드가 가톨릭 국가라 개신교도였던 그는 가톨릭으로 개종했다. 기골이 장대하여 '강건왕'이라는 수식어가 붙었다.

아우구스트 2세는 북방전쟁 중이던 1706년에 스웨덴 국왕 카를 12세Karl XII가 드레스덴을 공격하자 폴란드 왕위를 내놓았다가 3년 후 러시아가 스웨덴을 물리치

작센 선제후이자 폴란드 국왕인 아우구스트 2세. 다이아몬드로 장식한 옷을 입고 있다. 1718~1720년 사이, 드레스덴의 게멜데갈레리 알테마이스터 미술관 소장

면서 다시 왕이 됐다. 그가 주요 시설을 방어하기 위해 1728년에 지은 요새 형태의 건물 츠빙거에는 오늘날 고전 거장의 미술관인 게멜데갈레리 알테마이스터Gemäldegalerie Alte Meister, 도자기 박물관과 수학·물리학 박물관 3개 박물관이 들어 있다.

아우구스트 2세의 의지로 작센은 1710년에 유럽에서 최초로 도자기를 생산했다. 구텐베르크가 금속 활자를 발명한 데 이어 두 번째 독일 과학 기술의 성과다. 오늘날 드레스덴 근교 마이센에서 생산하는 '마이센 도자기'는 세계 최고 품질의 도자기다.

아우구스트 2세는 평생 진귀한 예술품과 보물을 수집했다. 그는 무척 사치스러웠고 난봉꾼이기도 했다. 그는 왕궁인 레지덴츠슐로스Residenzschloss(군주가 거주하며 업무도 보았던 성) 안에 보물 전시실을 만들어 드레스덴을 방문하는 제후들에게 보여 주면서 절대 권력과 부를 과시했다. 이 왕궁에는 오늘날 5개의 박물관이 들어 있다. 히스토리세스 그뤼네스게뷜베(바로크 보물 박물관), 노이에스 그뤼네스게뷜베(보물 박물관), 뤼스트캄머(무기 박물관)와 터키실, 동전 박물관, 동판 전시실이다.

아우구스트 2세는 1733년에 63세를 일기로 폴란드 바르샤바에서 숨졌다. 육신은 폴란드 크라쿠프에, 심장은 드레스덴에 묻혔다. 작센 선제후국을 강국으로 만들었고, 드레스덴을 유럽 문화와 예술 중심 도시로 발전시킨 작센 제1의 군주다.

왕궁 안의 무기 박물관

작센 왕국

오스트리아 왕위 계승 전쟁과 7년 전쟁 중에 프로이센에 점령되고 파괴되며 활기를 잃었던 드레스덴에 변화가 왔다. 신성 로마 제국이 멸망하기 전인 1806년 1월에 작센 공국은 나폴레옹에 의해 왕국이 됐다. 신성 로마 제국의 연방 국가가 다시 결집하지 않도록 하기 위한 조치였다. 선제후 프리드리히 아우구스트 3세Friedrich August III가 프리드리히 아우구스트 1세Friedrich August I로 왕(재위: 1806~1827년)이 됐다.

작센 왕국 이외에 바이에른 왕국과 뷔르템베르크 왕국, 1814년

작센의 마지막 선제후이자 작센 왕국의 초대 왕 프리드리히 아우구스트

에는 하노버 왕국이 수립되면서 1701년에 수립된 프로이센 왕국을 포함하여 5개의 왕국이 있었다. 이외에 나폴레옹이 만든 프랑스 꼭두각시 왕국인 베스트팔렌 왕국(1807~1813년)도 있었다.

1812년에 러시아 원정에 나섰으나 실패한 나폴레옹은 전열을 정비하여 1813년 10월에 프로이센, 오스트리아, 러시아 동맹군을 상대로 싸웠다(이 전투를 '라이프치히 전투'라고 한다). 나폴레옹 편에서 싸웠던 작센 왕국은 나폴레옹이 패하면서 러시아와 프로이센의 관리를 받았다. 1815년 빈 회의에서 작센 왕국은 영토의 반 이상을 프로이센 왕국에게 넘겨주었으나 왕국의 지위는 유지했다. 1918년 제1차 세계대전에서 독일 제국이 패하며 작센 왕국도 사라졌다. 1919년에 바이마르 공화국의 작센주가 됐다.

헬무트 콜 총리의 통일을 향한 드레스덴 연설

1989년 12월 19일 저녁 헬무트 콜 총리(재임: 1982~1998년)는 드레스덴 노이마르크트 광장에 섰다. 가까운 곳에 제2차 세계대전 중에 폭격으로 파괴된 프라우엔 교회가 서 있었다. 12월의 쌀쌀한 날씨에도 불구하고 콜 총리의 연설을 듣기 위해 수천 명의 동독 주민들이 모였다. 연설은 동독 주민들의 요청으로 갑작스럽게 이루어졌다.

동독 주민을 상대로 한 연설에서 콜 총리는 베를린 장벽을 무너뜨린 주민들의 용기를 격려했다. 공산 정권을 상대로 한 동독 주민들의 시위는 민주주의, 평화, 자유와 독일 민족의 자결권을 위한 것이었다고 했다. 콜은 "독일을 위한 동독 주민들의 결정을 존중할 것이며 독일의 미래를 함께 만들어 갑시다"라고 했다. 이어 "만약에 역사적인 시간이 허락한다면, 나의 목표는 우리 민족의 통일입니다"라며 통일을 이루고자 하는 의지도 드러냈다.

이날 오전 드레스덴에 도착한 콜 총리는 연설에 앞서 한스 모드로Hans Modrow 동독 총리와 정상 회담을 했다. 베를린 장벽이 무너진 후 경제적으로 어려워진 동독을 안정시키고 교류를 확대하는 문제를 협의했다. 모드로는 동독의 여행 자유화 조치로 인해 동독 마르크의 환율 하락으로 인해 향후 2년(1990~1991년) 동안 서독이 이익을 볼 150억 마르크(75억 유로 상당)의 보상을 구했다.

콜 총리는 동독의 어려운 사정을 이해하면서도 선거법 개정 등 정치 개혁이 먼저라며 지원 요청을 단호히 거절했다. 모드로가 통일을 할 의도가 없는 데다 지원금으로 위기를 넘겨 동독을 존속시키려고 했기 때문이었다. 다만 동독이 생필품을 구입하는 데 필요한 60억 마르크를 지원하겠다고 했다.

콜 총리는 드레스덴 방문 후 '점진적인 통일'에서 '신속한 통일'로 급선회했다. 그는 베를린 장벽이 붕괴되자 1989년 11월 28일 '독일과 유럽 분단 극복을 위한 10단계 방안'을 발표했었다.

독일 통일을 이룩한 헬무트 콜 총리. 총리실에 걸려 있는 역대 총리 초상화에서 촬영

파괴된 프라우엔 교회 앞 광장에서 동독 주민들에게 통일의 필요성을 강조한 콜 총리. 1989년 12월 19일

그러면서 통일을 3~5년에 걸쳐 '점진적'으로 이루려고 했었다. 그런데 그해 말에 '신속한 통일'로 바꾼 것이다. 왜 그랬을까?

콜은 드레스덴 방문을 통해 동독의 경제 사정이 생각했던 것보다 훨씬 나쁘고, 동독 주민들의 통일 열망도 크다는 것을 확인했기 때문이다. 또 다른 이유는 고르바초프 소련 공산당 서기장 재임 중에 통일하고자 했기 때문이다. 콜 총리의 판단은 옳았음이 드러났다. 동독과의 경제적 격차를 이유로 야당인 사민당의 주장처럼 점진적으로 추진했더라면 1991년 말 소련이 붕괴하고 독립 국가 연합이 발족되어 통일도 장담할 수 없었다. 또 통일을 했더라도 시일과 비용이 훨씬 더 들었을 것이다. 복원된 프라우엔 교회 입구에는 1989년 12월 19일 콜 총리가 연설한 사진이 있다.

폐허의 잿더미 위에서 다시 일어선 드레스덴

제2차 세계대전 중에 독일의 거의 모든 도시는 폭격으로 파괴됐다. 피해가 가장 심했던 도시는 드레스덴이다. 1945년 2월 13일

드레스덴의 상징으로 2005년에 복원된 프라우엔 교회. 종교 개혁가 마르틴 루터의 동상은 이 교회가 개신교 교회임을 말해 주고 있다

~15일의 3일 동안 미국과 영국 공군의 맹폭격으로 드레스덴은 5일 동안이나 불에 탔다. 약 3만 5000명(2만 2700명~2만 5000여 명에 1989년에 발굴된 1만여 시신 포함)이 숨졌으며, 건물 6000여 채가 완전히 파괴됐고, 9만 9000여 채는 일부 파괴되었다. 프라우엔 교회, 젬퍼 오페라 하우스, 츠빙거, 레지덴츠슐로스, 대성당 등 드레스덴이 자랑하는 주요 건축물이 파괴됐다. 폐허의 잿더미에서 잠을 잘 곳도, 먹을 것도 거의 없어 살아남은 자들은 심한 고통 속에 지내야 했다.

동독 정권은 파괴된 프라우엔 교회를 복원할 재원이나 기술이 없었다. 통일 이후 2005년에서야 복원됐다. 파괴된 교회에서 사용 가능한 벽돌과 돌 1만 1669개를 활용했다. 프라우엔 교회가 복원되

독일에서 가장 오래된 드레스덴의 크리스마스 시장 슈트리첼마르크트. 상단의 '578'은 2012년에 578년이 됐음을 알려 주고 있다

며 드레스덴은 새로운 모습을 되찾았다.

1990년 통일 후 드레스덴은 작센주의 수도가 됐다. 통일 이후 동독 지역은 서독 지역보다 실업률이 높았다. 여기에 젊은 고학력 자와 기술 인력들이 서독으로 이주하여 어려움을 겪고 있다. 그러나 드레스덴과 라이프치히 등 지난날 경제 중심지였던 도시에는 비교적 많은 투자가 이루어지고 있어 이런 영향을 덜 받는다. 드레스덴은 동독 지역의 경제 성장을 견인하고 있다. 또 문화와 예술의 중심 도시로 많은 이들이 찾고 있다.

독일 전역에서는 해마다 11월 말(강림절 4주 전)이면 크리스마스 시장이 열린다. 그중에서 1434년에 시작된 '슈트리첼마르크트Striezelmarkt'로 불리는 드레스덴 크리스마스 시장이 역사가 가장 오래됐다.

독일에서 가장 전통적인 크리스마스 케이크는 '슈톨렌Stollen'이다. 아기 예수를 쌌던 포대기를 상징하는 모양의 슈톨렌은 1392년 라이프치히 인근 나움부르크Naumburg에서 처음 시작됐다는 기록이 있다. 버터, 아몬드와 과일이 들어간 슈톨렌은 오늘날 드레스덴뿐만 아니라 독일 전역에서 인기 있는 간식이다.

24

라이프치히

Leipzig

베를린 장벽을 무너뜨린
평화 혁명의 발상지

주 작센주
인구 61만 9879명(2023년 12월 기준)

Leipzig

중세에 주요 무역로의 교차점에 있었던 라이프치히는 무역과 메세 (박람회)를 통해 부유해지며 문화도 발전했다. 대문호 괴테가 유학했던 도시며 나폴레옹을 패퇴시킨 '라이프치히 전투'가 벌어진 곳이다. 1989년 가을 베를린 장벽을 무너뜨린 평화 혁명의 발상지이기도 하다. 인구는 동독 지역에서 베를린에 이어 가장 많으나 독일 내 전체 순위는 8위다.

대문호 괴테가 사랑했던 도시

라이프치히는 드레스덴에서 북서쪽으로 약 120킬로미터 거리

라이프치히 지도

에 있다. 라이프치히에서 유학했던 괴테는 대표작 『파우스트』에서 "나는 라이프치히를 사랑하지. 작은 파리이며 사람들도 교양이 있지"라고 할 정도로 좋아했던 도시다. 라이프치히는 1015년에 우르 브스 리브지urbs libzi('보리수의 도시'라는 뜻이다)로 문서에 처음 나타 났다.

중세에 동서 무역로(왕의 도로Via Regia)와 남북 무역로(제국 도로 Via Imperii)가 교차하는 지점에 있었던 라이프치히는 1165년에 도시

라이프치히 대학에서 공부했던 괴테를 기리기 위해 세운 동상. 동상 뒤편의 흰색의 건물은 17세기에 세워진 라이프치히 옛 증권 거래소 건물이다

권한과 시장 개설권을 얻으며 발전하기 시작했다. 특히 가죽 무역과 모피 가공 산업이 발달했다. 경제적으로 부유해진 라이프치히는 1409년에 대학을 설립했다.

　라이프치히는 1497년에 메세(박람회) 개최권을 얻었고 1507년에는 유럽의 메세 도시로 자리 잡았다. 마르틴 루터가 바르트부르크성에 숨어 번역한 신약 성경은 1522년 9월에 열린 라이프치히 도서 박람회에 출품되어 큰 호응을 얻었다. 오늘날 라이프치히 도서 박람회는 프랑크푸르트 도서 박람회와 함께 세계적인 박람회다.

1519년 6~7월 라이프치히에서 루터는 가톨릭 신학자이자 주교인 에크(1486~1543년)와 공개 토론을 했다(이를 '라이프치히 논쟁'이라고 한다. 에크는 2년 후인 1521년 보름스 제국 의회에서 루터를 심문하게 된다). 이 논쟁에서 합의점을 찾지 못하자 루터 지지 세력과 가톨릭계는 완전히 갈라서게 됐다. 1539년에 라이프치히는 개신교 도시가 됐다. 무역과 박람회 개최로 부유해진 라이프치히에는 16세기에 시민 계급이 형성되었다. 1650년에는 세계 최초로 주 6회 발행되는 일간 신문이 생겨났다.

음악 도시, 독일은
왜 음악이 발달한 나라일까?

독일에는 음악 도시가 많다. 라이프치히도 음악 도시다. 오페라 〈니벨룽의 반지〉와 〈뉘른베르크의 명가수〉를 작곡한 바그너(1813~1883년)와 슈만의 아내 클라라(1819~1896년)가 태어난 곳이다. 음악의 아버지 바흐와 멘델스존이 활동했던 도시다. '게반트하우스Gewandhaus'라는 오케스트라도 있다. 바흐, 멘델스존, 게반트하우스 오케스트라에 대해 알아본다.

바흐(1685~1750년)는 1685년 3월 31일 아이제나흐에서 태어나 거리에서 바이올린을 연주했던 아버지로부터 바이올린과 오르간을 배웠다. 23세부터 바이마르 궁정 교회에서 오르간 연주자와 콘체르토 마스터(콘서트마스터)로 활동했고, 32세에는 쾨텐Köthen에서 궁정 악장으로 지냈다. 38세부터는 라이프치히 토마스 교회와 니콜라이 교회에서 지휘자 겸 음악 감독인 칸토르로 활동했다. 바흐는 칸토르로 활동하며 많은 미사곡, 오라토리오와 칸타타를 작곡했다.

아쉽게도 생전에 별다른 주목을 받지 못했던 바흐는 눈병으로 65세에 라이프치히에서 숨졌다. 그가 활동했던 토마스 교회에 묻혀 있다. 바흐는 멘델스존에 의해 그의 음악이 재평가되면서 주목을 받기 시작했다. 베토벤은 "바흐는 바흐Bach(개울)가 아니라 메르Meer(바다)로 불려야 한다"라며 바흐의 위대함을 칭송했다.

바흐는 많은 작품을 남겼다. 〈마태 수난곡, BWV 244〉, 〈요한 수난곡, BWV 245〉, 〈토카타와 푸가 D단조, BWV 565〉, 〈이탈리아 협주곡, BWV 971〉, 〈바이올린 협주곡 1번, BWV 1041〉, 〈브란덴부르크 협주곡, BWV 1046-1051〉 등을 비롯하여 칸타타 곡으로 〈교회 칸타타, BWV 21〉, 〈결혼 칸타타, BWV 202〉, 〈사냥 칸타타, BWV 208〉 등이 있다. 〈커피 칸타타, BWV 211〉는 라이프치히에 커피 문화가 발달했음을 말해 준다. 'BWV'는 바흐 작품 번호의

토마스 교회 앞에 있는 바흐 동상

약자다. 바흐 박물관도 있다. 라이프치히는 해마다 6월에 바흐 음악 축제를 열며 바흐의 도시임을 알리고 있다.

멘델스존(1809~1847년)은 1809년 함부르크의 유대인 집안에서 태어나 음악을 공부하기에 어려움이 없을 정도로 부유한 환경에서 자랐다. 저명한 철학자 모제스 멘델스존Moses Mendelssohn이 할아버지다. 그는 20세 때 할머니가 보관하고 있던 바흐의 〈마태 수난곡

〉 필사본 악보를 정리하여 베를린에서 공연했다. 이후 바흐의 음악이 재평가되면서 전 유럽에서 바흐 열풍이 불었다고 알려졌다.

멘델스존은 뒤셀도르프에서 잠시 음악 감독으로 지내다 26세에 라이프치히로 돌아와 게반트하우스 오케스트라의 지휘자로 활동했다. 34세에 음악인을 양성하기 위해 라이프치히 음악원(오늘날 라이프치히 멘델스존 음악 연극 대학)도 설립했다. 피아니스트와 지휘자로 활동했으며 그림 솜씨도 뛰어났다. 몸이 약했던 그는 세 살 많은 누나가 세상을 떠나자 충격을 받은 후유증으로 38세의 젊은 나이에 숨졌다.

멘델스존은 일찍 세상을 떠났지만 750여 곡의 많은 작품을 남겼다. 주요 작품으로는 〈교향곡 3번 스코틀랜드, Op. 56〉, 〈교향곡 4번 이탈리아, Op. 90〉, 〈피아노 협주곡 3번, Op. 25〉, 〈피아노 협주곡 2번, Op. 40〉, 〈피아노 트리오 1번, Op. 49〉, 〈피아노 트리오 2번, Op. 66〉, 〈엘리야, Op. 70〉, 〈한여름 밤의 꿈, Op. 21&61〉 등이 있다. 널리 알려진 〈노래의 날개 위에, Op. 34-2〉는 시인 하인리히 하이네의 시에 멘델스존이 곡을 붙인 가곡이다.

게반트하우스 오케스트라는 세계적으로 이름난 오케스트라로 18세기에 상인들이 직물織物 회관 안에 조직했다. 라이프치히에서는 왜 제후가 아닌 상인들이 오케스트라를 만들었을까?

작센 선제후국의 수도인 드레스덴에는 1548년에 창단된 작센 드레스덴 국립 관현악단이 있었고, 바이마르에도 궁정 악단이 있었

토마스 교회 외부에 있는 멘델스존 동상

다. 모두 제후의 적극적인 지원으로 만들어졌다. 작센 선제후가 다스렸던 라이프치히에서는 부유한 상인들이 나섰다. 무역과 메세를 통해 부를 축적하며 음악에도 관심이 있던 상인들이 1743년 이래 음악인들을 초청하여 음악회를 열어 오곤 했다. 1781년에 직물 회

관 안에 콘서트홀을 만들고 오케스트라도 조직했다. 이름을 '직물
회관'을 뜻하는 '게반트하우스' 오케스트라로 지었다.

게반트하우스의 역대 주요 지휘자로 멘델스존과 쿠르트 마주
르Kurt Masur(1927~2005년)가 있다. 마주르는 1989년 가을에 동독
주민들의 개혁 요구 시위를 평화적으로 이끌기도 했다. 게반트하우
스 오케스트라는 1990년 10월 2일 오후 9시 동독을 해산하는 마지
막 국가 행사에 초청되어 베토벤의 〈교향곡 9번〉을 연주했다.

지금의 공연장은 세 번째로 지어졌다. 두 번째 공연장이 제
2차 세계대전 중에 파괴되자 1981년에 새로 완공한 공연장이다.
1905석의 대연주 홀과 498석의 멘델스존 홀이 있다.

300년 가까운 역사의 게반트하우스가 추구하는 신조는 연주홀
에 새겨진 "Res severa verum gaudium"이다. '진정한 즐거움은
매우 중요한 일이다'라는 뜻으로 로마 제국의 철학자 세네카Lucius
Annaeus Seneca의 저서에서 따왔다고 한다. 게반트하우스 안에는
지휘자로 활동했던 멘델스존이 여린 모습을 한 동상이 서 있다.

지금까지 베토벤, 슈만, 바흐, 멘델스존, 브람스, 헨델을 통해 독
일이 음악이 발달한 나라임을 알아보았다. 그런데 독일은 어떻게
음악이 발달할 수 있었을까?

첫째, 선제후나 제후들은 즉위식, 생일, 다른 나라 제후의 방문
등 주요 행사에 음악이 필요했다. 이를 위해 궁에 악단을 만들었고
음악에 재능이 있는 이들을 고용했다. 바흐, 베토벤, 브람스, 헨델은

젊은 시절에 궁중 악단에서 활동했다. 연극과 오페라 공연장도 세웠다. 제후는 건축가, 화가, 조각가, 수공업자들도 고용했다. 오늘날 베를린, 함부르크, 뮌헨, 드레스덴, 슈투트가르트, 하노버, 프랑크푸르트 등 대부분 도시에 오페라 하우스가 있고 오케스트라를 운영하고 있다.

둘째, 교회에서 음악은 믿음의 언어로 중요했다. 교회는 미사 등 종교 활동을 위한 음악이 필요했다. 작곡자와 연주자들이 교회에서 종교 음악을 작곡하며 활동했다. 바흐(토마스 교회)와 요한 파헬벨Johann Pachelbel(뉘른베르크 성 제발두스 교회) 등이 연주자로 활동했다. 또 소년 합창단을 운영하여 음악적 재능이 있는 어린이들이 재능을 키울 수 있었다. 독일에는 설립된 지 800년 넘은 소년 합창단만 아헨, 레겐스부르크, 할레와 라이프치히의 토마스 합창단 등 4개나 된다.

셋째, 제후와 음악가들이 음악 학교를 운영하며 인재를 길렀다. 이로 인해 오늘날 독일에 음악 대학이 26개나 있게 되었다. 대학교에 소속된 단과대가 아닌 독립된 대학이다. 이런 요인들이 복합적으로 작용하여 독일은 오늘날 음악이 발전한 나라가 될 수 있었다.

나폴레옹을 몰아낸 '라이프치히 전투'의 무대

라이프치히는 무역을 통해 부유해지면서 대학도 일찍 설립된 문화도시다. 그러나 여러 차례 전쟁터가 되고 군대가 주둔하면서 큰 피해를 입었다. 16세기에는 슈말칼덴 전쟁(1546~1547년)이, 17세기 30년 전쟁 중에는 브라이텐펠트 전투(1631년)와 뤼첸 전투(1632년, 스웨덴 왕 구스타프 2세가 사망한 전투)가 있었으며, 전쟁 중에 다섯 차례나 포위되었고, 스웨덴군이 8년(1642~1650년)이나 주둔했다. 또 7년 전쟁(1756~1763년) 중에도 프로이센 왕국에 여러 차례 점령되기도 했다.

라이프치히는 19세기에도 큰 전쟁터가 됐다. 나폴레옹이 1812년 6월 러시아 원정에서 실패하고 후퇴하자 프로이센과 오스트리아는 러시아와 군사 협약을 맺고 프랑스군에서 이탈했다. 전력을 재정비한 나폴레옹은 1813년 10월 16~19일 동안 러시아, 오스트리아, 프로이센, 스웨덴이 연합한 동맹군을 상대로 싸웠다. 이 전투가 '라이프치히 전투'('나폴레옹 해방 전쟁'이라고도 한다)다. 나폴레옹군과 동맹군의 전투였으나 사실상 독일인이 독일인을 상대로 한 전투였다. 왜 그랬을까?

나폴레옹군에는 작센 왕국과 뷔르템베르크 왕국 등 라인 동맹 회원국의 군인들도 있었다. 이들이 프로이센군 등 동맹군을 상대로 싸웠기 때문이다(후반에는 이 군대도 동맹군에 합류했다). 양측에서 약

라이프치히 전투 희생자를 기리기 위한 기념비. 앞에는 '눈물의 호수'다

50만 명이 참전한 단 3일간의 전투에서 동맹군 5만 4000명, 나폴레
옹군 3만 명 등 총 8만 4000명이 숨졌다. 라이프치히 전투는 제1차
세계대전 이전의 전쟁 중에 가장 큰 전쟁으로 기록되고 있다.

전투에서 패한 나폴레옹은 1814년 4월에 엘바섬으로 유배됐다. 그는 1815년 2월 엘바섬을 탈출하여 6월에 워털루에서 재기를 노렸으나 패했다. 그는 세인트헬레나섬에 유폐되어 그곳에서 1821년 5월에 숨졌다. 라이프치히 전투와 이어 발생한 장티푸스로 인해 라이프치히 시민의 10분의 1이 숨졌다.

라이프치히시는 숨진 자들의 넋을 위로해 주어야 했다. 전쟁 종료 100주년이 된 1913년 10월 18일에 '라이프치히 전투 기념비'를 세웠다. 제막식에는 황제 빌헬름 2세와 전 제후들이 참석했다. 기념비 입구에는 대천사 성 미카엘상이 투구에 갑옷을 걸치고 긴 칼과 방패로 무장하여 당당하게 서 있다. 기념비 앞에는 커다란 '눈물의 호수'도 만들었다. 라이프치히 시민들이 흘린 눈물이 모여 호수가 됐다는 의미를 담고 있다.

평화 혁명의 발상지 니콜라이 교회

1990년 10월 3일 독일은 자유 민주주의에 의해 피 한 방울 흘리지 않고 평화적으로 통일을 이룩했다. 평화 통일의 발단은 라이프치히 니콜라이 교회Nikolaikirche에서 시작됐다. 니콜라이 교회는 동서 무역로와 남북 무역로를 오가는 상인들을 보호하는 성 니콜라우스에게 봉헌하기 위해 1165년에 세워져 라이프치히에서 가장 오래된 교회다.

1980년대 들어 니콜라이 교회에서 해마다 11월이면 평화를 위한 집회가 열흘 동안 열렸다. 퓌러Christian Fürer 목사가 주도한 이 집회는 1982년부터 평화를 위한 기도 모임으로 발전했다.

1985년에 소련 공산당 서기장이 된 미하일 고르바초프가 개혁·개방 정책을 추진했다. 이 영향으로 1989년 들어 헝가리와 폴란드가 개혁 조치를 했으나 동독의 에리히 호네커Erich Honecker 정권은 지방 의회 선거 결과를 조작하는 등 개혁에 무관심했다. 이에 동독 주민들은 두 가지로 저항했다. 그 하나는 서독으로 탈출하는 것

월요 집회 후 라이프치히 시민들이 "우리의 요구: 자유 시민들에게 여행의 자유를, 특권 폐지, 노이에스 포럼 허용"이 적힌 플래카드 등을 들고 시위를 하고 있다. 라이프치히 중앙역 앞

이고 다른 하나는 동독에 남아 동독을 개혁하는 일이었다.

동독을 개혁하고자 하는 이들의 주도로 1989년 9월 4일 니콜라이 교회에서 1200여 명의 주민들이 첫 기도 모임을 했다. 이어서 거리로 나가 '국외 여행 자유화'를 요구했다. 이 시위는 매주 월요일에 하여 '월요 데모'로 불리며 동독 전역으로 퍼져 나갔다.

결정적인 날은 10월 9일이었다. 기도 모임 후 교회 밖으로 나온 2000여 명은 깜짝 놀랐다. 7만 5000여 명의 시민이 동참하기 위해 두 손에 촛불을 들고 있었기 때문이다. 시위 진압을 위해 동원된 3만여 명의 경찰과 보안 요원들보다 훨씬 많았다. 시민들은 "우리가 국민이다Wir sind das Volk!"라는 피켓을 들고 '국외 여행 자유화', '자유 선거 실시', '공산 정권 퇴진'을 요구했다. 경찰과 보안 요원들은 유혈 충돌을 우려하여 강제 진압을 포기했다. 동독에 주둔한 34만 명의 소련군도 개입하지 않았다.

서독의 수도 본에 주재한 동독 대표부에 걸려 있던 동독 문장

동독 전역에서 일어난 시위에 10월 18일 동독 국가 원수이자 당 서기장인 호네커(재임: 1971~1989년)가 책임을 지고 물러났다. 그럼에도 동독을 탈출하는 이들이 늘어나고, 시위도 계속되자 동독 정권은 개혁을 더 이상 미룰 수 없었다. 11월 9일 '국외 여행 자유화'를 발표하자

1989년 가을 평화 혁명의 발상지인 니콜라이 교회. 종려나무 기둥 아래에 '1989년 10월 9일'이 새겨진 동판이 있다

동독 45년의 역사를 전시하고 있는 '라이프치히 현대사 포럼 박물관'에 있는 레닌상과 카를마르크스시(오늘날 켐니츠Chemnitz시) 간판

베를린 장벽이 무너지는 평화 혁명이 이루어졌다. 오늘날 니콜라이 교회 밖에는 종려나무로 장식한 평화의 기둥이 있다. 그 바닥에는 이곳이 혁명의 발상지였음을 알리는 '1989년 10월 9일' 동판도 있다.

라이프치히 옛 시청에는 라이프치히 역사 박물관이 있다. 또 전후 45년 동안 존재했던 동독의 역사를 전시한 현대사 포럼 박물관도 있다.

25

마그데부르크

Magdeburg

신성 로마 제국 초대 황제
오토 1세의 도시

주   작센–안할트주
인구   24만 114명(2023년 12월 기준)

Magdeburg

마그데부르크는 신성 로마 제국 초대 황제 오토 1세의 도시다. 그가 잠들어 있는 대성당은 마그데부르크의 상징이다. 작센-안할트주의 수도며 독일 내 인구 순위는 32위다.

초대 황제 오토 1세의 도시

마그데부르크는 라이프치히에서 북쪽으로 약 130킬로미터 거리에 있다. 엘베강의 수로와 원거리 무역로의 교차점에 있었던 마그데부르크에 사람들이 모여들면서 거주지가 형성되었다. 마그데부르크는 805년에 프랑크 왕국 카를 대제의 문서에 마가도부르

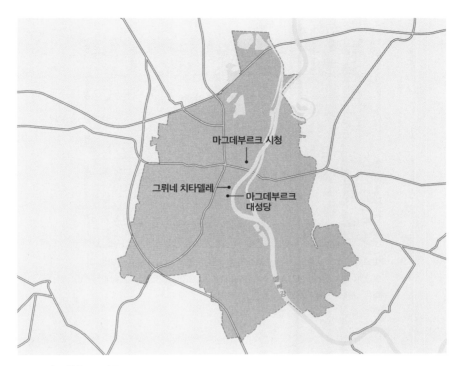

마그데부르크 지도

크Magadoburg('크고 튼튼한 요새'라 뜻)로 처음 나타났다. 마그데부르크는 '오토의 시Ottostadt'로 불릴 정도로 신성 로마 제국 초대 황제 오토 1세(912~973년)의 숨결이 살아 있는 도시다.

　동프랑크 왕 콘라트 1세의 뒤를 이은 왕 하인리히 1세(재위: 919~936년)는 마그데부르크 지역을 아들 오토 1세의 아내 애드기드Edgith에게 결혼 선물로 주었다. 936년에 하인리히 1세를 뒤이어 아들 오토 1세가 아헨에서 즉위했다. 오토 1세는 부왕이 결혼 선물

마그데부르크 대성당 뒤편 도로에 있는 **오토 1세의 표지석**. 936년에 왕이, 962년에는 황제가 됐으며 아내는 애드기드와 아델하이트Adelheid(재혼)였 다는 내용이 쓰여 있다

로 준 마그데부르크에서 주로 지냈다.

오토 1세는 955년에 쳐들어온 마자르족을 아우크스부르크 인근 레흐펠트Lechfeld에서 물리쳤다. 격퇴당한 마자르족은 더 이상 신 성 로마 제국의 영토를 넘보지 못했다. 960년에 침략한 슬라브족도 엘베강 밖으로 몰아내며 군주로의 능력을 과시했다.

961년에 오토 1세는 어려움에 처한 교황 요한 12세Joannes XII 의 요청으로 이탈리아로 원정하여 도와주었다. 962년 2월에 교황 은 감사의 뜻으로 그에게 황제의 관을 씌워 주었다.

오토 1세의 황제 즉위는 로마 제국이 부활했음을 의미하였다. 카를 대제에 이어 두 번째 황제이나 독일계로는 처음이다. 이로써

시청 앞 광장에 있는 **마그데부르크 기사상**. 원형은 훼손을 막기 위해 마그데부르크
문화 역사 박물관에 전시하고 있다

오토 1세가 초대 황제인 신성 로마 제국이 출범했다. 신성 로마 제
국으로 불리기는 12세기 황제 프리드리히 1세 때부터였다. 오토
1세는 재위 37년째인 973년에 숨졌다.

마그데부르크 시청 앞에 금으로 도금한 '마그데부르크 기사상'이 있다. 1240년경에 세워진 이 기사상은 오토 1세를 기리기 위한 것이다. 기사는 황제를 상징하는 독수리 문양의 방패와 창을 들고 있다. 이 기사상은 복제품이다. 원형은 훼손을 막기 위해 1967년에 마그데부르크 문화 역사 박물관으로 옮겨 전시하고 있다.

오토 1세가 잠든 마그데부르크의 상징, 대성당

오토 1세의 도시 마그데부르크의 상징은 단연 그가 잠들어 있는 대성당이다. 그는 937년에 성 마우리티우스(모리츠) 수도원을 세워 왕의 가족 수도원으로 삼았다. 왕이 거주하는 데다 수도원도 설립되자 마그데부르크는 독일의 새로운 중심지로 부상했다. 마우리티우스 수도원은 꾸준히 확장되면서 968년에 대주교좌로 승격됐다. 1188년에 비크만Wichmann 대주교가 엘베강 동쪽의 브란덴부르크, 할레, 하벨베르크Havelberg, 마이센, 메르제부르크Merseburg 주교 성당을 관할하면서 마그데부르크의 영향력은 더 커졌다.

1207년에 큰 화재가 발생하여 대성당 등 도시 전체가 파괴됐다. 마그데부르크의 첫 번째 재앙이었다. 2년 후인 1209년에 대성당을 다시 짓기 시작하여 본 건물은 1362년에, 104미터 높이의 서쪽 탑은 1520년에서야 세워졌다. 완공에 300년이 넘게 걸렸다.

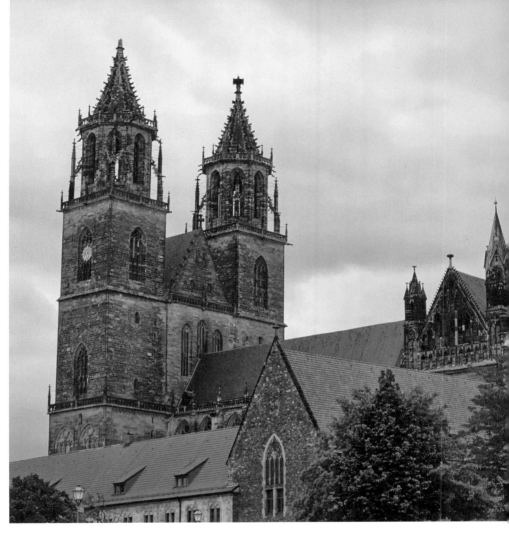

마그데부르크의 상징으로 신성 로마 제국 초대 황제 오토 1세가 잠들어 있는 대성당

마그데부르크는 종교 개혁가 마르틴 루터가 14세 때인 1497년
에 학교를 다녔고, 1524년에는 종교 개혁의 필요성에 관해 설교했
던 곳이다. 그해에 마그데부르크는 개신교로 전향했다. 성 세바스티

아누스 교회, 성 니콜라이, 프란치스코, 도미니코 수도원은 가톨릭에 잔류했다.

1546년에 마그데부르크는 루터교를 지지하는 '슈말칼덴 동맹'의 일원으로 황제와 가톨릭을 상대로 싸웠으나 패했다. 분노한 황제 카를 5세는 마그데부르크를 제국에서 추방했다. 다행히 1562년에 후임 황제 페르디난트 1세가 추방 조치를 해제하여 마그데부르크는 다시 제국에 편입되었다.

처참하게 파괴된 마그데부르크를 재건한 게리케

개신교로 전향한 마그데부르크는 30년 전쟁 중이던 1629년에 가톨릭으로 돌아가는 문제로 심각한 내분이 있었으나 개신교에 잔류했다. 대가는 처참했다. 황제군과 가톨릭군은 마그데부르크를 장기간 포위 끝에 1631년에 초토화시켰다. 주민 1만 5000명~2만여 명이 숨졌으며 대성당 등 일부 건물만 남았다. "전쟁 전 3만여 명이 1639년에 450명만 남았다"라는 마그데부르크시의 기록은 피해가 얼마나 컸는지를 말해 주고 있다. 1207년의 대화재에 이은 두 번째 재앙이었다. 마그데부르크의 사례를 통해 30년 전쟁의 피해가 어느 정도였는지 짐작할 수 있다. 뮌헨 등 가톨릭 지역도 피해가 컸으나 마그데부르크, 뉘른베르크, 라이프치히, 브란덴부르크 선제후국과

시청 옆에 있는 **오토 폰 게리케 동상.** 동상 아래에는 반구 실험 내용도 새겨져 있다

팔츠 선제후국 등 개신교로 전향한 지역들의 피해가 더 컸다.

전쟁으로 처참하게 파괴된 마그데부르크를 다시 일으켜 세운 이는 시장 오토 폰 게리케(1602~1686년)다. 그는 1654년에 한 '진공에 관한 반구 실험'으로 더 알려져 있다. 청동으로 만든 반구 두 개를 붙여 진공 상태로 만들면 말이 끄는 힘으로도 떼어 내기 어렵다는 것을 보여 준 실험이다. 그는 오늘날 마그데부르크에서 오토 1세 다음으로 존경받는 인물이다. 그의 동상이 시청 옆에 있다.

1680년에 마그데부르크는 공국이 됐으나 행정적으로는 브란덴부르크 선제후국에 편입됐다. 이와 함께 712년 동안 유지했던 마그데부르크 대주교좌는 폐지됐다. 1685년에 브란덴부르크 대大선제후 프리드리히 빌헬름Friedrich Wilhelm이 30년 전쟁으로 줄어든 인구를 늘리기 위해 공표한 '포츠담 칙령'(프랑스 신교도인 위그노를 받아들인다는 칙령)으로 위그노들이 이주해 왔다. 이들의 이주로 마그데부르크는 다시 활기를 띠었다.

1807년에 마그데부르크는 나폴레옹이 세운 꼭두각시 왕국인 베스트팔렌 왕국에 편입됐으나 1814년에 베스트팔렌 왕국이 없어지면서 프로이센 왕국의 작센주 수도가 됐다. 제2차 세계대전 말기인 1945년 1월 16일 마그데부르크는 연합국에 의해 폭격을 당했다.

중심지는 90퍼센트가, 도시 전체로는 60퍼센트가 파괴되었다. 전쟁 전 33만 명이었던 인구는 1945년 4월에 9만 명만 남았을 정도로 피해는 드레스덴, 쾰른, 함부르크만큼 컸다. 마그데부르크에 닥친 세 번째 재앙이었다.

동독 지역에 지지를 넓혀 가는 독일 대안당

분단 당시 마그데부르크는 동독에 속했다. 1990년에 통일이 된 후 마그데부르크는 할레와 치열한 경합 끝에 작센-안할트주의 수도와 주 의회의 소재지가 됐다. 이로 인해 할레와는 사이가 좋지 않은 편이다.

독일이 통일된 지도 35년이 지났으나 마그데부르크를 비롯한 동독 지역에서는 극우 정당인 '독일 대안당(AfD아에프데: Alternative für Deutschland)'이 세력을 넓혀 가고 있다. 왜 극우 정당이 동독 지역에서 세력을 넓혀 갈까?

통일 이후 동독 지역의 고학력자와 능력 있는 젊은이들이 직업을 찾아 서독 지역으로 이주했다. 이로 인해 대부분의 중소 도시들은 고령화와 함께 인구 감소가 빠르게 진행되고 있으며, 중소기업 유치마저도 어려운 실정이다. 동독 지역의 인구는 전체 인구의 약 20퍼센트인 데 비해 고위직에 진출한 인사는 12퍼센트에 불과하다. 서독 지역과 비교하여 임금도 적으며, 난민 유입으로 인해 삶이 더 어려워졌다며 불만도 드러내고 있다. 동독 지역 주민들이 처한 이러한 어려움을 해결하겠다며 독일 대안당이 세력을 넓혀가고 있는 것이다.

그러면 독일 대안당은 어떠한 당이기에 세력을 넓혀갈까? 독일 대안당은 2010년 유럽 외환 위기 시기에 독일이 그리스에 제공한

마그데부르크의 명물 그뤼네 치타델레. 건축의 거장인 훈데르트바서Hundertwasser가 설계한 건물로 호텔로 쓰이고 있다

구제 금융에 이의를 제기하며 태동되었다. 2013년 2월에 반反유럽연합과 국수주의를 내걸고 공식 창당됐다. 난민 유입은 물론 우크라이나에 무기 지원도 반대하고 있는 극우 성향의 정당이다.

독일 대안당은 2013년 총선에서 4.7퍼센트를 얻어 연방 하원에 진출하지 못했다. 2017년 총선에서 12.6퍼센트를 얻어 처음으로 연방 하원에 진출한 이후 2021년 총선에서도 10.3퍼센트의 지지로 83석을 얻어 진출했다. 2024년 9월에 실시한 동독 지역 3개 주 의회 선거에서 독일 대안당에 대한 지지율이 5년 전보다 크게 증가했다. 튜링겐주에서는 32.8퍼센트로 제1당이, 작센주에서는 30.5퍼센트로 기민당에 이어 제2당이, 브란덴부르크주에서는 29.2퍼센트로 사민당에 이어 제2당이 되었다.

이처럼 독일 대안당에 대한 지지율은 서독 지역보다는 동독 지역에서, 특히 마그데부르크가 속한 작센–안할트주에서 가장 높다. 2023년 7월에는 라구훈–예스니츠Raguhn-Jeßnitz시에서 최초로 독일 대안당 출신 시장이 나왔다.

기민/기사당이나 사민당, 녹색당, 자민당 등은 극우 성향의 독일 대안당과는 정책 협력을 하지 않고 있다. 그럼에도 독일 대안당이 점점 세력을 넓혀 가고 있는 것도 최근의 추세다.

26

할레

Halle

5개 탑의 도시, 헨델의 도시

주 작센–안할트주
인구 24만 2172명(2023년 12월 기준)

Halle

할레는 예로부터 소금 생산지였다. 마르크트 교회 4개의 탑과 붉은 탑으로 인해 '5개 탑의 도시'로 불린다. 음악가 헨델이 태어난 곳이기도 하다. 독일 내 인구 순위는 31위다.

소금과 한자 동맹의 도시

엘베강 지류인 잘레강가에 있는 할레는 마그데부르크에서 남쪽으로 약 80킬로미터 거리에 있다. 할레는 '잘레강가의 할레, 헨델의 도시'로 표현할 정도로 음악가 헨델의 도시다. 1990년에 전승 4개국의 동의를 얻어 독일 통일에 기여한 한스 디트리히 겐셔 전 외무

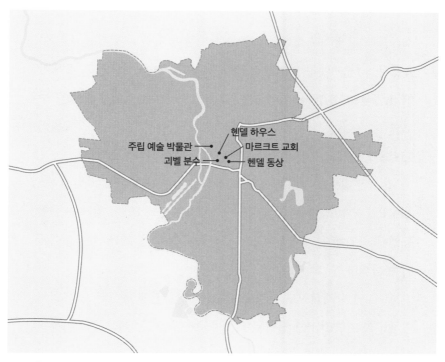

할레 지도

장관(재임: 1974~1992년)이 태어난 곳이기도 하다. 할레 선사 박물관에 있는 '네브라 천체 원반'은 유네스코 세계 문화유산이다.

할레는 806년에 프랑크 왕국의 카를 대제가 할라Halla('소금 정제 공장'이란 뜻)로 부르며 국경을 확고히 하라고 지시한 문서에 처음 나타났다. 이를 토대로 할레시는 2006년에 시 탄생 1200주년을 기념했다. 10세기 중반에 지하수에 염분이 함유된 염천이 발견되었다. 이후 할레는 할마르크트Hallmarkt에 있는 4개의 우물에서 나오는 소금물을 정제하여 생산한 소금을 판매하며 이미 12세기 초부터 부유했다. 14세기에는 외지에서 노동자들이 몰려들 정도로 소금 생산이 많았다. 괴벨Göbel 분수대는 할레가 소금 생산지였음을 말해 주고 있다. 오토 1세가 세운 마그데부르크의 마우리티우스 수도원이 968년에 대주교좌가 되면서 할레는 대주교의 지배를 받았다.

소금 무역으로 부유해진 할레 상인들은 플랑드르(벨기에와 프랑스 북해 연안 지방) 상인들과 모직물을 교역했다. 1281년에 할레는 한자 동맹에 가입했으나 적극적으로 교류하지 않다가 1518년에 동맹에서 탈퇴했다.

1541년에 개신교로 전향한 할레는 30년 전쟁 중이던 1625년에 황제군과 가톨릭군에 점령된 데 이어 1633년에는 황제군과 가톨릭군을 몰아낸 스웨덴군의 지배를 받으며 큰 피해를 입었다. 1815년에 할레는 프로이센 왕국에 편입되어 작센주에 속했다.

할레의 상징 붉은 탑과 마르크트 교회

할레의 상징은 마르크트 광장에 있는 붉은 탑Roter Turm과 마르크트 교회Marktkirche다. 84미터 높이의 붉은 탑은 '하느님과 할레시'를 위해 1418년에 착공하여 1506년에 완공한 탑이다. 1508년에는 탑에 시계를 달았다. 시계가 귀했던 중세에 성당의 탑에 설치된

할레의 상징인 붉은 탑과 4개의 탑이 있는 마르크트 교회. 앞 왼쪽은 헨델 동상이다

시계는 주민들에게 시간을 알려 주는 역할을 했다. 탑 아래에 도시의 수호상인 롤랑Roland상이 있다. 붉은 탑 맞은편에 할레의 아들 헨델의 동상이 있다. 헨델은 오른손에 그의 대표작으로 예수의 탄생과 삶, 수난을 담은 '메시아Messiah' 악보를 들고 있다.

할레의 또 다른 상징은 마르크트 교회다. 이 교회가 세워지기 전에 성 게르트라우센 교회와 성 마리아 교회 두 교회가 있었다. 공교롭게도 두 교회는 탑만 남고 붕괴되었다. 1554년 그 자리에 4개의 탑이 있는 마르크트 교회를 세웠다. 붉은 탑과 마르크트 교회의 4개

마그데부르크 대주교가 관저로 사용했던 모리츠부르크 성. 주립 예술 박물관이 들어섰다

탑으로 인해 할레는 '5개 탑'의 도시로도 불린다.

1503년에 마그데부르크 대주교 에른스트 2세Ernst II는 지배지 할레에 후기 고딕 양식의 모리츠부르크 성Moritzburg을 지어 관저로 사용했다. 1546년 아이슬레벤Eisleben에서 숨진 루터의 유해는 비텐베르크(루터가 95개조 논제를 발표했던 곳)로 옮기는 중에 할레에 들렀다. 루터가 할레에서 세 차례 설교했던 인연 때문이었다.

마그데부르크 대주교가 관저로 사용했던 모리츠부르크 성에는 1904년에 주립 예술 박물관이 들어섰다. 고전에서 현대에 이르기까지 회화, 그래픽, 조각품, 공예품, 사진, 동전과 메달 등 약 25만 여 점을 소장하고 있으나 19~20세기의 미술품이 대부분이다. 주요 작가는 카스파르 다비트 프리드리히Caspar David Friedrich, 파울라 모더존-베커Paula Modersohn-Becker, 구스타프 클림트Gustav Klimt, 막스 베크만Max Beckmann, 에른스트 루트비히 키르히너Ernst Ludwig Kirchner, 에밀 놀데Emil Nolde, 바실리 칸딘스키Wassily Kandinsky 등이다. 중세에서 현대까지의 작품 500여 점과 1890~1990년의 작품을 전시하고 있다.

헨델과 헨델 하우스

'잘레강가의 할레, 헨델의 도시'라고 표현할 정도로 할레는 음악가 헨델의 도시다. 음악의 어머니로 불리는 헨델(1685~1759년)은 음악의 아버지 바흐와 함께 바로크 음악을 대표하는 음악가다. 헨델은 의사였던 아버지 덕분에 유복한 환경에서 자랐다. 헨델은 저명한 작곡가 자코프Friedrich Wilhelm Zachow 밑에서 작곡과 악기 공부를 했다. 그의 작곡 기법은 헨델에게 큰 영향을 주었다.

헨델은 돌아가신 아버지의 희망에 따라 할레 대학 법학과에 입학했다. 1년 후 음악에 전념하기 위해 학교를 그만두고 함부르크 오페라 하우스의 바이올린과 챔벌린 연주자가 됐다. 20세 때인

1859년에 세워진 할레의 아들 헨델 동상. 오른손에 메시아 악보를 들고 있다. 마르크트 광장 소재

1705년에 함부르크에서 초연된 첫 오페라 〈알미라Almira〉로 이름을 알렸다.

헨델은 21세 때인 1706년부터 4년 동안 피렌체, 나폴리, 베네치아, 로마에서 음악 공부를 했다. 그는 1710년 6월 25세에 하노버 선제후인 게오르크 1세(1714년에 영국 왕 조지 1세가 된다)의 초청으로 궁정 악단장이 되었다. 그는 그해 말에 돌연히 영국 런던으로 떠났다. 1711년 런던에서 초연된 그의 오페라 〈리날도Rinaldo〉가 큰 인기를 얻었다. 십자군 전쟁에 참여한 리날도 장군이 마술사 아르미다로에 의해 성에 갇힌 알미래나를 구한다는 내용이다. 아리아 '울게 하소서'는 널리 알려졌다.

앤Anne 여왕은 생일에 헨델로부터 노래를 헌정받고 그에게 매년 200파운드의 연금을 지급했다. 헨델은 66세 때 앞을 볼 수 없게 되었다. 그럼에도 작품 활동을 계속하다가 1759년 4월 74세에 런던에서 숨졌다. 음악의 아버지와 어머니로 불리는 바흐와 헨델은 같은 해에 태어났다. 그리고 둘 다 눈병을 앓다가 숨진 공통점이 있다.

헨델이 태어난 '헨델 하우스'로 음악 박물관으로 사용되고 있다

"유명한 음악가이자 작곡가인 게오르크 프리드리히 헨델이
1685년 2월 23일 이 집에서 태어났다"라는 동판이 있다

헨델은 〈알미라, HWV 1〉와 〈리날도, HWV 7〉 등 오페라 46편, 오라토리오 30편, 26곡의 아리아와 가곡, 130여 곡의 칸타타 등 작품을 남겼다. 오라토리오 〈메시아Messiah, HWV 56〉 중에서 합창곡 '할렐루야'가 널리 알려져 있다. HWV는 헨델의 작품 번호다.

할레에는 헨델 하우스도 있다. 헨델이 태어나 18세에 함부르크로 떠날 때까지 살았던 집이다. 1937년에 할레시가 구입하여 1948년에 박물관으로 개조했다. 헨델 사망 250주년이 된 2009년에 박물관을 대대적으로 수리하여 '헨델-유럽인'이라는 상설 전시회를 열고 있다. 헨델의 생애는 물론 각종 악기도 전시하고 있고, 그의 작품도 감상할 수 있으며, 음악회도 열고 있다.

할레시는 헨델을 기리기 위해 다양한 사업을 하고 있다. 1803년 이래 정기적으로 헨델 작품을 공연하고 있으며, 1859년에는 동상도 세웠다. 해마다 6월에 헨델 축제를 열고 있다. 1993년 이래 예술, 학문 또는 문화 정책에서 탁월한 업적을 남긴 인사나 단체에게 '헨델 명예상'을 수여하고 있다. 헨델 오케스트라를 갖춘 게오르크 프리드리히 헨델 콘서트홀도 있다. 헨델은 할레의 아들답게 할레 제1의 관광 상품이기도 하다. 1년 내내 헨델의 작품이 공연되고 있어 언제나 그의 음악을 감상할 수 있다. 헨델의 발자취를 돌아보러 또는 그의 음악을 들으러 많은 관광객이 찾고 있다.

27

에르푸르트

Erfurt

마르틴 루터의 영적인 고향

주　튀링겐주
인구　21만 5675명(2023년 12월 기준)

Erfurt

에르푸르트는 중세에 교회와 수도원이 많아 '튀링겐의 로마'로 불렸다. 법학을 공부하던 마르틴 루터가 수도사의 길을 걸어 사제가 된 곳이다. 1970년 3월에 분단 이후 첫 동·서독 정상 회담이 열리기도 했다. 튀링겐주의 수도이며 독일 내 인구 순위는 37위다.

튀링겐의 로마

에르푸르트는 할레에서 남쪽으로 약 120킬로미터 거리에 있다. 중세에는 36개의 성당과 15개의 수도원이 있어 '튀링겐의 로마' 또는 '탑의 도시'로 불렸다. 에르푸르트의 상징은 루터가 사제 서품을

에르푸르트의 상징으로 루터가 사제 서품을 받은 성 마리아 대성당. 오른쪽은 역시 가톨릭 성당인 제베리 교회다

받은 성 마리아 대성당St. Marien과 제베리 교회Severikirche다. 둘다 가톨릭 성당으로 서로 마주 보고 있다. 11~14세기 에르푸르트에 세워진 옛 유대 교회당, 미크바Mikwe(유대교 의식을 위한 목욕 시설), 유대인 주택인 돌집 등 유대인 건물 3채가 2023년에 유네스코 세계 문화유산이 됐다.

에르푸르트는 742년에 마인츠의 보니파티우스 주교가 주교좌를 설립하면서 세워졌다. 보니파티우스는 교황 자하리스

크래머 다리 → ● — ● 아우구스티누스 수도원
성 마리아 대성당 → ● ● 앙거 거리
제베리 교회 ● ● 빌리 베

에르푸르트 지도

2세Zacharias II에게 그가 설립한 주교좌 승인을 요청하면서 에르푸르트를 '에르페스푸르트Erphesfurt'로 표기했다. 이를 기준으로 에르푸르트시는 1992년에 시 탄생 1250주년을 기념했다.

이런 이유로 마인츠 대교구는 755년에 에르푸르트 주교좌를 관리하였다. 마인츠 대주교는 1000년경부터 에르푸르트 전체를 지배하기 시작했다. 지배는 에르푸르트가 프로이센 왕국에 편입된 1802년까지 1000년 넘게 계속됐다. 이처럼 대주교나 주교는 종교 지도자이면서도 세속 지배자이기도 했다. 이들을 '제후 주교'라고 한다.

중세에 에르푸르트는 동서 원거리 무역로('왕의 도로'라고 한다)의 중요한 지점이었다. '왕의 도로'는 모스크바와 키예프에서 시작하여 라이프치히와 에르푸르트를 거쳐 쾰른을 경유하여 벨기에의 안트베르펜까지 또는 프랑크푸르트를 거쳐 파리로 이어지는 도로였다. 이로 인해 수공업자와 상인들이 늘어나 14~15세기에 에르푸르트의 인구는 1만 8000명~2만 명으로 쾰른, 뉘른베르크, 아우크스부르크, 마그데부르크 다음으로 많았다. 1331년에 에르푸르트는 메세(박람회) 개최권을 얻으며 정치, 경제, 문화적으로 융성했다.

번영을 누리던 에르푸르트는 30년 전쟁 중에 스웨덴군이 두

중세부터 상인들이 거주하여 오늘날 에르푸르트에서 가장 번화한 앙거Anger 거리. 모든 전차가 지나가는 교통의 중심지이기도 하다

번(1632~1635년, 1637~1650년)이나 주둔하며 큰 피해를 입었다. 1664년에는 마인츠 대주교 군대가 에르푸르트를 점령하여 지배가 재개되었다. 1682~1683년에는 페스트가 퍼져 인구의 절반이 숨졌다.

독일을 점령한 나폴레옹은 1808년 10월 에르푸르트에서 열린 제후 회의에서 괴테를 만나 프랑스 십자 기사 훈장을 수여했다. 괴테는 자랑스럽게 이 훈장을 달고 다녀 빈축을 사기도 했다. 나폴레옹은 전쟁터에서도 『젊은 베르테르의 슬픔』을 읽었을 정도로 괴테를 좋아했다.

종교 개혁가 루터의 영적인 고향

에르푸르트는 종교 개혁가 루터의 도시이기도 하다. 루터 가족은 루터가 태어난(1483년 11월 10일 아이슬레벤에서 태어났다) 다음 해인 1484년에 만스펠트Mansfeld로 이사했다. 아버지는 이곳에서 광산 감독으로 일했다. 루터는 만스펠트와 마그데부르크에서 학교를 다녔다. 1501년에 에르푸르트 대학에 입학했다. 루터는 "대학에서 성서를 처음 보았고 성서를 읽으면서 큰 즐거움을 느꼈다"라고 고백했다. 대학을 가리켜 "내가 이룬 모든 것에 대해 감사한 나의 어머니"라고 했다. 1505년에 석사로 졸업한 루터는 아버지의 권유로

루터가 대학을 졸업하고 수도사 생활을 했던 아우구스티누스 수도원

법학과에 등록했으나 마음을 바꾸어 수도사가 됐다.

　법학을 공부하던 루터는 왜 갑자기 수도사가 되기로 했을까? 두 가지 이유가 있다. 1505년 7월 고향 집에 다녀오는 길에 슈토테른하임Stotternheim(에르푸르트 북쪽 3킬로미터 지점)에서 벼락이 세차게 내려쳤다. 루터는 벼락을 피할 수만 있다면 남은 여생을 수도사가 되어 보내겠다고 맹세했다. 또 다른 이유는 1504~1505년에 번진 페스트로 인해 학생과 교수들이 죽어 가는 것을 목격하고는 하느님에게 의지하게 되었다고 한다.

루터 동상. 에르푸르트 소재

벼락을 피한 루터는 맹세한 대로 2주 후에 아우구스티누스 수도원에 들어갔다. 루터는 이 수도원에서 중세 수도원에서 가장 존경받는 신학자이자 수사인 요한 폰 슈타우피츠Johann von Staupitz를 만났다. 그는 루터에게 죄에 대한 문제를 '성경'을 통해 답을 찾기를 권했다. 루터는 신과 긴밀한 관계('믿음')를 유지해야만 완전한 신앙을 갖게 된다는 것을 깨달았다. '성경 말씀'과 '믿음'은 장래 루터가 종교를 개혁하는 토대가 됐다. 루터는 2년 후 1507년 4월에 성 마리아 대성당에서 사제 서품을 받았다.

루터는 로마 여행(1510~1511년)에서 돌아온 후 비텐베르크 대학 신학부 교수가 되어 1511년 9월에 비텐베르크로 떠났다. 비텐베르크에서 루터는 종교 개혁을 외치며 독일사 전면에 나타난다. 에르푸르트에서 보낸 10년(1501~1511년)은 루터가 종교 개혁을 하는 데 큰 영향을 주었다(이후 루터에 관해서는 8장 보름스 참조).

첫 동·서독 정상회담을 한 브란트

1970년 3월 19일 전 세계의 이목이 동독의 조그만 도시 에르푸르트에 쏠렸다. 분단 이후 처음으로 빌리 브란트 서독 총리와 빌리 슈토프 동독 총리가 정상 회담을 하기 때문이었다. 42개국에서 기자 500여 명이 몰려들었다.

이 정상 회담은 1969년 10월에 브란트가 동독의 존재를 인정하며 동독과 관계를 개선하고자 한다고 하자, 동독이 제의하여 이루어졌다. 1970년 3월 19일 오전 특별 열차 편으로 에르푸르트 중앙역에 도착한 브란트를 슈토프가 회담장인 호텔 '에르푸르터 호프'로 안내했다.

호텔 방에 들어선 브란트는 밖에서 동독 주민들이 "빌리 브란트, 창가로 나오세요!"라고 외치는 소리를 들었다. 주민들은 경찰과 보안 요원들이 지켜보고 있는데도 아랑곳하지 않고 외쳤다. 외침이 계속되자 브란트는 창문을 열고 그들을 바라보았다. 그로서는 바라보는 것 이외에 할 수 있는 것이 없었다.

정상 회담에서 서독은 분단의 고통을 완화하기 위한 문제를 다루고자 했다. 반면에 동독은 "서독이 동독을 국가로 승인하기 전에는 다른 문제를 협의할 수 없다"라며 승인을 요구했다. 브란트는 동독과는 외국이 아닌 "특별한 형태의 관계"를 유지하기로 했기 때문에 동독을 승인할 의사가 없었다. 회담은 성과 없이 끝났다.

정상 회담 중간에 휴식을 취하며 대화를 나누는 브란트 총리(오른쪽)와 슈토프 총리(왼쪽)

두 달 후인 5월 21일 서독의 카셀(헤센주 도시)에서 열린 제2차 정상 회담 결과도 마찬가지였다. 브란트는 입장 차이가 큰 상황에서 동독과 회담을 계속하는 것은 의미가 없다고 판단했다. 그는 재임 중에 더 이상 정상 회담을 하지 않았다. 그럼에도 동·서독은 1972년 12월에 '동·서독 기본 조약'을 체결하여 1973년에 유엔에 가입한 데 이어 1974년에는 상주 대표부도 교환했다(브란트 총리에 관해서는 17장 뤼베크 참조).

최초의 정상 회담이 열렸던 호텔 '에르푸르터 호프'는 파산으

첫 정상 회담이 열렸던 건물. 호텔은 없어지고 건물 옥상의 "빌리 브란트, 창가로 오세요"라는 문구와 오른쪽 돌출 창문에 있는 브란트 사진이 브란트가 왔었다는 것을 말해 주고 있다

로 1995년에 사라지고 은행이 들어섰다. 건물 옥상에는 동독 주민들이 외쳤던 "빌리 브란트, 창가로 오세요WILLY BRANDT ANS FENSTER"라는 문구가 있다. 1층에는 브란트의 이름을 딴 카페 '빌리 베Willy B'가 있다. 건물 오른쪽 돌출 창문에 걸려 있는 브란트 사진은 이곳에 브란트가 정상 회담을 위해 묵었던 곳임을 말해 주고 있다.

상인의 다리 크레머 다리

에르푸르트에 역사가 오래된 '크레머 다리Krämerbrücke'가 있다. 도시 한가운데를 흐르는 개울 위에 세워진 다리다. 1117년에 처음 나무로 세워진 다리는 불이나 부서졌다. 1325년에 다리의 폭을 넓히며 돌로 다시 만들었다. 지금의 다리는 17~19세기의 양식으로 세워졌다. 길이 79미터의 다리 위에는 공예품과 골동품을 취급하는 가게들이 있다. 전성기에 62개나 있었던 상점은 오늘날 32개만 남았다. 다리의 역사를 전시하는 박물관도 있다. 1996년에 재단을 설립하여 다리와 다리 위의 주택을 보존했다.

1990년 통일 후 에르푸르트는 튀링겐주 수도가 됐다. 2016년에

상인의 다리인 크레머 다리 입구. 다리 위에는 32개의 상점이 있다

크래머 다리 위 양쪽에 있는 상점들

유럽 개신교 단체는 루터가 10년을 지내며 사제가 된 에르푸르트를 '유럽의 종교 개혁 도시'로 지정했다.

28

바이마르

Weimar

바이마르 공화국의 산실이 된
괴테와 실러의 도시

주   튀링겐주
인구   6만 5611명(2023년 12월 기준)

Weimar

바이마르는 독일 문학을 대표하는 괴테, 헤르더Johann Gottfried von Herder, 실러, 그리고 음악가 바흐, 리스트Franz Liszt와 슈트라우스 Richard Strauss가 활동했던 문화 도시다. 현대적이고 단순함을 추구하는 '바우하우스Bauhaus'라는 새로운 건축 문화도 꽃피웠다. '바이마르 헌법'과 '바이마르 공화국'이 탄생한 도시이기도 하다. 인구는 이 책이 다루는 30개 도시 중에서 가장 적다.

유네스코 세계 문화유산이 풍부한
괴테와 실러의 도시

바이마르는 에르푸르트에서 약 24킬로미터 거리에 있다. 바이

바이마르 지도

마르는 문인, 음악가, 건축가들의 발자취가 많이 남아 있는 문화도
시Kulturstadt로 '바우하우스'라는 새로운 건축 예술이 태동했다.
1919년 이곳에서 바이마르 헌법이 제정되고, 바이마르 공화국이
출범했다.

　바이마르는 899년에 피그마라Vvigmara('성스러운 바다'라는 뜻
이다)로 문서에 처음 나타났다. 1372년에 바이마르-오르라뮌
데Orlamünde 백작 가문이 소멸하자 작센의 베틴 가문이 작위를 인

바이마르가 문화 도시가 되는 데 큰 영향을 준 괴테(왼쪽)와 실러(오른쪽)를 기리기 위해 1857년에 독일 국립 극장 앞에 세운 동상. 두 사람은 손을 잡고 먼 곳을 응시하고 있다

수했다. 1547년 슈말칼덴 전쟁에서 패해 선제후 지위를 박탈당한 작센 공작 요한 프리드리히 1세가 거주지로 정하면서 바이마르는 작센-바이마르-아이제나흐 공국(이하 바이마르 공국, 1815년 빈 회의에서 대공국이 됨)의 수도가 됐다.

　바이마르는 『젊은 베르테르의 슬픔』으로 유명해진 괴테(1749~1832년)와 여러 문인이 활동하면서 변화를 맞이했다. 시인이자 교육자인 빌란트Christoph Martin Wieland(1733~1813년)를 시작으로 사상가이자 신학자인 헤르더(1744~1803년), 그리고 프리드리히 실러가 활동했다. 괴테와 실러의 활동으로 바이마르는 독일 고전주의 문학의 중심지가 되었다.

그러면 왜 바이마르에 이처럼 당대에 쟁쟁한 문인들이 모여들었을까? 여러 요인이 있지만 공작 부인인 안나 아말리아Anna Amalia(1739~1807년)의 공이 크다. 브라운슈바이크 볼펜뷔텔 공국의 공주였던 그녀는 바이마르 공작 에른스트 아우구스트 2세Ernst August II와 결혼했다. 2년 후 1758년에 공작이 갑작스럽게 사망했다. 19세였던 그녀에게는 8개월 된 아들 카를 아우구스트Karl August와 뱃속에 또한 아이가 있었다. 공작의 유언에 따라 그녀가 섭정했다.

아말리아 공작 부인은 어려서부터 책을 많이 읽어 문학 분야에 관심이 많았다. 아말리아는 우선 1772년에 시인 빌란트를 아들 아우구스트의 가정 교사로 초빙했다. 1775년에는 통치자가 된 아들과 함께 프랑크푸르트로 가서 괴테를 초청했다.

아말리아는 재혼하지 않고 평생을

바이마르가 문화 도시가 되는 데 초석을 놓은 안나 아말리아 공작 부인의 흉상

유네스코 세계 문화유산인 안나 아말리아 공작 부인 도서관

문인과 예술인들의 후원자로 지냈다. 가정 교사 일이 끝난 빌란트를 문학 자문관으로 채용했다. 그녀는 음악에 조예가 있어 작곡도 했다. 책을 많이 모아 1776년에 도서관을 개관했다. 오늘날 유네스코 세계 문화유산인 '안나 아말리아 공작 부인의 도서관'이다. 약 100만 권의 도서 중에서 루터의 1534년 성서 번역본을 비롯하여 파우스트 인물에 관한 자료를 세계에서 가장 많이 소장하고 있다. 2004년 9월 화재로 일부 자료가 소실되었다. 2007년에 다시 개관했다.

문인만이 아니라 음악가도 활동했다. 바흐는 23세부터 바이마르 궁정 교회의 오르간 연주자와 궁정 악단의 지휘자로 10여 년을 살았다. 피아노의 거장이며 작곡가인 리스트(1811~1886년)는 궁정 악단의 음악 감독으로, 작곡자이자 지휘자인 리하르트 슈트라우스(1864~1949년)는 궁정 극장에서 각각 활동했다.

이처럼 문학, 음악, 새로운 건축 예술이 꽃피웠던 바이마르에는 유네스코 세계 문화유산이 풍부하다. 1996년에 '바우하우스 건축물'을 시작으로 1998년에는 '저택이 딸린 괴테 국립 박물관', '괴테의 정원 집', '실러 저택', '안나 아말리아 공작 부인의 도서관', '비툼 궁전', '로마 주택' 등 건축물 15점이 세계 문화유산이 됐다.

괴테와 괴테 국립 박물관

바이마르가 오늘날 문화 도시의 명성을 얻은 데는 괴테의 활동이 절대적인 영향을 끼쳤다. 괴테는 26세에 바이마르에 와서 숨질 때까지 57년 동안 살았다. 괴테를 빼놓고 바이마르를 이야기할 수 없고, 바이마르에서의 삶을 제외한 괴테를 생각할 수 없다.

그러면 괴테는 왜 대도시 프랑크푸르트를 떠나 조그만 바이마르로 왔을까? 문학 이외에 행정, 연극, 건축 등에도 조예가 있었던 괴테는 바이마르에서 자신의 능력을 펼쳐 보고자 했다. 또 자유로운 성향의 괴테가 법률가로서 엄격한 아버지 곁을 떠나고 싶어 했던 이유도 있었다. 괴테는 1775년 말에 바이마르에 왔다. 그의 나이

괴테가 32세부터 살았던 암 플라우엔플란 하우스는 '괴테 국립 박물관'이 들어섰다

26세 때다.

괴테는 27세에 아우구스트 공작의 자문 기관인 추밀원의 비밀
참사관으로 종사했다. 그리고 바이마르 궁정 극장의 감독(42세부터
26년 동안), 바이마르와 예나의 학술과 예술 기관의 총감독, 광산 위
원회, 전쟁 위원회, 도로 건설 위원회, 성城 건축 위원회, 수로 건설
위원회, 예나 식물 연구원, 바이마르 사냥 박물관장, 국립 도서관장
등 22개 기관에서 활동했다. 그 정도로 괴테는 다방면에 능력이 있

었다.

괴테는 독일은 물론 이탈리아 등지로 여행을 자주 다니며 여행에서 얻은 내용을 문학에 반영했다. 또 실러가 바이마르로 이사 오며 그와 자주 만났다. 괴테와 실러는 '질풍노도의 시대'를 지나 독일 고전주의 문학을 꽃피운 대문호다.

괴테의 대표작은 평생에 걸쳐 집필한 『파우스트』다. 20대에 쓴 『파우스트 초고』를 토대로 48세에 집필을 시작하여 57세에 제1부를 마무리했다. 제2부는 76세에 시작하여 죽기 7개월 전에 완성했다. 『파우스트』에서 괴테는 "인간은 노력하는 한 방황한다Es irrt der Mensch, solange er strebt"라는 말을 남겼다. 인간이 발전해 나가는 데 실수는 불가피하며 이 실수를 통해서 깨달음의 목표에 도달할 수 있다는 것이다.

괴테는 "한 가지 일을 분명하게 처리할 수 있는 사람은 다른 많은 일에도 쓸모가 있다"라고 하면서 요한 페터 에커만Johann Peter Eckermann을 10년 동안 옆에 두고 전집 발간에 도움을 받았다(에커만은 1823~1832년 동안 괴테를 1000번 정도 만나 대화 내용을 기록했다가 괴테 사후에 『괴테와의 대화』를 발간했다). 괴테도 말년에 아쉬움을 토로했다. "내 분야가 아닌 것에 너무 많은 시간을 쏟았어. 로페 데 베가 이 카르피오Félix Lope de Vega y Carpio(스페인 극작가. 1562~1635년)에 비하면 내 문학작품 수는 너무 빈약하네. 암석을 수집하느라 그 많은 시간을 낭비하지 않았더라면 다이아몬드 같은 아름다운 작품

서재 옆에 있는 괴테의 침실. 괴테는 이 침대에서 숨
졌다

을 썼을 텐데⋯."

괴테는 1832년 3월 22일
바이마르에서 "더 많은 빛을
Mehr Licht"이라는 말을 남
기고 숨졌다. 일름 공원 근
처의 '바이마르 역사 묘지'에
묻혔다. 그의 주요 작품으로
『젊은 베르테르의 슬픔』, 『시
와 진실』, 『빌헬름 마이스터
의 수업 시대』, 『빌헬름 마이
스터의 편력 시대』, 『이탈리
아 기행』, 『파우스트』 이외에
「들장미」, 「마왕」 등 詩와 스케치 작품도 있다. 괴테의 시 중에서
200편 이상이 모차르트, 베토벤, 슈베르트, 슈만에 의해 노래로 만
들어져 불리고 있다.

독일 문학을 세계 문학의 반열에 올려놓은 이는 단연 괴테다. 괴
테는 라틴어 성서를 독일어로 번역한 마르틴 루터, 독일어 사전을
편찬하고 동화집을 펴낸 야고프와 빌헬름 그림 형제와 함께 독일어
발전에도 기여했다.

바이마르에도 괴테가 살았던 집을 개조한 '괴테 국립 박물관'이
있다. 자녀가 없었던 괴테의 손주가 괴테의 유물과 집을 기증하여

박물관이 개관될 수 있었다. 박물관은 괴테가 수집한 예술품, 자연 과학 물품, 서적, 괴테가 그린 스케치 2000여 점 등 10만여 점의 유물을 소장하고 있다. 거실, 서재, 도서관, 접견실, 예술품 수집실, 정원 등이 있다. 일름 공원에는 괴테가 바이마르에 처음 와서 6년 동안 살았던 정원 집Gartenhaus도 있다. 괴테는 시내로 이사한 이후에도 자주 정원 집에 들러 사람들도 만나고 작품 활동도 했다. 괴테 박물관과 정원 집은 유네스코 세계 문화유산이다.

실러와 실러 박물관

바이마르가 문화 도시가 되는 데는 실러(1759~1805년)도 기여했다. 의학을 공부하고 군의관으로 활동하던 실러는 22세에 첫 작품 『도적 떼』를 익명으로 발표하며 작가의 길로 들어섰다(11장 슈투트가르트 참고). 1784년 25세의 실러는 아우구스트 공작으로부터 바이마르 참사參事 직위를 얻었다.

30세에는 괴테의 도움으로 예나 대학의 역사 교수가 됐다. 괴테와 대화는 1794년에 시작했다. 1796년에 발간된 괴테와 실러의 공동 시집 『크세니엔Xenien』이 『1797년 박물관 연감』에 수록됐다. 『크세니엔』은 작가, 학자, 비평가들을 풍자한 시집이다. 1799년에 실러는 바이마르로 이사하여 안정적으로 작품 활동에 전념할 수 있었으나 지병으로 1805년 5월 9일 46세를 일기로 숨졌다.

극작가, 시인, 역사학자요 철학자였던 실러가 남긴 주요 작품으로는 『오를레앙의 처녀』, 『메시나 신부』, 『빌헬름 텔』, 『그리스의 신들』, 『간계와 사랑』, 『발렌슈타인 3부작』, 『30년 전쟁사』 등이 있다. 슈베르트가 작곡한 「소녀의 탄식」, 「장례 환상곡」, 「심연에 뛰어든 자」 등의 시詩도 있다.

실러 하면 베토벤이 1823년에 작곡한 〈교향곡 9번, 작품 번호 125번〉 4악장 '환희의 송가Ode an die Freude'를 빼놓을 수 없다. 환희의 송가는 실러의 시 「환희에 부쳐An die Freude」를 작곡한 것이다. 실러가 25세 때 가난과 병으로 어렵게 지내며 라이프치히와 드레스덴에서 친구들과 맺어진 우정의 체험을 바탕으로 쓴 시다. '환희의 송가'는 1990년 10월 2일 동독의 마지막 공식 행사에서도 불렸다. 유럽 연합(EU)은 유럽 연합가歌로 사용하고 있다.

실러가 살았던 집은 실러 박물관으로 탄생했다. 3개

실러가 살았던 집을 개조한 실러 박물관

층으로 된 박물관에는 부엌, 거실, 식당, 응접실 등이 있다. 3층 서재
에 집필 중이던 『데메트리우스Demetrius』 원고 일부가 남아 있다.
실러 박물관도 유네스코 세계 문화유산이다.

바이마르 헌법과 바이마르 공화국의 출범

바이마르는 문화와 예술 분야에
서뿐만 아니라 현대사에도 큰 발자
취를 남겼다. '바이마르 헌법'이 제
정되고 '바이마르 공화국'이 출범한
도시다.

제1차 세계대전 말기인 1918년
11월 3일 킬 수병들이 일으킨 반란
이 전국으로 번지며 혁명으로 확대
됐다. 11월 9일 황제 빌헬름 2세는
네덜란드로 망명했다. 이날 샤이데
만Philipp Scheidemann 의원(사민당)

바이마르 공화국의 초대 대통령 프리드리
히 에베르트

은 제국 의회 의사당에서 공화국 수립을 외쳤다. 국민도 공화국을
원했다. 혁명 과정에서 임시 정부의 총리가 된 프리드리히 에베르
트Friedrich Ebert(1871~1925년)는 공화국을 수립하는 과제를 맡았

다.

한편, 마르크스주의자이며 독일 공산당(KPD)의 창시자인 로자 룩셈부르크Rosa Luxemburg(1871~1919년)와 카를 리프크네히트Karl Liebknecht(1871~1919년)는 스파르타쿠스 연맹을 결성했다. 그들은 의회 민주주의를 반대하며 소련식 프롤레타리아 혁명을 완수하고자 1919년 1월 5일~12일 베를린에서 무력 봉기(스파르타쿠스 봉기)를 일으켜 군인들과 유혈 충돌했다. 봉기는 진압되었고 두 사람은 체포된 후 살해되었다.

새로운 독일 국가를 수립하기 위해 1919년 1월 19일 실시된 총선에서 사민당(SPD)과 중앙당(Zentrum)이 승리했다. 여성도 처음으로 투표했다. 국민 의회는 2월 6일 바이마르 국립 극장에서 군과 경찰의 삼엄한 경비 속에 개회했다. 국민 의회는 왜 수도 베를린이 아닌 조그만 바이마르에서 열렸을까?

제1차 세계대전 중에 독일 남부와 서부 지방은 독일 제국의 중심 세력인 프로이센의 독주와 수도 베를린의 정치적 독점에 대해 반감이 컸다. 또 1919년 1월 초 과격한 무력 폭동으로 혼란스러운 베를린은 적합하지 않았다. 이런 상황에서 에베르트 임시 정부가 바이마르를 택한 것이다. "괴테와 실러의 도시인 바이마르야말로 새로운 출발을 하는 독일 공화국에 좋은 상징이 될 것이다. 한때 문화 국가의 수도였던 바이마르는 종교와 정치적 이념을 떠나서 전 독일인들이 받아들일 수 있는 이상적인 장소"라는 판단에서였다.

독일 국립 극장에 있는 동판. "이 집에서 독일 국민은 국민 의회를 통해 1919년 8월 11일 바이마르 헌법을 제정했다"라는 글이 있다. 글씨는 바우하우스 서체다

국민 의회는 2월 11일 에베르트를 대통령으로 선출했다. 2월 13일에는 샤이데만을 총리로 한 정부가 출범했다. 오랜 작업 끝에 국민 의회가 7월 31일 제정한 헌법은 8월 14일 발효됐다. 이 헌법이 '바이마르 헌법'이다. 이어 '바이마르 공화국Die Weimarer Republik'(정식 국명은 '독일 제국Das Deutsche Reich')이 출범했다.

바이마르 헌법은 처음으로 기본권 조항을 신설하여 그 당시로는 가장 현대적인 헌법이었다. 여성에게도 투표권을 주었다. 문제점도 있었다. 무엇보다도 정부와 대통령 간의 집행권 행사에 균열이 있었다. 직선으로 선출된 대통령(2대에는 직선으로 선출했다)이 긴급한 국정 현안에 개입하기 어려웠다. 또 의회가 총리를 불신임해 놓고도 후임 총리를 바로 선출하지 못해 국정에 혼란을 일으켰다. 이는 히틀러가 집권하게 된 한 요인이 됐다. 이러한 문제점을 인식하여 1949년 출범한 독일 연방 공화국의 기본법Grundgesetz은 '건설적 불신임 제도'라는 보완 장치를 만들었다. 현직 총리에 대한 불신임은 반드시 재적 의원 과반수의 찬성으로 후임 총리를 선출해야 만 가능하도록 한 제도다.

바이마르 공화국이 어렵게 출범했으나 전쟁으로 인한 폐허와 물자가 극도로 부족한 상황에서 모두가 배고픔과 주택 부족에 시달렸다. 여기에다가 베르사유 조약에 규정된 1320억 마르크란 독일이 감당하기 어려운 배상금을 지불하기 위해 고액 화폐를 발행하면서 초超인프레이션에도 시달렸다. 모두가 살아남기 위해 처절하게 지내야 했다.

신개념 건축 예술 '바우하우스'의 탄생

바이마르는 건축과 디자인에서 새로운 분야를 개척한 '바우하우스' 예술이 태동하고 꽃피운 곳이다. 바우하우스는 그로피우스Walter Gropius(1883~1969년)가 1919년 4월에 바이마르에 세운 건축과 디자인에 중점을 둔 예술 학교를 말한다. 더 넓은 의미로는 바우하우스가 추구했던 건축 예술을 말한다.

바우하우스는 바이마르 미술 공예 학교의 운영을 1915년에 그로피우스가 맡으면서 시작됐다. 벨기에 디자이너 앙리 반 드 벨데 Henry van de Velde가 세운 학교다. 그로피우스는 이 학교를 확대하여 1919년에 국립 바우하우스 학교를 세웠다. 바우하우스는 삶의 주요 구성 요소인 춤, 극장, 패러디, 체육, 음악에서 새로운 생활 양식을 표현하고자 했다. 바우하우스의 이념은 디자인과 건축에서 단순하면서도 현대적인 것을 추구한 데 있다. 즉, '단순함'과 '현대적인 것'을 중시했다.

그러나 바우하우스는 설립 14년만인 1933년에 나치에 의해 강제로 폐교됐다. 보편적 사회 건설을 추구하는 바우하우스의 이념이 나치의 정책과 맞지 않았기 때문이다. 바우하우스의 예술가들은 나치의 탄압을 피해 미국 등 해외로 망명했다. 바이마르와 데사우 Dessau에 있는 바우하우스 건축물은 1996년에 유네스코 세계 문화유산이 됐다.

바우하우스의 문화를 볼 수 있는 바우하우스 박물관이 2019년 바이마르에 새로 개관됐다. 박물관 건물 외부는 바우하우스의 이념에 맞게 간소하다. 회색의 단색에 '바우하우스 박물관bauhaus museum'을 조그마하게 연달아 써 놓았다. 박물관은 18~20세기 디자인 역사에 관한 루데비히Manfred Ludewig의 수집품을 비롯하여 1만 3000여 점의 예술품을 전시하고 있다. 특히 바겐펠트Wilhelm Wagenfeld의 등燈, 브로이어Marcel Breuer의 라테 의자, 브란트Marianne Brandt의 찻주전자, 보글러Theodor Bogler의 도기를 비

바우하우스의 이념을 살려 'bauhaus museum'(바우하우스 박물관) 글자만 조그맣게 표시한 바우하우스 박물관. 새로 지어 2019년에 개관했다

롯하여 클레Paul Klee의 작품도 있다.

오늘날 바이마르는 괴테, 실러, 바흐, 리스트와 바우하우스와 관련한 다양한 행사를 개최하며 문화 도시로의 명성을 이어가고 있다.

8부

프로이센의
정신이 담긴
독일 정치의
중심지들

8부에서는 브란덴부르크주 수도 포츠담과 독일의 수도 베를린을 다룬다. 두 도시는 브란덴부르크 선제후국에 이어 프로이센 왕국의 중심지로 프로이센 역사와 문화가 많이 남아 있다.

29

포츠담

Potsdam

프리드리히 대왕의 도시,
포츠담 회담의 도시

주   브란덴부르크주
인구   18만 7119명(2023년 12월 기준)

Potsdam

포츠담은 프로이센 왕국의 전신인 브란덴부르크 변경백이 시작된 곳이다. 프리드리히 대왕이 세운 상수시 궁전과 황제 빌헬름 2세가 세운 체칠리엔호프Cecilienhof 성이 있다. 제2차 세계대전 후 체칠리엔호프 성에서 포츠담 회담이 열렸다. 오늘날 브란덴부르크주의 수도로 독일 내 인구 순위는 42위다.

브란덴부르크 변경백국 탄생

포츠담은 하벨강과 공원으로 인해 자연 환경이 좋고 여러 성과 교회 등 문화 유적이 많다. 이로 인해 도시 전체가 유네스코 세계

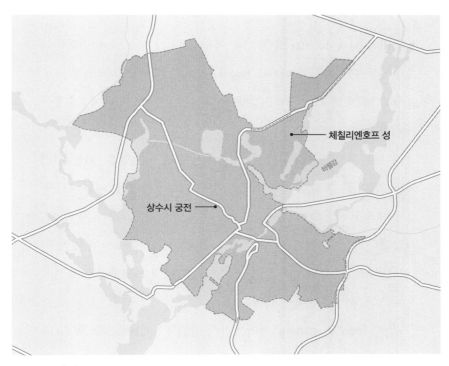

포츠담 지도

문화유산이자 인류의 자연 유산이다. 1920년대에 설립된, 유럽에서 가장 큰 영화와 텔레비전 스튜디오인 바벨스베르크 스튜디오가 있어서 '유네스코 영화 도시'기도 하다.

 포츠담은 993년에 포추피미Poztupimi('포츠탐핀이라는 사람의 거주지'라는 뜻이다)로 문서에 처음 나타났다. 독일 왕 오토 3세(996년에 황제가 된다)가 고모인 크베들린부르크 수녀원장에게 포츠담 지역을 하사하면서 쓴 지명이다. 1157년에 작센 공작 알브레히트

1세Albrecht I der Bar(별명이 '곰' 백작이었다)가 포츠담을 정복하여 브란덴부르크 변경백국Mark Brandenburg(중세에 마르크Mark는 '국경'을 뜻하였으며, 변경백은 국경을 방어하기 위해 설치한 변경 주의 제후였다)을 세웠다.

브란덴부르크 선제후들이 자주 사냥했던 포츠담은 30년 전쟁과 두 번의 큰 화재로 황폐화되고 인구도 크게 줄었다. 대선제후 빌헬름(재위: 1640~1688년)은 포츠담을 베를린 이외에 제2의 거주지로 개발했다. 그는 1685년에 '포츠담 칙령'을 공표하여 2만여 명의 위그노(프랑스 개신교도)들을 받아들였다. 1701년에 브란덴부르크 선제후국은 프로이센 왕국이 됐다.

'군인왕Soldatenkönig' 프리드리히 빌헬름 1세Friedrich Wilhelm I가 군 주둔지로 지정하면서 포츠담의 면적은 4배나 커졌다. 오늘날 포츠담의 모습은 '상수시 궁전'을 지은 그의 아들 프리드리히 2세(대왕) 재위 시 만들어졌다. 1990년 통일 후 포츠담은 브란덴부르크 주의 수도가 됐다.

프로이센을 강국으로 만든
군인왕과 프리드리히 대왕

브란덴부르크 선제후가 1701년에 세운 프로이센 왕국은 반세기

만에 강국으로 부상했다. 그 토대를 제2대 '군인왕' 프리드리히 빌헬름 1세(재위: 1713~1740년)와 제3대 프리드리히 2세Friedrich II(재위: 1740~1786년)가 마련했다(프로이센 왕국 수립 내용은 30장 베를린 참조).

프리드리히 빌헬름 1세는 자신에게 매우 엄격했고 규율도 철저히 준수하면서 신하들에게도 이를 요구했다. 그리고 군대에 적용했던 엄격하고 세세한 규율로 다스렸다. 이로 인해 그는 '군인왕'으로 불렸다.

프리드리히 빌헬름 1세는 공예 기술이 뛰어난 네덜란드인들과 1732년 잘츠부르크 대주교가 추방한 2만여 명의 농민들도 받아들였다. 그의 주요 관심은 군대였다. 상비군도 7만 6천 명을 육성했다. 그는 군을 일반 관료나 귀족보다 더 우대했다. 이러한 군 우대 정책은 1871년 독일 제국 수립 이후에도 계속됐다. 그는 가족에게도 엄했다. 친구와 함께 외국으로 도피하려던 아들을 붙잡아 아들 앞에서 친구를 처형하고 아들을 1년 넘게 감금했다. 한편으로는 경직될 수 있었으나 왕이 자신과 가족에게 엄격하고 솔선수범하니 프로이센 왕국에 기강이 서고 발전할 수 있었다.

1712년 1월에 태어난 프리드리히 2세는 유년기에 예술, 문학, 철학에 관심이 많았다. 외국으로 도주하려다 발각되어 엄한 벌을 받았던 그는 정치와 군사 분야에서 왕으로 갖추어야 할 덕목을 배우며 자질을 길렀다. 이성에 관심이 없었던 그는 아버지의 권유로 21세에 마음에 없는 결혼을 했다.

28세이던 1740년 5월 왕이 된 프리드리히 2세는 능력을 발휘했다. 그해 황제(헝가리와 보헤미아 왕도 겸함) 카를 6세가 아들이 없이 죽자 1741년에 딸 마리아 테레지아(1717~1780년)가 헝가리와 보헤미아의 왕위를 계승했다. 프리드리히 2세는 합스부르크 가문의 영토인 슐레지엔Schlesien(폴란드와 체코에 걸쳐 있는 지역)을 점령했다. 오스트리아가 여성의 왕위 계승을 금지하는 '살리카 법'(게르만족의 관습법으로 내려오던 것을 프랑크 왕 클로비스 1세가 제정한 법)을 위반했다는 이유를 들었다. 비옥한 슐레지엔 땅은 프로이센이 강국이 되기 위해서는 꼭 필요한 지역이었다. 황제로는 1742년에 바이에른 선제후가 카를 7세Karl VII로 즉위했다.

1756년에 오스트리아는 빼앗긴 슐레지엔을 되찾기 위해 프랑스, 러시아와 동맹을 맺고 프로이센과 전쟁(7년 전쟁: 1756~1763년)을 했다. 프리드리히 2세는 영국과 동맹을 맺고 1757년 12월의 로이텐Leuthen 전투 등 여러 차례 승리했다. 나폴레옹이 "이 하나의 전투만으로도 프리드리히 대왕은 위대한 장군의 반열에 오를 수 있다"라고 그를 극찬했던 전투다.

그런데 프리드리히 2세는 1759년 8월 쿠너스도르프 전투에서 패해 궁지에 몰렸다. 뜻밖에 1762년 1월 숙적 러시아 여제 엘리자베타Elisabeth Petrovna가 죽고, 프리드리히 2세를 존경했던 표토르 3세가 황제가 되며 러시아는 전선에서 이탈했다. 프리드리히 2세는 이를 "브란덴부르크 가문의 기적"이라고 했다. 패전의 위기에서 다시 일어선 그는 1763년 2월에 마리아 테레지아와 '후베르투스부르크 평화 조약'을 체결하여 슐레지엔을 차지하며 전쟁을 끝냈다. 프로이센은 폴란드 분할로 서프로이센도 얻어 강국이 되는 발판을 마련했다.

프로이센을 강국으로 만든 프리드리히 대왕. 1780년경

프리드리히 2세는 개혁 조치도 했다. 고문을 폐지하고 언론 검열을 철폐했다. 판결을 현대화하고 통일을 기하려고 했다. 8만 명이던 상비군을 19만 명으로 두 배 이상 늘렸다. 그는 왕은 군림하는 자가 아니라 국가에 봉사하는 자라며 "나는 국가 제일의 공복이다Ich bin der erste Diener meines Staates"라고 했다.

프리드리히 2세는 전쟁에 나갈 때마다 국가의 주요 사안을 세세한 부분까지 지시했다. 만일에 "내가 죽으면 호화스럽지 않게 장례를 치르고 한밤중에 상수시 공원 한 곳에 묻어 달라"라는 유언도 남겼다. 왕비와 별거하여 자녀가 없었던 그는 개를 좋아하여 개 무덤 옆에 묻어 달라고도 했다. 그의 부국강병책은 프로이센이 독일을 통일하는 토대가 됐다. 후세는 그를 계몽 전제 군주로 부른다. 프리드리히 2세 재위 시 프로이센은 오스트리아와 맞설 정도로 강국이 됐다. 18세기 유럽에는 프랑스, 영국, 오스트리아, 러시아, 프로이센의 5대 강국이 있었다.

근심 없는 상수시 궁전

포츠담에 여름 궁전이 있다. 프리드리히 2세가 기초 설계를 하고, 건축가 크노벨스도르프Georg Wenzeslaus von Knobelsdorff가 설계하여 1747년에 완공한 로코코 양식의 상수시 궁전Schloss Sans Souci('근심 없는 궁전'이라는 뜻이다)이다. 프랑스어를 더 자주 썼던 프리드리히 2세는 궁전 이름도 프랑스어로 지었다. 분수가 있는 공원도 조성했다. 그는 해마다 4월 말~10월 초까지 상수시 궁전에서 집무했다. 왕비와 떨어져 지냈기에 손님 방은 있지만 왕비의 방은 없다. 이곳에서 당대 최고의 계몽주의 사상가인 볼테르Voltaire(1694~1778년) 등 프랑스 문인들과 자주 어울렸다.

1786년 8월 17일 프리드리히 2세는 74세에 상수시 궁전의 집무실 의자에서 숨졌다. 왕 프리드리히 빌헬름 2세는 유언을 따르지 않고, 유해를 프리드리히 대왕 부친의 관이 있는 포츠담의 수비대 교회에 안치했다. 제2차 세계대전 중에 프리드리히 대왕의 관이 적에게 넘어가지 않도록 호헨촐레른 성(튀빙겐 근교 헤칭겐Hechingen에 있음)으로 옮겼다. 프리드리히 대왕의 유언은 200여 년이 지난

프리드리히 대왕의 혼이 깃든 상수시 궁전. 궁전 중앙에는 '근심 없는'이라는 뜻의 상수시 'SANS SOUCI'가 새겨져 있다

1991년 8월 17일에서야 이루어졌다. 그의 유해는 유언대로 한밤중에 상수시 궁전의 반려견 무덤 옆에 묻혔다. 봉분이나 비석도 없이 평평한 돌 위에 '프리드리히 데어 그로세Friedrich der Grosse(프리드리히 대왕)'이란 글만 있다. 독일이 강한 이유 중 하나는 정치인들의 이러한 검소함이다. 상수시 궁전은 1990년에 유네스코 세계 문화 유산이 됐다.

전후 독일 문제를 처리한 포츠담 회담

1945년 5월 8일 독일은 무조건 항복했다. 전후 유럽과 독일 문제를 처리한 회담이 7월 17일부터 포츠담의 체칠리엔호프 성에서 열렸다. 체칠리엔호프는 황제 빌헬름 2세가 황태자비 체칠리에 Cecilie를 위해 세운 성이다. 해리 트루먼Harry S. Truman 미국 대통령, 윈스턴 처칠 영국 수상, 이오시프 스탈린Iosif Vissarionovich Stalin 소련 수상이 참석했다. 처칠이 총선에서 패하여 7월 28일부터 클레멘트 애틀리Clement Richard Attlee가 참석했다.

체칠리엔호프 성 안의 회담장으로 당시의 모습을 그대로 보존하고 있다

이러한 중요한 회담이 왜 수도 베를린이 아닌 한적한 포츠담에서 열렸을까? 베를린이 완전히 파괴되어 회담 장소는 물론 대표단이 숙소로 사용할 만한 건물이 없었기 때문이었다. 또 파리보다는 가까운 독일을 선호했던 스탈린의 의사도 고려됐다.

포츠담 회담에서 7월 26일 트루먼 대통령과 처칠 수상이 전후 일본 처리 문제를 협의한 '포츠담 선언'이 먼저 나왔다. 회의에 참석하지 않은 장개석蔣介石 중화민국 총통은 전문으로 서명했다. 포츠담 선언은 일본의 무조건 항복 등 13개 항을 담고 있다. 한국을 직접 언급하지는 않았으나 제8항에 "카이로 선언의 요구 조건들은 이행될 것이다. 일본의 주권은 혼슈, 홋카이도, 큐슈, 시코쿠와 우리가 결정하는 작은 섬들에 국한될 것이다"라고 하여 한국이 독립될 것임을 간접적으로 언급했다.

일본이 포츠담 선언 수락을 거부하자 미국은 8월 6일 히로시마에, 8월 9일에는 나가사키에 원자탄을 떨어뜨렸다. 일본은 6일 뒤인 8월 15일 무조건 항복했다.

3개국 정상은 8월 2일 회담을 끝내며 '포츠담 협정'을 발표했다. 포츠담 협정에는 주로 6개월 전에 얄타 회담에서 합의했던 내용을 담았다. 우선 독일이 다시는 전쟁을 일으키지 못하도록 철저히 약화시키고자 했다. 독일의 탈나치화, 전쟁 범죄자 처벌, 군수 산업 폐기, 독일을 분할·점령 통치, 독일의 배상 문제, 독일의 영토 축소, 동프로이센 등에 거주하는 독일인들의 이주에 관한 내용 등을 담고

1945년 8월 2일 회담 결과를 발표하는 3국 정상. 왼쪽부터 애틀리 영국 수상, 트루먼 미국 대통령, 스탈린 소련 수상

있다.

독일의 영토 축소와 관련하여 동프로이센 위쪽은 소련이 차지하고, 아래는 폴란드에 넘겨주도록 했다. 또 오데르–나이세강Oder-Neisse 선(오데르강과 나이세강을 연결한 선)의 동부 지역을 폴란드가 관리하도록 했다. 독일과 폴란드 간의 국경선은 나중에 평화 조약에서 확정하기로 했다. 이로써 독일 영토의 4분의 1인 24퍼센트가 줄어들었다.

쾨니히스베르크가 있는 동프로이센을 상실함으로써 독일은 중요한 역사의 한 면도 잃었다. 쾨니히스베르크는 어떤 도시이기에 중요한 역사를 잃어버렸다고 할까? 쾨니히스베르크는 1254년 독일(튜턴) 기사단이 이교도인 발트족을 정복하려고 세운 도시다. 독일 기사단국은 전성기를 지나 회생 가능성이 없자 1525년에 개신교를 받아들이며 프로이센 공국이 됐다.

특산품은 나무 송진이 화석이 된 황금색의 보석 호박이다. 450여 년 후 1701년 1월 18일 브란덴부르크 선제후가 이곳에서 프로이센 왕국 수립을 선포하고 대관식을 했던 곳이다. 그리고 독일 철학의 대가 임마누엘 칸트Immanuel Kant(1724~1804년)가 태어난 곳이다. 칸트는 쾨니히스베르크 대학에서 수학하고 이 대학에서 교수를 지냈다. 평생을 동프로이센에서 살며 『순수이성비판』, 『실천이성비판』, 『판단력비판』 등 명저를 남겼다. 동프로이센의 수도였으며 대학이 있어 19세기에 문화의 중심지였다. 전후 쾨니히스베르크를 차지한 소련은 도시 이름을 칼리닌그라드로 바꿨다.

포츠담 협정은 독일인의 이주도 규정했다. "이주가 합법적이고 인도적으로 이루어져야 한다"라고 했으나 실제는 추방이었다. 소련군이 1944년 10월 단치히(폴란드 그단스크)를 시작으로 대반격을 하자 독일군은 프로이센에서도 후퇴했다. 소련군이 쳐들어오기 전에 독일인 약 500만 명이 고향을 떠났다. 히틀러가 합병했던 주데텐 지방은 전쟁 후 체코에 반환됐다. 오데르-나이세강 동쪽에 살던 약 560만 명과 체코와 헝가리에 거주하던 독일인들도 추방됐다.

제2차 세계대전 말기인 1945년 1월 소련군이 밀려오자 발트해의 쿠리 석호潟湖를 넘어 미지의 지역으로 들어가는 동프로이센 농부들

   이렇게 1944년 말부터 1950년 말까지 5년 동안 독일인 약 1500만의 명이 고향을 떠났다. 대부분 여성, 어린이, 노인이었다. 남자들은 참전 중이거나 전사했기 때문이다. 이들은 피난길에 필수품 몇 가지만 마차나 손수레에 실어 걸었다. 1945년 1월 30일 배 '빌헬름 구스트로프호'에 탄 피난민 9000여 명이 소련군 잠수함 공격으로 차가운 바다에서 숨졌다. 1000여 킬로미터의 피난 길을 이동하는 중에 약 250만 명이 굶주림, 추위와 병으로 사망했다.

   추위, 굶주림과 병을 이겨 내고 1248만 명(서독 지역에 798만 명, 동독 지역에 450만 명)이 독일에 정착했다. 전혀 와 보지 않았던 낯선 곳이었다. 비참하게도 동독 지역에 정착한 이들은 온갖 어려움을 이겨 내고 온 보람도 없이 다시 소련 점령 지역에 이어 동독 공산 정권 아래에서 지내야 했다.

피난민들이 간단한 가재도구를 챙겨 끌고 피난 길에 나섰던 손수레. 라이프치히시 역사 박물관 소장

서독에 정착한 이들은 추방자 협회를 조직하여 활동하며 고향으로 돌아갈 수 있는 날이 오기를 고대했다. 1989년 베를린 장벽이 붕괴된 후 서독이 통일을 추진하는 과정에서 이들은 통일은 빼앗긴 땅을 회복하는 것이라며 헬무트 콜 정부를 압박했다. 그러나 잃어버린 땅을 다시 찾으며 통일을 할 수 있는 길은 없었다. 미국, 영국, 프랑스와 소련 어느 나라도 이를 허용하려고 하지 않았기 때문이다.

1990년 9월 12일 체결된 독일 통일을 위한 '2+4 조약'으로 오데르-나이세강 선은 독일과 폴란드 두 나라의 국경선이 되었다. 이를 토대로 독일은 1990년 11월 14일 폴란드와 국경 조약을 체결했다. 이로써 한때 독일 땅이었던 동프로이센, 슐레지엔, 포메른, 그리고 브란덴부르크 일부 지역은 폴란드 영토가 되었다.

30

베를린

Berlin

프로이센의 기상이 살아 있는
독일의 영원한 수도

주 베를린
인구 378만 2202명(2023년 12월 기준)

Berlin

베를린은 브란덴부르크 변경백국을 시작으로 프로이센 왕국, 독일 제국에 이어 바이마르 공화국의 수도였다. 1949년 독일이 분단되면서 수도를 잠시 본에 내주었으나 1990년 통일이 되면서 다시 수도가 됐다. 베를린 한가운데에 있는 브란덴부르크 문은 베를린의 상징이자 분단과 통일의 상징이다. 독일 내 인구 순위는 수도답게 제1위다.

고통과 영광의 역사를 함께한 도시

30개 도시로 독일 역사를 돌아보는 마지막 도시는 수도 베를린

베를린 지도

이다. 베를린은 포츠담에서 약 30킬로미터의 거리에 있다. 함부르크와 같이 시이면서 주이기도 한 도시 국가Stadtstaat다.

베를린만큼 중세 이후 독일이 겪었던 고통과 영광의 역사를 함께했던 도시는 없다. 30년 전쟁으로 인한 폐허, 나폴레옹의 베를린 입성, 두 차례의 세계대전 도발과 패배, 나치 독재와 유대인 학살, 전승 4개국(미국, 영국, 프랑스, 소련)의 점령 통치, 베를린 봉쇄, 동·서독으로의 분단과 수도 지위 상실, 베를린 장벽 축조 등의 고통을 겪

제국 의회 의사당 옆 슈프레강에는 유람선이 오가고 있고 시민들은 여유를 즐기고 있다

었다.

고통을 겪으면서도 프로이센 왕국 수립, 독일 통일과 독일 제국 수립, 베를린 장벽 붕괴에 이은 독일 통일, 다시 수도가 된 영광의 역사도 지켜보았다. 이처럼 수백 년에 걸쳐 많은 독일 역사를 간직한 베를린은 세계사의 중심에 있기도 했다.

동부 독일의 한복판에 있는 베를린도 제국의 수도였던 이유로 전승 4개국에 의해 분할 점령됐다. 미국, 영국, 프랑스가 점령했던 서베를린은 동독 주민들에게 자유를 향한 피난처였다. 동독과 소련에게는 목에 가시와 같은 존재였다.

분단 시 소련은 서베를린을 동독에 편입시키기 위해 베를린 봉쇄, 최후통첩, 베를린 장벽 축조 등 여러 차례 위기를 조성했다. 그

때마다 서독과 서방 연합국은 서베를린을 지켜 냈다. 1990년 통일이 되며 베를린은 하나가 됐고 수도가 됐다.

상인 거주지에서 프로이센 왕국의 수도로

베를린의 역사는 도심을 흐르는 슈프레강가의 쾰른Cölln과 베를린이란 두 상인 거주지에서 시작됐다. 두 지역은 13세기(쾰른은 1237년, 베를린은 1244년)에 처음 문서에 나타났다. 프랑크푸르트(794년), 함부르크(831년), 뮌헨(1158년)보다도 80∼450년 늦었다. 1280년에 베를린시가 곰 두 마리가 각인된 시 인장을 만들면서 곰은 베를린의 상징이 됐다. 1432년에 쾰른이 베를린에 합쳐지면서 한 도시가 됐다.

베를린의 상징인 곰 동상. 베를린 어디에서도 쉽게 볼 수 있다

1356년 브란덴부르크 변경백은 금인칙서에 의해 황제를 선출하는 선제후가 되었으며 신성 로마 제국의 중요한 제후였다. 1412년 프리드리히 6세Friedrich VI가 브란

덴부르크 변경백이 되면서 호엔촐레른 가문의 500년 베를린 지배가 시작됐다. 1539년에 브란덴부르크는 개신교를 받아들였다. 30년 전쟁으로 베를린은 황폐화되었고, 1500년에 1만 2000명이었던 인구는 6000명으로 절반이 줄었다. 대선제후 프리드리히 빌헬름은 1685년 10월 29일 '포츠담 칙령'을 발표하여 프랑스에서 추방된 위그노(프랑스 개신교도)들을 받아들였다. 이들을 위해 베를린 중심가 장다르멘마르크트에 프랑스 교회도 세웠다. 교육 수준이 높고 기술자인 위그노들의 이주로 베를린 인구는 2만 명으로 증가했고 경제도 발전했다. 빌헬름은 법률, 재무, 군사 제도를 정비하여 장차 아들이 왕국을 세우는 토대를 마련했다.

1701년 1월 18일 동프로이센의 쾨니히스베르크(오늘날 러시아 칼리닌그라드)에서 '프로이센Preußen 왕국'이 수립됐다. 브란덴부르크 선제후 프리드리히 3세Friedrich III가 왕 프리드리히 1세Friedrich I로 즉위했다. 베를린은 왕국의 수도가 됐다. 신성 로마 제국에서는 금인칙서에 의해 보헤미아 왕국만 허용되었는데 어떻게 '프로이센 왕국'이 수립될 수 있었을까? 그리고 왜 '브란덴부르크 왕국'이 아닌 '프로이센 왕국'이라고 했을까?

프로이센 왕국을 수립할 수 있었던 계기는 스페인 왕위 계승 문제였다. 1700년 11월 합스부르크 가문의 스페인 왕 카를로스 2세Carlos II가 자식이 없이 죽자 프랑스 왕 루이 14세의 손자 필리프가 스페인 왕 펠리페 5세Felipe V로 즉위했다. 프랑스와 스페인 왕가가 통합되어 강국이 되는 것을 우려한 신성 로마 제국 황제 레오폴드 1세는 제국 내 제후는 물론 영국, 네덜란드와 동맹을 결성했다.

이 기회를 이용하여 선제후 프리드리히 3세는 전쟁이 일어나면 오스트리아(황제 측)를 지원하겠다고 약속하며 왕국 수립에 대한 동의를 얻어 낸 것이다. 그러나 왕국 이름에 신성 로마 제국의 일원인 '브란덴부르크'를 사용할 수 없어 '프로이센'을 사용한 것이다. 즉위식도 제국의 밖에 있는 동프로이센의 쾨니히스베르크에서 했다. 왕관도 스스로 썼다. 스페인 왕위 계승 전쟁(1701~1714년)이 일어나자 프로이센은 황제를 지원하여 싸웠다.

독일 연방 출범

프로이센 왕국은 18세기 중반에 신성 로마 제국에서 오스트리아 다음가는 강국으로 성장했다. 그 토대를 '군인왕' 프리드리히 빌헬름 1세와 아들 프리드리히 2세(대왕)가 마련했다. 프리드리히 2세는 슐레지엔 등으로 영토를 확장했고, 상비군도 7만 6000명에서 19만 명으로 늘렸다. 그의 즉위 시 10만 명이었던 베를린 인구는 그가 숨진 1786년에는 14만 5000명이나 되었다. 베를린은 대도시가 되었다(군인왕과 프리드리히 대왕은 29장 포츠담 참조).

1806년 8월 6일 신성 로마 제국이 멸망했으나 항복하지 않았던 프로이센 왕국은 10월 9일 프랑스에 선전 포고를 했다. 그러나 10월 14일 예나와 아우어슈테트Auerstedt 전투에서 패했다. 왕 프리드리히 빌헬름 3세는 쾨니히스베르크로 피신했다. 나폴레옹은 포츠담을 거쳐 10월 27일 브란덴부르크 문을 통해 베를린에 들어왔다. 나폴레옹은 브란덴부르크 문 위의 마차 등 많은 문화재를 약탈해 갔다. 1807년 7월 9일 프로이센은 프랑스와 틸지트Tilsit조약을 체결하며 1억 2000만 프랑이라는 막대한 배상금을 지불했다. 영토는 엘베강 서쪽을 모두 잃고, 브란덴부르크, 포메른, 슐레지엔과 동프로이센으로 줄어들었다.

6년 후 1813년 10월 프로이센은 오스트리아, 러시아와 동맹을 맺고 라이프치히 전투에서 승리하여 나폴레옹군을 몰아냈다(24장 라이프치히 참조). 1814년 6월 오스트리아 빈에서 오스트리아 외무장관 메테르니히의 주도로 오스트리아, 영국, 프로이센, 러시아 대표 등이 회의를 했다. 유럽의 정치 질서를 나폴레옹 전쟁 전의 상태로 돌리려고 한 이 회의가 '빈 회의'다. 1815년 6월 8일 빈 회의에서 '독일 연방Deutscher Bund'(1815~1866년)이 출범했다. 오스트리아가 주도하는 느슨한 형태의 연방이었다.

독일 연방에는 39개 연방 국가가 속해 있었다. 1 제국(오스트리아), 5 왕국(프로이센, 바이에른, 작센, 뷔르템베르크, 하노버), 4 자유시(함부르크, 브레멘, 뤼베크, 프랑크푸르트) 등이다. 의회는 프랑크푸르트에 두었으며 의장국은 오스트리아였다. 회원국들은 자유주의와 민족주의 세력에 대항하여 싸우고, 구질서를 유지하며 복원할 의무가 있었다.

오스트리아가 주도하는 독일 연방에 대해 불만이었던 프로이센 왕국은 1834년에 독일 연방 내 18개국을 모아 관세 동맹을 조직했다. 점차 가맹국을 확대하여 경제 통합을 이루면서 프로이센은 통일의 초석을 다졌다.

프로이센의 독일 통일과 독일 제국 수립

1862년 9월 23일 프로이센 왕 빌헬름 1세는 주프랑스 공사 오토 폰 비스마르크(1815~1898년)를 수상에 임명했다. 평소에 빌헬름 1세는 비스마르크를 수상으로 임명하는 데 주저했었다. 그런데 왜 임명했을까? 빌헬름 1세는 자유주의자가 다수인 프로이센 의회와 갈등을 겪고 있던 차에 1862년 의회가 프로이센군을 강화하기 위한 론Albrecht von Roon 전쟁 장관의 국방 예산안을 부결시켰다. 예산안 부결에 왕은 양위를 고려할 정도로 타격을 받았다. 의회를 상대할 강한 인물이 필요했기 때문이다. 그가 바로 비스마르크였다.

비스마르크는 독일 연방 의회에서 프로이센 대표, 러시아와 프랑스에서 공사로 지내면서 정치와 국제 정세에 대한 이해가 밝았다. 비스마르크는 9월 30일 의회에서 한 취임 연설에서 "우리 프로이센이 당면한 문제는 연설이나 다수결이 아닌 철과 피Eisen und Blut에 의해서만 해결된다"라며 '철혈鐵血 정책'을 주장했다. '철과 피'는 바로 전쟁을 의미했다.

비스마르크는 오스트리아를 제외하여 통일을 이루고자 했다. 왜 오스트리아를 제외하여 통일을 이루고자 했을까? 우선 오스트리아를 포함한 통일은 영토가 너무 넓어 통일 국가를 유지하기가 어렵다고 보았다. 그리고 오스트리아-헝가리 제국에는 비독일계가 독일계보다 많아 진정한 독일 국가라고 보기 어렵다고 판단했다.

프로이센이 통일을 추진하는 과정에서 첫 번째 전쟁 상대는 덴마크였다. 1863년 덴마크는 후계자가 끊긴 슐레스비히-홀슈타인 공국의 상속권을 주장하며 합병했다. 프로이센은 1864년에 오스트리아와 함께 덴마크를 물리치고 슐레스비히-홀슈타인을 공동으로 차지했다. 1866년에 프로이센은 두 번째 전쟁 상대인 오스트리아를 쾨니히그레츠 전투에서 물리친 후 슐레스비히-홀슈타인을 단독으로 차지했다. 1867년 프로이센은 오스트리아를 제외한 '북독일 연방Norddeutscher Bund'을 창설했다. 이로써 프로이센은 오스트리아와 완전히 갈라섰다.

마지막 전쟁 상대는 프랑스였다. 1868년 스페인 혁명 정부는 프로이센 왕 빌헬름 1세에게 호헨졸레른 가문의 레오폴드Leopold 공을 스페인 왕으로 제안했다. 빌헬름 1세가 스페인의 제의를 수락하자 프랑스는 좌우로 독일계에 둘러싸이게 되어 강하게 반발했다.

프랑스가 반발하자 휴양지 엠스Ems에 머물던 빌헬름 1세는 철회 의사를 밝혔다. 프랑스는 자국 대사를 빌헬름 1세에게 보내 서면 보장을 받으려고 했으나 왕은 이미 끝난 사안이라며 보장을 하지 않았다. 이 내용을 왕을 수행한 외무부 관리가 비스마르크에게 전보로 알렸다.

비스마르크는 이를 전쟁 구실로 삼았다. 프랑스 대사가 왕을 무례하게 대했으며, 프랑스가 선전 포고를 하도록 전보를 조작하여 언론에 알렸다(이를 '엠스 전보 사건'이라고 한다). 프로이센은 전쟁 준비를 마친 상태였다. 프랑스는 1870년 7월 19일 프로이센에 선전 포고를 했다.

프로이센은 9월 2일 스당 전투에서 프랑스 황제 나폴레옹 3세Napoleon III를 포로로 잡았다. 전쟁이 끝나지 않았으나 프로이센은 1871년 1월 18일 파리 근교 베르사유 궁전에서 통일된 '독일 제국'을 선포하고 빌헬름 1세는 황제로 즉위했다. '독일 제국'은 4 왕국, 6 대공국, 5 공국, 7 제후국, 3 자유시(함부르크, 브레멘, 뤼베크)의 25개 연방 국가로 구성되었다. 프랑스에게 빼앗겼던 알자스와 로렌 지방도 되찾아오고 배상금 50억 프랑도 받았다.

프로이센은 전쟁이 끝나지 않았음에도 왜 서둘러 베르사유 궁전에서 황제 즉위식을 했을까? 프로이센은 우선 170년 전 왕국을 수립한 1월 18일을 기념하고자 했다. 그리고 65년 전 나폴레옹에게 당했던 굴욕을 갚아 주고자 했기 때문이다.

1871년 1월 18일 베르사유 궁전에서 독일 제국 수립을 선포하며 황제로 즉위한 빌헬름 1세. 흰 제복을 입은 이가 비스마르크다. 비스마르크 박물관 소장

프로이센이 독일을 통일한 요인은 무엇일까? 프로이센의 전신인 브란덴부르크 선제후국은 신성 로마 제국의 변방이란 척박한 환경에서 생존하기 위해 강인한 정신을 축적했다. 1701년에 프로이센 왕국을 세웠고, 군인왕과 프리드리히 대왕이 프로이센을 강국으로 만들었다. 여기에 비스마르크의 지략이 곁들여졌다.

바이에른 왕국은 프로이센보다 지리적 환경이 나았으나 나폴레옹전쟁으로 인해 세력이 약했고, 군주들은 국력 증강보다는 문화와 예술에 더 힘쓴 관계로 통일을 추진할 힘을 기르지 못했다. 오스트리아도 1805년 나폴레옹에게 패배한 후 국력이 쇠퇴하여 프로이센 등 독일 전역을 아우르며 통일을 추진하기에는 역부족이었다.

제1차 세계대전 발발과 패전

개신교 국가인 프로이센 주도로 이룩한 통일에 대해 제국 내 모두가 지지하지는 않았다. 특히 가톨릭 세력이 강한 남부 바이에른 지방에서 두드러졌다. 가톨릭 세력이 커 가고 있자 비스마르크 수상은 가톨릭계를 약화시키기 위해 '문화 투쟁Kulturkampf'에 나섰다. 이를 위해 1873년에 가톨릭 성직자들을 교육시키고, 임용 과정을 국가가 통제하며, 수도회의 재산을 압수하고 활동도 금지하는 '5월 법'을 제정했다.

이러한 억압에도 불구하고 가톨릭교 정당인 중앙당은 1874년 총선에서 더 많은 지지를 얻었다. 이에 비스마르크는 교황청과 화해를 추진했다. 1887년에 비스마르크는 '5월 법'을 발의한 교육 장관을 해임하고, '5월 법'을 폐기하면서 가톨릭 교회와 화해했다. 국가가 가톨릭 교회를 통제하려고 했던 비스마르크의 문화 투쟁 정책은 이렇게 실패로 끝났다.

1888년은 '3 황제의 해'였다. 빌헬름 1세에 이은 프리드리히

빌헬름 1세를 도와 독일을 통일한 비스마르크 동상. 함부르크 소재. 그는 1890년 해임된 후 함부르크 인근 프리드리히스루에서 지내다 생을 마쳤다

3세Friedrich III는 즉위한 지 99일 만에 후두암으로 죽고, 손자 빌헬름 2세Wilhelm II가 즉위하면서 한 해에 3명의 황제가 있었다. 지난 20여 년 동안 독일 제국의 주요 정책은 비스마르크가 추진했다. 스스로 정책을 수립하고 추진하려는 29세의 젊은 황제는 73세의 노수상과 자주 충돌했다. 1890년 3월 황제가 비스마르크를 해임하면서 28년의 비스마르크의 시대는 끝났다.

빌헬름 2세는 해군력을 증강하며 해외 식민지에도 눈을 돌렸다. 그러자 영국, 프랑스와 갈등을 빚었다. 그는 1887년에 러시아와 체결한 재보장 조약 연장도 거부했다. 어느 한쪽이 제3국과 전쟁 중일 때 다른 쪽은 중립을 유지한다는 이 조약은 독일에게 꼭 필요했다. 오스트리아-헝가리 제국과는 우호적인 관계를 유지했다. 1913년에 제국 의회는 군 병력을 13만 6000명 증원하여 80만 명으로 늘리고 무기 체계의 현대화도 의결했다. 독일 해군력이 영국에 이어 2위로 올라서자 영국은 위협으로 여겼다.

독일 주변의 상황도 좋지 않았다. 1908년에 오스트리아-헝가리 제국은 발칸반도의 보스니아 헤르체고비나를 합병했다. 1914년 6월 28일 세르비아의 한 청년이 사라예보를 방문한 오스트리아의 프란츠 페르디난트Franz Ferdinand 황태자 부부를 암살했다. 오스트리아가 지원 의사를 타진하자 대외 정책에서 균형을 잃은 빌헬름 2세는 지원을 약속했다.

오스트리아는 최후통첩을 거부한 세르비아에 7월 28일 선전 포고를 했다. 발칸반도 진출을 두고 오스트리아와 대립하던 러시아가 세르비아를 지지하며 7월 30일 총동원령을 내렸다.

독일은 러시아에 총동원령 취소를 요구했으나 거부하자 8월 1일 러시아에 이어 프랑스에 선전 포고를 했다. 영국이 독일에 선전 포고를 하고 오스만 제국은 독일 편에 섰다. 독일, 오스트리아, 이탈리아의 '3국 동맹'과 영국, 프랑스, 러시아의 '3국 협상' 간의 전쟁이었다. 독일은 전쟁에서 승리하여 유럽에서 정치적으로, 경제적으로 주도권을 잡고자 했다.

전쟁 초기인 1914년에 독일은 탄넨베르크 전투에서 러시아에 승리를 거두었으나 전쟁이 길어지며 불리해졌다. 1917년 2월 독일은 영국과 프랑스로 가는 모든 선박을 공격한다는 무제한 잠수 작전을 재개했다. 미국은 중립을 포기하고 4월 6일 독일에 선전 포고를 하며 참전했다. 힘을 잃어 가던 독일을 비롯한 3국 동맹은 미국이 참전하면서 승리할 가능성이 없어졌다. 1918년 11월 9일 황제는 네덜란드로 망명했고 11월 11일 독일은 항복했다. 다음 해 1919년 6월 28일 독일은 베르사유 조약을 체결했다.

전후의 불안정한 국내 정세와 히틀러의 집권

1919년 1월 베를린에서 룩셈부르크와 리프크네히트 등 극좌

파가 주도한 스파르타쿠스 봉기로 독일은 극심한 정치적 혼란과 사회 불안에 휩싸였다. 1919년 바이마르 공화국이 출범하여 정세가 안정되는 듯했으나 물가가 폭등했다(28장 바이마르 참조). 베르사유 조약에 규정된 전쟁 배상금 1320억 마르크와 전쟁 비용을 마련하기 위해 발행한 채권을 상환하려고 화폐를 대량으로 찍어 냈기 때문이다. 독일은 전쟁이 끝나면 배상금을 받을 것으로 예상하고 채권으로 전비를 조달했다. 1923년 8월에 호밀 빵 1킬로그램이 6만 9000마르크, 9월에 360만 마르크, 11월에는 2000억 마르크로 폭등했다. 10억 마르크, 1000억 마르크 화폐가 발행됐다. 다행히 1923년 11월 15일 렌텐마르크(1조 마르크를 1렌텐마르크라고 한다)를 도입한 통화 개혁으로 1924년에 다소 안정됐다.

그러나 1929년 10월 미국에서 발생한 경제 불황에 독일은 직격탄을 맞았다. 파산 기업이 늘어나면서 실업자는 1931년 초 500만 명에서 2년 후 1933년 1월에 600만 명으로 증가했다. 실업자가 증가하고 사회적 빈곤으로 독일인의 삶도 바뀌었다. 여기에 시위와 폭력이 난무하여 사회는 다시 혼란스러워졌다.

이런 경제적 어려움과 정치적 혼란을 틈타 히틀러의 나치당이 세력을 확대했다. 히틀러는 1932년 3월 대통령 선거에서 2위를 하여 4월 결선 투표까지 갔으나 힌덴부르크Paul von Hindenburg 대통령에게 패배했다. 그러나 나치당은 그해 11월 총선에서 제1당을 유지했다. 힌덴부르크 대통령은 히틀러를 수상으로 임명하는 데 반대했었다. 그러나 그가 수상이 돼도 염려하지 않아도 될 것이라는 주위의 조언에 1933년 1월 30일 히틀러를 수상에 임명했다.

1933년 2월 27일 제국 의회 의사당에 불이 났다. 히틀러는 이 사건을 나치에 반대하는 공산주의자와 사회주의자들을 합법적으로 제거하고 박해하는 수단으로 이용했다. 3월 5일 총선에서 나치당은 43.2퍼센트의 지지를 얻었다. 3월 24일 히틀러는 정부가 의회의 동의를 받지 않고도 법을 제정할 수 있는 '수권법'을 통과시켰다. 의회와 대통령의 권한과 관련된 것을 제외하고는 헌법에 위반되어도 유효하다는 법이었다. 그해 11월 총선에서 나치당은 661석 중 639석을 얻어 압도적인 제1당이 됐다. 1934년 8월 2일 힌덴부르크 대통령이 사망하자 히틀러는 대통령직을 겸한 총통이 됐다(히틀러에 관해서는 13장 뮌헨 참조).

제2차 세계대전 패배와 동·서독으로 분단

히틀러는 게르만족의 생존 영역Lebensraum을 넓히겠다며 군사력을 강화하고 이웃 나라 병합에 나섰다. 나치 독일은 1933년 10월에 국제 연맹을 탈퇴했다. 1936년 3월에는 베르사유 조약으로 비무장 지대가 된 라인란트에 독일군이 주둔했다. 히틀러는 1938년 3월 오스트리아를 병합한 데 이어 9월 30일에는 '뮌헨 협정'을 체결

폐허가 된 브란덴부르크 문 주변. 1945년 3월

하여 주데텐란트(독일인이 다수 거주하고 있는 체코슬로바키아 서부 지역)
도 차지했다. 더 이상의 영토에 대한 야심이 없다던 그는 1939년에
체코슬로바키아 전체를 차지했다. 뮌헨 협정을 체결하면 유럽에 평
화가 깃들 것이라는 네빌 체임벌린Arthur Neville Chamberlain 영국
수상의 믿음은 물거품이 됐다.

　히틀러는 전쟁 발발 시 서부 전선에 전념하고 배후 동부 전선의
안전을 위해 1939년 8월에 소련과 불가침 조약을 체결했다. 모든
준비를 끝낸 히틀러는 9월 1일 폴란드를 침공했다. 제2차 세계대전
이 일어났다. 단숨에 폴란드를 손에 넣은 독일은 덴마크, 노르웨이,

벨기에, 네덜란드, 룩셈부르크를 점령했다. 1940년 6월 22일에는 프랑스 영토도 반 이상 점령했다. 1941년 6월에 나치 독일군은 불가침 협정을 깨고 소련을 침공했다.

1941년 12월 7일 일본이 진주만 미 해군 기지를 기습 공격하자 미국도 12월 8일 참전했다. 독일군 등 추축국군은 스탈린그라드 전투(1942년 8월~1943년 2월)에서 85만 명이 사망하고 9만 1000명이 포로가 됐다. 5월에는 아프리카 전투에서도 패배했다. 두 전투에서의 패배로 독일은 타격이 컸다. 1944년 1월에는 1941년 9월 8일 시작한 레닌그라드 포위를 끝내야 했다. 1944년 6월 6일 노르망디 상륙 작전에 성공한 연합군은 8월에 파리도 탈환했다.

전쟁이 길어지면서 히틀러를 암살하려는 시도도 있었다. 1944년 7월 20일 크라우스 폰 슈타우펜베르크Klaus von Stauffenberg 대령은 동부 전선 지휘 본부인 볼프스산체에 폭약이 든 가방을 두고 나왔다. 그러나 히틀러는 약간의 부상을 입는 데 그쳐 암살 계획은 실패했다.

1944년 10월 소련군은 동부 전선에서 대공세를 시작했다. 1945년 3월에 미군과 영국군이 라인강을 넘어 베를린으로 공격하고 4월에는 소련군도 베를린 가까이 들어왔다. 전세를 뒤집기가 어렵다고 판단한 히틀러는 4월 30일 모든 권한을 대제독 카를 되니츠Karl Dönitz에게 위임하고 벙커에서 자살했다. 독일은 5월 7일 연합국 항복 문서에 서명한 후 8일에는 소련의 요구로 항복 문서에

폭격으로 파괴된 건물에서 건축 자재로 쓸 만한 성한 벽돌을 골라내는 여인들. 1946년 베를린에서만 6만여 명의 여인이 이 일에 종사했다

서명하여 전쟁은 끝났다.

드레스덴, 함부르크 등 도시들과 마찬가지로 수도 베를린도 초토화됐다. 주택 60만 채가 파괴되었고 인구는 430만 명에서 280만 명으로 줄었다. 1945년 8월 2일 체결된 포츠담 협정으로 독일은 동프로이센과 동부 지역을 상실하여 영토의 24퍼센트인 4분의 1을 잃었다. 프로이센, 폴란드, 체코 등에 살던 독일인들이 독일로 이주하는 과정에서 약 250만 명이 숨졌다(29장 포츠담 참조).

전승 4개국은 독일은 물론 수도 베를린도 나누어 점령했다. 1948년 6월 서방 연합국이 통화 개혁을 서베를린까지 확대하자 소련은 서베를린과 외부를 연결하는 육로 교통을 차단했다(베를린 봉쇄). 서베를린은 완전히 고립됐다. 그러나 미국과 영국은 항공기로 식량, 생필품, 연료를 공수하며 서베를린을 포기하지 않았다. 소련은 1949년 5월 12일 봉쇄를 해제했다. 연합국은 총 27만 7000회를 비행하여 210만 톤을 날랐다.

전승 4개국은 점령 통치 후에 하나의 독일 국가를 수립하기로 했다. 그러나 일찍부터 점령 지역에 공산 정권 수립을 준비해 온 소련은 단일 국가 수립에 반대했다. 1948년 서방 연합국은 그들의 점령 지역 안에서만이라도 국가를 수립하기로 했다. 1949년 5월 23일 기본법이 공포되며 독일 연방 공화국(서독)이 수립됐다(기본법 내용은 6장 본 참조). 10월 7일 독일 민주 공화국(동독)이 수립되어 독일은 동·서로 분단되었다.

무너진 분단의 상징 베를린 장벽

소련의 지원으로 수립된 동독은 곧 큰 어려움에 직면했다. 주민들이 자유를 찾아 서베를린으로 꾸준히 탈출하고 있기 때문이었다. 1945년부터 1961년 8월까지 약 350만 명이 탈출했다. 해마다 약 22만 명 규모의 도시가 없어지는 것과 같았다. 동독 정권은 탈출이 계속될 경우 동독의 미래를 우려했다. 동독은 서베를린을 장벽으로

붕괴되기 전의 베를린 장벽. 1987년. 포츠담 광장 주변

둘러싸기로 하고, 극도의 보안 속에 1961년 8월 13일 새벽 서베를린과의 경계선에 철조망을 쳤다. 이후 점차 콘크리트 장벽을 세웠다. 장벽의 길이는 167.8킬로미터였다. 감시 초소 302개를 만들었고 순찰 도로도 만들었다. 탈출자들에게 총을 쏘기도 했다.

이런 베를린 장벽이 1989년 11월 9일 밤 무너졌다. 불과 10개월 전인 1월에 호네커 동독 서기장이 "베를린 장벽은 필요했던 원인이 없어지지 않는 한 50~100년은 더 존재할 것"이라고 장담했던 장

장벽이 붕괴되자 서베를린으로 몰려드는 동독 주민들. 1989년 11월 12일, 포츠담 광장

벽이다. 장벽의 붕괴는 누구도 예상하지 못했다.

　장벽 붕괴의 발단은 1989년 늦여름에 시작된 주민의 탈출과 개혁 요구 시위였다. 탈출자들이 늘어나고 시위도 계속되자 동독 정권은 11월 9일 '국외 여행 자유화 조치'를 단행했다. 기자 회견에서 "여행 자유화 규정이 언제부터 발효되느냐?"라는 기자의 질문에 정부 대변인 귄터 샤보프스키Günter Schabowski가 착오로 "즉시, 지체없이sofort, unverzüglich"라고 했다. 이 회견 내용이 TV 방송에 보도

되면서 주민들이 서베를린으로 가기 위해 밀려들자 장벽이 그날 밤 무너진 것이다. 탈출자를 막아 동독을 안정시키기 위한 국외 여행 자유화 조치가 의도와는 달리 장벽을 무너뜨린 것이다. 1989년까지 장벽을 넘다 140명이 숨졌고 3000여 명이 체포됐다.

독일, 통일을 이루다

1989년 11월 28일 헬무트 콜 총리는 연방 하원에서 극비리에 준비한 '독일과 유럽 분단 극복을 위한 10단계 방안'을 발표하며 통일을 추진했다. 콜 총리는 준비가 안 된 점을 고려하여 통일을 3~5년에 걸쳐 '점진적'으로 이룩하려고 했다.

독일 통일은 당사자인 동·서독의 합의 이외에 전승 4개국의 동의가 필요했다. 왜 전승 4개국의 동의가 필요했을까? 1954년 10월 체결한 '파리 조약'으로 미국, 영국, 프랑스는 강화 조약 체결과 독일 통일을 포함한 '베를린과 전 독일에 대한 권한과 책임'을 갖고 있었기 때문이다. 소련은 파리 조약의 당사자는 아니었지만 '포츠담 협정'으로 전 독일에 대한 권한과 책임이 있다고 주장하여 소련의 동의도 받아야 했다.

통일을 추진하는 서독의 의도와는 다르게 통일에 대한 주변의 반응은 좋지 않았다. 동독 정권은 통일을 할 의사가 없었다. 영국,

1990년 10월 3일 제국 의회 의사당 외부에서 열린 통일 기념식. 왼쪽 두 번째부터 브란트 전 총리, 겐셔 외무 장관, 콜 총리 내외, 바이츠체커Richard von Weizsäcker 대통령, 베르크만-폴Sabine Bergmann-Phol 동독 인민 의회 의장

프랑스, 소련이 통일을 반대했으나 미국은 지지했다. 미국의 지지로 콜 총리는 통일을 추진해 나갔다. 콜 총리는 12월 19일 동독 드레스덴에서 동독 모드로Hans Modrow 총리와 회담 후 '신속한 통일'로 전환했다(23장 드레스덴 참조).

통일에 반대하던 동독 정권은 경제 파탄의 위기에 직면하자 통일에 동의했다. 또 1990년 2월 10일 모스크바에서 콜 총리는 고르바초프 소련 공산당 서기장으로부터 "독일 통일 문제는 독일인들이

통일 조약에 서명한 후 악수를 나누는 동·서독 대표. 가운데는 동독 총리 드메지에르. 1990년 8월 31일, 동베를린

스스로 결정해야 할 일"이라는 입장을 받아 냈다. 소련이 독일 통일에 반대하지 않겠다는 것이다.

1990년 3월 18일 실시된 동독 최초의 자유 선거에서 '신속한 통일'을 주장한 정당이 승리했다. 4월 12일 드메지에르Lothar de Maizière 정부가 출범하며 통일이 본격적으로 추진됐다. 서독은 동독과 여러 차례 협상 후 1990년 5월 18일 '통화·경제·사회 동맹 조약'을 체결했다. 통일에 앞서 서독 마르크화로 화폐를 통일하고 경제와 체제도 통합했다. 이어 8월 31일에는 '통일 조약'을 체결하여 통일에 따른 '내부적인 문제'를 마무리 지었다.

통일을 위해서는 '대외적인 문제'가 해결되어야 했다. 대외적인 문제는 통일된 독일과 폴란드 간의 국경선 문제, 통일된 독일의 북대서양 조약 기구(NATO) 잔류 문제, 독일의 핵무기 제조와 보유 금지, 동독 주둔 34만 소련군의 철수 문제 등이었다. 가장 논란이 되었던 사안은 '통일된 독일의 나토 잔류 문제'였다.

　'대외적인 문제'를 협의하기 위해 서독은 미국의 지원으로 1990년 2월 동·서독, 미국, 영국, 프랑스, 소련이 참가하는 '2+4회담 기구'를 구성했다. 서독과 미국은 통일된 독일이 나토에 잔류해야 한다는 입장이었으나, 소련은 나토 잔류를 반대했다. 콜 총리는 1990년 7월 15일~16일 모스크바와 캅카스에서 고르바초프와 정상 회담을 한 후 나토 잔류에 대한 소련의 동의를 받았다.

　9월 12일 모스크바에서 2+4회담 참가 6개국은 '2+4 조약'을 체결하며 통일에 따른 '대외적인 문제'를 해결했다. 대외적인 문제 해결을 위해 콜 총리는 미국을 네 번 방문하여 조지 부시 George Herbert Walker Bush 대통령과 협의했다. 소련은 두 번 방문하여 고르바초프와 협의했다. 프랑수아 미테랑 프랑스 대통령과는 여러 차례 만났다.

　내부적인 문제와 대외적인 문제를 해결한 독일은 1990년 10월 3일 1945년 패전 이후 45년의 분단을 끝내고 통일을 이룩했다.

부끄러운 역사를 반성하는 독일

독일에 어두운 역사가 있다. 두 번이나 세계대전을 일으켰고, 600만 명의 유대인을 학살했으며, 외국인을 강제 노역에 동원한 역사다.

나치는 히틀러가 수상이 된 직후 1933년 3월 뮌헨 근교 다카우를 시작으로 바이마르의 부헨발트, 작센하우젠 등 독일은 물론 폴란드에도 강제수용소를 세웠다. 가장 큰 강제 수용소는 폴란드의 아우슈비츠 수용소였다. 독일이 점령한 유럽 국가에서 유대인을 색출하여 수용소에 보내졌다. 병든 자, 고령자와 갓난아이나 어린이가 있는 여성은 노동 불가로 판단하여 가스실로 보내졌다. 일할 능력이 있는 자는 강제 노역에 동원되었다. 아우슈비츠에 수용된 최소 133만 명 중에서 110만 명 이상이 숨졌고 23만여 명만이 살아남았다. 강제 노역에 동원된 외국인은 1944년에만 26개국에서 800만 명이나 되었다. 독일인들은 이러한 부끄러운 역사를 행동으로 반성하고 있다.

독일은 2005년에 베를린 브란덴부르크 문에서 가까운 곳에 '유럽 내 살해된 유대인을 위한 추모비'를 세웠다. 축구장 두 개 넓이에 콘크리트로 만든 2711개의 추모비가 있다. 가로 0.95미터와 세로 2.3미터는 모두 같지만, 높이는 20센티미터~4.7미터로 모두 다르게 했다. 지하 추모관에서는 살해된 유대인 600만 명의 이름을 한

베를린 한복판에 세워진 유대인 추모비. 뒤편 건물에 깃발이 나부끼는 건물(미국 대사관) 왼쪽에 브란덴부르크 문이 있다

명 한 명 부르고 있다.

또 독일은 아우슈비츠 수용소가 해방된 1월 27일을 '나치 희생자의 추모일'로 지정하여 해마다 연방 하원에서 추모 행사를 한다. 나치에 피해를 입은 이들을 하원에 초청하여 그들이 겪은 고통을 듣는 행사다. 2024년 1월 30일에는 아우슈비츠 수용소에서 살아남은 체페시Eva Szepesi(여, 91세)가 증언했다.

과거를 반성하는 일에 정치인들이 앞장서고 있다. 1970년 12

월 7일 빌리 브란트 총리가 바르샤바 유대인 추모비 앞에서 무릎을 꿇어 전 세계에 신선한 충격을 주었다. 앙겔라 메르켈(재임: 2005~2021년) 총리는 2019년 12월 6일 아우슈비츠 수용소를 찾아 사죄했다. 또 아우슈비츠-비르케나우 재단에 6000만 유로(약 900억 원)의 기금도 전달했다. 헬무트 슈미트와 헬무트 콜도 총리 재임 시 아우슈비츠를 찾아 헌화했다.

독일은 행동만으로 반성하는 것이 아니다. 1952년 9월 10일 이스라엘과 배상 협정을 체결하여 12년 동안 30억 마르크를 배상했다. 2000년 8월에는 '기억·책임과 미래 재단'을 설립했다. 이 재단을 통해 2007년 6월까지 강제 노역에 동원되었거나 피해를 입은 외국인 166만 5000명에게 43억 7000만 유로를 배상했다. 폴란드, 우크라이나, 러시아, 벨라루스 등 동유럽 국가 외국인들과 유대인들이다. 재원은 독일 정부와 재계가 반반씩 모은 100억 1000만 마르크(52억 유로 상당)로 충당했다.

'기억·책임과 미래 재단'은 해마다 나치의 역사 반성, 민주주의와 인권 강화, 반유대주의와 인종 차별 척결 등의 사업을 추진하고 있다. 나치의 인권 유린 행위가 '다시는 없도록!Nie Wieder!' 하자는 취지에서.

박물관 섬에 있는 보데 무제움　　　알테 나치오날갈레리(옛 국립 미술관)

문화와 예술의 도시

　　베를린은 브란덴부르크 변경백국을 시작으로 프로이센 왕국, 독일 제국, 바이마르 공화국의 수도였다. 따라서 도시의 역사가 풍부할 뿐만 아니라 문화 유적과 문화 시설도 많다. 그중에서도 베를린 중심을 흐르는 슈프레강을 낀 '박물관 섬'에 세계적 수준의 박물관 5개가 있다. 1830년에 개관한 '알테스 무제움Altes Museum'(옛 박물관)을 시작으로 '노이에스 무제움Neues Museum'(신 박물관), '알테 나치오날갈레리Alte Nationalgalerie'(옛 국립 미술관), '보데 무제움Bode-Museum', 1930년에 완공한 '페르가몬 무제움Pergamon Museum'이 있다.

음악 공연 시설로 독일 슈타츠 오페라 하우스, 도이체 오페라, 콘체르트하우스, 베를린 필하모니 관현악단 등이 있다. 1878년 창단되어 150년이 넘은 베를린 필하모니 관현악단은 헤르베르트 폰 카라얀Herbert von Karajan이 지휘자로 30년 넘게 활동하면서(활동: 1955~1989년) 세계적인 명성을 얻었다. 카라얀의 뒤를 이어 클라우디오 아바도Claudio Abbado(1989~2002년), 사이먼 래틀Simon Rattle(2002~2018년)이 활동했다. 2019년부터는 키릴 페트렌코Kirill Petrenko가 지휘자로 있다.

베를린은 영화의 도시이기도 하다. '베를리나레Berlinale'로 불리는 베를린 국제 영화제는 베니스 영화제, 칸 영화제와 함께 세계 3대 영화제다. 1920년대 포츠담에 설립된 바벨스베르크 스튜디오가 토대가 되었다. 1930년에 제작된 〈푸른 천사Der blaue Engel〉로 세계적인 스타가 된 마를레네 디트리히Marlene Dietrich(1901~1992년)도 배출했다. 1951년에 시작된 베를리나레의 최고의 상은 베를린의 상징인 '황금곰상'이다. 3대 영화제 중에서 가장 빠르게 2월에 열린다.

베를린은 통일 이후 예술가들과 건축가들이 많이 거주하면서 21세기 들어 문화 중심지로 떠오르고 있다. 베를린은 2005년에 유네스코가 지정한 '유네스코 디자인 도시UNESCO City of Design'다.

독일 정치의 중심지 베를린

1990년 10월 3일 통일과 함께 베를린은 45년 만에 다시 하나가 됐고 수도가 됐다. 서독의 수도였던 본과 치열한 경합 끝에 의회와 연방 정부도 소재하면서 베를린은 수도로서의 면모도 갖추었다.

독일 헌법인 기본법 제20조는 "독일 연방 공화국은 민주주의의 사회적인 연방 국가다"라고 규정하고 있다. 이 조항은 기본법 개정 절차를 따르더라도 개정할 수 없다. 독일의 5대 국가 기관은 연방 하원, 연방 상원, 연방 대통령, 연방 정부, 연방 헌법 재판소다. 칼스루에Karlsruhe(바덴-뷔르템베르크주의 도시)에 있는 연방 헌법 재판소를 제외한 4개 기관이 베를린에 있다. 연방 헌법 재판소는 소재지를 법으로 칼스루에로 정해 이전을 어렵게 했다.

독일의 정치 체제는 의원 내각제다. 의회는 국민의 의사를 대변하는 하원인 '분데스탁Bundestag'(연방 하원)과 주의 이익을 대변하는 '분데스라트Bundesrat'(연방 상원)의 양원제다. 하원 의원은 4년마다 선출된다. 의원 수는 598명으로 지역구와 비례 대표로 선출되는 의원 수는 각각 299명으로 같다. 다만, 초과 의석 제도로 인해 실제 의원 수는 정원보다 많다. 2021년 총선에서는 정원보다 138명이 많은 736명이나 됐다. 이런 문제점을 개선하기 위해 선거법을 개정하여 2025년 총선부터 의원 수를 630명으로 상한을 규정했다. 연방 상원 의원은 별도로 의원을 선출하지 않고 주의 총리와 장관들

연방 총리실 청사 발코니에서 바라본 제국 의회 의사당. 총리실을 비롯하여 외무부, 재무부, 국방부 등 대부분 부처가 자동차로 5~10분이면 갈 수 있도록 의사당과 가까이 있다. 총리실 청사 앞을 자전거를 탄 시민들이 지나가고 있다

제국 의회 의사당 옥상에서 바라본 베를린. 앞에 슈프레강이 흐르고 멀리 텔레비전 송신탑과 그 옆에 베를린 돔이 보인다

이 상원 의원으로 활동한다. 각 주는 인구수에 따라 연방 상원에서 3~7표를 행사한다. 연방 상원에서의 총 투표수는 69표다.

국가 원수는 연방 대통령이다. 대통령은 국민의 직접 선거가 아닌 연방 하원 의원과 하원 의원 수와 동수로 구성되는 '연방 회의Bundesversammlung'에서 선출된다. 상설 기구가 아니고 선거 시에만 구성된다. 연방 대통령의 임기는 5년이고 1회에 한해 연임이 가능하다.

정치는 연방 하원에서 선출된 연방 총리가 책임지는 형태다. 연방 총리는 주로 다수당에서 배출된다. 총리는 정책 수립은 물론 각료 배분 등을 연정 동반자와 협의하여 국정을 운영한다.

독일 정치의 가장 큰 특징은 총선에서 하나의 정당이 과반수를 얻지 못해 2~3개 정당이 연합하여 연립 정부를 구성한다는 점이다. 2021년 총선 결과 처음으로 3개 정당(사민당, 녹색당, 자민당)이 연정을 구성했다. 2개의 정당만으로는 연정을 구성할 수 없었기 때문이다. 연정이 일반적인 독일 정치에서 가장 중요한 요소는 '타협'이다.

연정이지만 중도에 파기되는 사례가 드물고 대부분 의원 임기인 4년 동안 지속된다. 1949년 이래 단 두 차례만 연정이 파괴됐다. 1982년 9월 사민당과 자민당의 연정 파기와 2024년 11월 사민당, 녹색당, 자민당의 연정이 파기된 사례다. 1949년 이래 총리가 9명에 불과하며, 평균 재임 기간도 8년 4개월로 비교적 긴 편이다.

왜 연정이 오래 지속될까? 연정에 참여하는 정당들은 2~3개월

베를린의 상징이자 독일의 분단과 통일을 상징하는 브란덴부르크 문. 1791년에 세워졌다

정도 연정이 추진할 정책을 심도 있게 협의하여 그 결과를 연정 합의서에 담기 때문이다. 연정 합의서에는 향후 4년 동안 정부가 추진할 정책이 200쪽에 가까울 정도로 자세한 내용이 들어간다. 외교와 국방 정책은 물론 경제와 재정, 사회 복지, 환경과 기후 변화 대책, 노동, 교통, 언론 문화, 그리고 유럽 연합 등에 이르기까지 국정 전반에 걸쳐 세세한 내용을 담고 있다.

연방제의 또 다른 특징은 교육과 문화 관련 업무는 주의 소관 사항이라는 점이다. 교육과 문화는 주가 우선하여 정책을 시행한다. 이런 이유로 연방 정부에는 문화부가 없고, 총리실에 문화 미디어청을 두고 있다. 문화 미디어청은 외국과의 문화 교류, 국제 방송인 도이체벨레(DW) 관련 업무를 담당하고 있다.

연방제로 인한 독일의 이러한 장점은 하루아침에 이루어진 것이 아니다. 신성 로마 제국 이래 1000년 이상 내려온 오랜 역사에 기반을 두고 있다. 같은 유럽이지만 오랫동안 중앙 집권제 요소가 강한 프랑스나 영국과는 다른 점이기도 하다. 그럼에도 불구하고 베를린은 독일은 물론 유럽의 정치 중심지로 발전하고 있다.

기원전 16~기원전 9 | 로마 제국, 크산텐, 본, 마인츠, 보름스 등에 군사 기지 설치.

9 | 게르만족, 토이토부르크숲 전투에서 로마 제국 군대를 무찌름.

481 | 클로비스 1세, 프랑크 왕국을 세움.

768 | 카를, 프랑크 왕위에 오름.

800 | 프랑크 왕 카를, 로마에서 황제로 즉위.

843 | '베르됭 조약'으로 프랑크 왕국은 서프랑크·중프랑크·동프랑크 왕국으로 나뉨.

870 | '메르센 조약'으로 이탈리아의 로타링기아 지역은 동프랑크 왕국과 서프랑크 왕국에 편입됨.

919 | 작센 공작 하인리히 1세, 왕으로 취임(첫 독일인 왕).

936 | 오토 1세, 아헨에서 왕으로 즉위.

962 | 오토 1세, 황제로 즉위하며 신성 로마 제국 출범.

1241 | 함부르크와 뤼베크시, 한자 동맹의 토대가 된 방위 조약 체결.

1356 | 황제 카를 4세, 신성 로마 제국의 헌법인 '금인칙서' 공표(7명의 선제후 명시).

1452~1455 | 구텐베르크, 금속 활자로 성서 180권 인쇄.

1517 | 마르틴 루터, 종교 개혁의 필요성을 담은 95개 논제 발표.

1519 | 황제 카를 5세 즉위(스페인 국왕 겸직).

1521 | 마르틴 루터, 보름스 제국 의회에서 종교 개혁에 관한 자신의 입장 유지.

1531 | 루터를 지지하는 제후들과 자유시들, 황제와 가톨릭에 대항하는 '슈말칼덴 동맹' 결성.

1546~1547 | 슈말칼덴 전쟁.

1552 | 황제에 대항한 개신교 제후들의 봉기(제2차 슈말칼덴 전쟁).

1555 | '아우크스부르크 종교 화의' 채택.

1562 | 막시밀리안 2세, 프랑크푸르트 대성당에서 즉위식을 함. 이후 독일 왕과 황제는 프랑크푸르트 대성당에서 즉위식을 함.

1618~1648 | 30년 전쟁.

1648.10 | 30년 전쟁을 끝내는 '베스트팔렌 조약' 체결.

1663 | 신성 로마 제국의 제국 의회가 레겐스부르크에서 상설로 열림.

1669 | 한자 의회가 마지막으로 열리며 한자 동맹이 사라짐.

1685.10 | 브란덴부르크 대선제후 프리드리히 빌헬름, '포츠담 칙령'을 공표하여 프랑스 위 그노들을 받아들임.

1701.1 | 브란덴부르크 선제후 프리드리히 3세, 프로이센 왕국 수립.

1710 | 작센 선제후국, 유럽에서 최초로 도자기 생산.

1714 | 하노버 선제후 게오르크 1세, 영국 왕 조세 1세로 즉위(영국 하노버 왕조 시조).

1740 | 오스트리아 왕위 계승 전쟁.

1756~1773 | 7년 전쟁.

1774 | 괴테의 『젊은 베르테르의 슬픔』이 베스트셀러가 됨.

1806.7 | 나폴레옹이 주도한 '라인 동맹' 출범.

1806.8 | 신성 로마 제국 멸망.

1806.10 | 프로이센군, 예나와 아우어슈테트 전투에서 나폴레옹군에게 패배함.

1813.10 | 나폴레옹의 프랑스군, 라이프치히 전투(나폴레옹 해방 전쟁)에서 패배함.

1814~1815 | 나폴레옹 이후 유럽 질서를 정립하기 위한 회의가 빈에서 열림(빈 회의).

1814 | 하노버 공국, '하노버 왕국'이 됨.

1815 | '독일 연방' 출범(오스트리아 주도).

1834 | 프로이센 왕국, '관세 동맹'을 조직하여 통일의 발판을 구축함.

1848.3 | 3월 혁명이 일어나고 5월에 프랑크푸르트에서 '국민 의회'가 열림.

1849 | 프랑크푸르트 국민 의회가 입헌 민주주의 헌법을 제정했으나 프로이센 왕이 거부하여 발효되지 못함.

1864 | 프로이센 왕국, 오스트리아와 연합하여 덴마크와 전쟁에서 승리.

1866 | 프로이센 왕국, 오스트리아를 물리치고 '북독일 연방' 출범시킴.

1871.1 | 프로이센 왕국, 독일을 통일하며 '독일 제국' 수립(빌헬름 1세는 베르사유 궁전에서 황제로 즉위함).

1888 | 3 황제(빌헬름 1세, 프리드리히 3세, 빌헬름 2세)의 해.

1914.8 | 제1차 세계대전이 일어남.

1918.11 | 킬 수병의 반란, 황제 빌헬름 2세가 네덜란드로 망명하며 독일 제국 붕괴.

1918.11 | 독일, 제1차 세계대전에서 패배.

1919.6 | 독일, 연합국과 베르사유 조약 체결(1920.1 발효).

1919.7 | 바이마르 헌법 제정 및 바이마르 공화국 출범.

1933.1 │ 힌덴부르크 대통령, 아돌프 히틀러를 독일 제국의 수상으로 임명함.

1938.11 │ 유대인 교회당, 상점, 주택을 불태우는 '제국 학살의 밤' 발생.

1939.9 │ 나치 독일의 폴란드 침공으로 제2차 세계대전이 일어남.

1945.5 │ 독일 무조건 항복, 전승 4개국 독일 점령 통치.

1945.8 │ 미국, 영국과 소련, 포츠담 협정 체결.

1948~1949 │ 소련, 서베를린과 서방 연합국 점령. 지역 간의 육로 교통 차단(베를린 봉쇄).

1949.5 │ 독일 연방 공화국(서독) 기본법 공포.

1949.9 │ 콘라트 아데나워, 서독 초대 총리로 취임.

1949.10 │ 독일 민주 공화국(동독) 수립.

1955.5 │ 서독, 북대서양 조약 기구(NATO)에 가입.

1957.1 │ 자치 지역인 자르란트, 서독의 한 주가 됨.

1961.8 │ 동독, 베를린 장벽 축조.

1963.10 │ 루트비히 에르하르트Ludwig Erhard, 제2대 총리로 취임.

1966.12 │ 게오르크 키징거Kurt Georg Kiesinger, 제3대 총리로 취임.

1969.10. │ 빌리 브란트, 제4대 총리로 취임.

1971.3~5 │ 동·서독, 최초의 정상 회담 2회 개최(에르푸르트/카셀).

1972.12 │ 동·서독 기본 조약 체결.

1974.5 │ 헬무트 슈미트, 제5대 총리로 취임.

1982.10 │ 헬무트 콜, 제6대 총리로 취임.

1989.11 │ 베를린 장벽 붕괴.

1990.10 │ 독일 통일 이룩(베를린이 수도가 됨).

1991.6 │ 연방 하원, 베를린을 연방 하원과 연방 정부 소재지로 결정함.

1998.10 │ 게르하르트 슈뢰더Gerhard Schröder, 제7대 총리로 취임.

1999.9 │ 연방 하원과 연방 정부, 베를린으로 이전.

2005.11 │ 앙겔라 메르켈, 제8대 총리로 취임.

2021.12 │ 올라프 숄츠Olaf Scholz, 제9대 총리로 취임.

사진 출처

54쪽 | ⓒLandesarchiv Saarbrücken, Fotograf: Erich Oettinger

63쪽 | ⓒLandes Verband Lippe

76쪽 | ⓒ나복찬

81쪽 | ⓒWikipedia.de

92쪽 | ⓒ독일 언론공보청 연방사진실(Bundesbildstelle Bonn, Presse-und Informationsamt)

109(성서), 116, 119, 124, 137쪽 | ⓒWikipedia.de

141쪽(상단) | ⓒInstitut für Stadtgeschichte Frankfurt am Main

182, 187, 194, 211, 217쪽 | ⓒWikipedia.de

252쪽 | ⓒ독일 언론공보청 연방사진실(Bundesbildstelle Bonn, Presse-und Informationsamt)

269, 270, 321, 322, 332, 349쪽 | ⓒWikipedia.de

355쪽 | ⓒ독일 언론공보청 연방사진실(Bundesbildstelle Bonn, Presse-und Informationsamt)

357쪽 | ⓒWikipedia.de

410쪽 | ⓒ독일 언론공보청 연방사진실(Bundesbildstelle Bonn, Presse-und Informationsamt

419, 420, 427쪽 | ⓒWikipedia.de

446, 448쪽 | ⓒ독일 언론공보청 연방사진실(Bundesbildstelle Bonn, Presse-und Informationsamt

462쪽 | ⓒWikipedia.de

469, 471, 473, 474, 476, 477쪽 | ⓒ독일 언론공보청 연방사진실(Bundesbildstelle Bonn, Presse- und Informationsamt)

1. 국내 도서

- 금창록, 『라인강이 내게 말하는 것』, 서울 : 미다스북스, 2022.
- 김황식, 『독일의 힘, 독일의 총리들 2』, 서울 : 21세기북스, 2023.
- 박재선, 『100명의 특별한 유대인』, 서울 : 메디치미디어, 2013.
- 손선홍, 『도시로 떠난 독일 역사 문화 산책』, 서울 : 푸른길, 2020.
- 손선홍, 『독일 통일 한국 통일』, 서울 : 푸른길, 2016.
- 손선홍, 『분단과 통일의 독일 현대사』, 서울 : 소나무, 2005.
- 안병억, 『하룻밤에 읽는 독일사』, 서울 : 페이퍼로드, 2024.
- 안인모, 『클래식이 알고 싶다』, 서울 : 위즈덤하우스, 2019.
- 양태자, 『중세의 뒷골목 풍경』, 서울 : 이랑, 2011.
- 오한진, 『아픔의 시인 하인리히 하이네』, 서울 : ㈜지학사, 2014.
- 유희수, 『낯선 중세』, 서울 : 문학과 지성사, 2019.
- 이주희, 『강제혁신』, 서울 : EBS BOOKS, 2023.
- 이현애, 『독일 미술관을 걷다』, 서울 : 마로니에북스, 2013.

2. 번역서

- 닐 맥그리거(김희주 옮김), 『독일사 산책』, 서울 : 옥당, 2016.
- D. H. 로렌스(채희석 옮김), 『유럽사 이야기』, 서울 : 페이퍼로드, 2021.
- 사이먼 젠킨스(임웅 옮김), 『짧은 유럽사』, 서울 : 한울 아카데미, 2022.
- 시오노 나나미(최은식 옮김), 『레판토 해전』, 서울 : 한길사, 1998.
- 시오노 나나미(김석희 옮김), 『로마인 이야기 10 : 모든 길은 로마로 통한다』, 서울: 한길사, 2002.
- 시오노 나나미(김석희 옮김), 『로마인 이야기 13 : 최후의 노력』, 서울 : 한길사, 2008.
- 요한 페터 에커만(장희창 옮김), 『괴테와의 대화』, 서울 : 민음사, 2015.
- 우어줄라 하인첼만(김후 옮김), 『독일의 음식문화』, 서울 : 니케북스, 2021.

- 카차 호이어(이현정 옮김), 『피와 철 : 독일 제국의 흥망성쇠 1871-1918』, 서울 : 마르코폴로, 2024.
- 팀 마샬(김미선 옮김), 『지리의 힘』, 서울 : 사이, 2016.
- 헬무트 슈미트(오승우 옮김), 『독일 통일의 여정에서』, 서울 : 시와 진실, 2007.

3. 독일어 도서

- Brandt, Willy, *Erinnerungen/ Willy Brandt*, Frankfurt/M, Propyläen, 1989.
- Genscher, Hans-Dietrich, *Erinnerungen/Hans-Dietrich Genscher*, Berlin, Siedler, 1995.
- Gresing, Annette, *Rathaus des Westfälischen Friedens*, LUC GmbH, 2023.
- Grosser, Alfred, *Geschichte Deutschlands seit 1945*, München, dtv, 1987.
- Hartmann, Peter Claus, *Das Heilige Römische Reich deutscher Nation in der Neuzeit 1486-1806*, Stuttgart, Reclam, 2007.
- Hillgruber, Andreas, *Deutsche Geschichte 1945-1986*, Stuttgart, Kohlhammer, 1987.
- Haws, James, D*ie kürzeste Geschichte Deutschlands*, Ullstein, 2023.
- Hucting, Detmar, *Beethoven: Ein biografischer Bilderbogen*, Hamburg, edel, 2007.
- Kohl, Helmut, *Erinnerungen 1982-1990*, München, Droemer, 2005.
- Kohl, Helmut, *Ich wollte Deutschlands Einheit*, dargestellt von Kai Diekmann und Ralf Georg Reuth, Frankfurt/M, Propyläen, 1996.
- Koschnick, Leonore(Hrsg.), *Deutsche Geschichte in Bildern und Zeugnissen*, München, Prestel, 2017.
- Münch, Ingo von(Hrsg.), *Dokumente des geteilten Deutschland*, Stuttgart, Kröner, 1976.
- Osterheld Horst, *Konrad Adenauer : Ein Charakterbild*, Stuttgart, Bonn Aktuell, 1987.
- Sommer, Theo, *Unser SCHMIDT : Der Staatsmann und der Publizist*, Hamburg, Hoffmann und Campe Verlag, 2010.
- Tenbrock, R. H., *Geschichte Deutschlands*, München, Max Hueber, 1977.
- Verchau Ekkhard. *Otto von Bismarck*, München, Droemersche Verlag, 1981.
- Wienfort, Monika, *Geschichte Preussens*, München, C. H. Beck, 2015.
- Wolfram, Herwig, *Die Germanen*, München, C. H. Beck, 2018.

4. 독일 도시 홈페이지

- 뉘른베르크시 홈페이지: www.nuernberg.de
- 뒤셀도르프시 홈페이지: www.duesseldorf.de
- 드레스덴시 홈페이지: www.dresden.de
- 라이프치히시 홈페이지: www.leipzig.de
- 레겐스부르크시 홈페이지: www.regensburg.de
- 로스토크시 홈페이지: www.rostock.de
- 뤼베크시 홈페이지: www.luebeck.de
- 마그데부르크시 홈페이지: www.magdeburg.de
- 마인츠시 홈페이지: www.mainz.de
- 뮌스터시 홈페이지: www.muenster.de
- 뮌헨시 홈페이지: www.muenchen.de
- 바이마르시 홈페이지: www.weimar.de
- 베를린시 홈페이지: www.berlin.de
- 보름스시 홈페이지: www.worms.de
- 본시 홈페이지: www.bonn.de
- 브레멘시 홈페이지: www.bremen.de
- 슈투트가르트시 홈페이지: www.stuttgart.de
- 아우크스부르크시 홈페이지: www.augsburg.de
- 아헨시 홈페이지: www.aachen.de
- 에르푸르트시 홈페이지: www.erfurt.de
- 자르브뤼켄시 홈페이지: www.saarbruechen.de
- 쾰른시 홈페이지: www.koeln.de
- 킬시 홈페이지: www.kiel.de
- 트리어시 홈페이지: www.trier.de
- 포츠담시 홈페이지: www.potsdam.de
- 프랑크푸르트시 홈페이지: www.frankfurt.de
- 하노버시 홈페이지: www.hannover.de
- 하이델베르크시 홈페이지: www.heidelberg.de
- 할레시 홈페이지: www.halle.de
- 함부르크시 홈페이지: www.hamburg.de

철학과 예술과 과학이 살아 숨 쉬는 지성의 나라 독일 이야기

30개 도시로 읽는 독일사

초판 1쇄 인쇄 2025년 2월 19일
초판 1쇄 발행 2025년 2월 28일

지은이 손선홍
펴낸이 김선식

부사장 김은영
콘텐츠사업본부장 임보윤
책임편집 장종철 **책임마케터** 이고은
콘텐츠사업8팀장 전두현 **콘텐츠사업8팀** 김민경, 장종철, 임지원
마케팅2팀 이고은-, 배한진, 양지환, 지석배
미디어홍보본부장 정명찬
브랜드홍보팀 오수미, 서가을, 김은지, 이소영, 박장미, 박주현
채널홍보팀 김민정, 정세림, 고나연, 변승주, 홍수경
영상홍보팀 이수인, 염아라 석찬미, 김혜원 이지연
편집관리팀 조세현, 김호주, 백설희 **저작권팀** 성민경, 이슬, 윤제희
재무관리팀 하미선, 임혜정, 이슬기, 김주영, 오지수
인사총무팀 강미숙 이정환, 김혜진, 황종원
제작관리팀 이소현, 김소영, 김진경, 이지우
물류관리팀 김형기, 김선진, 주정훈, 양문현, 채원석, 박재연, 이준희 이민운
외부스태프 디자인 김희림 **본문** 장선혜

펴낸곳 다산북스 **출판등록** 2005년 12월 23일 제313-2005-00277호
주소 경기도 파주시 회동길 490 다산북스 파주사옥
전화 02-702-1724 **팩스** 02-703-2219 **이메일** dasanbooks@dasanbooks.com
홈페이지 www.dasan.group **블로그** blog.naver.com/dasan_books
종이 스마일몬스터 **인쇄 및 제본** 한영문화사 **코팅 및 후가공** 평창피엔지

ISBN 979-11-306-6430-9 (03920)

• 책값은 뒤표지에 있습니다.
• 파본은 구입하신 서점에서 교환해드립니다.

다산북스(DASANBOOKS)는 독자 여러분의 책에 관한 아이디어와 원고 투고를 기쁜 마음으로 기다리고 있습니다.
책 출간을 원하는 아이디어가 있으신 분은 다산북스 홈페이지 '원고투고'란으로 간단한 개요와 취지, 연락처 등을
보내주세요. 머뭇거리지 말고 문을 두드리세요.